国家社会科学基金项目阶段性成果（18BGJ020）

中国西部周边国家

『丝路合作伙伴关系』研究报告

马丽蓉 / 主　编

闵　捷 / 副主编

R ESEARCH REPORT ON
"THE COOPERATIVE PARTNERSHIP
ON THE SILK ROAD"
IN THE NEIGHBOURING REGIONS
OF WESTERN CHINA

中西书局

图书在版编目(CIP)数据

中国西部周边国家"丝路合作伙伴关系"研究报告/
马丽蓉主编;闵捷副主编.—上海:中西书局,2023
ISBN 978-7-5475-2092-5

Ⅰ.①中… Ⅱ.①马… ②闵… Ⅲ.①丝绸之路—经
济带—国际合作—研究报告 Ⅳ.①F125

中国国家版本馆 CIP 数据核字(2023)第 059938 号

ZHONGGUO XIBU ZHOUBIAN GUOJIA "SILU HEZUO HUOBAN GUANXI" YANJIU BAOGAO

中国西部周边国家"丝路合作伙伴关系"研究报告

马丽蓉　主编

闵　捷　副主编

责任编辑　张　恬
装帧设计　杨钟玮
责任印制　朱人杰

出版发行　上海世纪出版集团
　　　　　中西書局(www.zxpress.com.cn)
地　　址　上海市闵行区号景路 159 弄 B 座(邮政编码:201101)
印　　刷　上海商务联西印刷有限公司
开　　本　700 毫米×1000 毫米　1/16
印　　张　19.75
字　　数　256 000
版　　次　2023 年 5 月第 1 版　2023 年 5 月第 1 次印刷
书　　号　ISBN 978-7-5475-2092-5/F·039
定　　价　89.00 元

目　录

下编 丝路合作伙伴关系的理论与实践

序 言

自 2018 年获立国家社科基金项目《"一带一路"与中国新疆周边国家伙伴关系发展研究》（18BGJ020）以来，我便与沪新京三地高校学术骨干合作开展课题基础研究及实地调研，形成了多语种、跨学科的学术团队，相继完成了两部涉疆研究报告，第一部《中国西部周边地区"丝路天然伙伴关系"研究报告》由中国社科文献出版社于 2020 年 8 月出版，第二部《中国西部周边国家"丝路合作伙伴关系"研究报告》即将由中西书局出版，由此完成了在丝路学视阈研究涉疆议题以构建中国自主知识体系的学术探索之旅。

《中国西部周边地区"丝路天然伙伴关系"研究报告》：从丝路草原地带、丝路绿洲地带、丝路陆海交汇地带三个板块，研究由张骞"凿空西域"所引发的中外丝路交往的新实践，在丝路腹地西域首先形成了"地通、路联、人交往"的"丝路天然伙伴关系"，且成为践行互惠包容与合作的"丝路精神"的历史产物。由此，通过三个不同丝路地带丝路天然伙伴关系的纵向历史梳理、经贸往来与人文交流的横向案例分析，并在丝路学核心议题阐释框架下探讨"丝路天然伙伴关系"的成因、表现、规律及影响等，打破了以往学界西域研究与中外交通史研究中涉疆议题的学术惯例，是从"中国视角"构建丝路腹地西域关于"中国与世界古代丝路关系"知识体系的创新之举，对构建"丝路合作伙伴关系"具有理论与实践的双重意义。

《中国西部周边国家"丝路合作伙伴关系"研究报告》："丝路合

作伙伴关系"是"丝路天然伙伴关系"的升级换代，特指丝路沿线国家在共建"一带一路"新实践中不断得以深化的战略合作伙伴关系。本报告分上中下三部分，共计十四章，在上篇"西部相邻八国的战略合作伙伴关系"部分，探讨"一带一路"现实背景下的中国与俄罗斯的"带盟对接"、中国与蒙古的边境口岸建设、中国与哈萨克斯坦的"丝路命运共同体"建设、中国与吉尔吉斯斯坦的丝路申遗人文功效、中国与塔吉克斯坦的"五通"合作、中国参与阿富汗的社会重建、中国与巴基斯坦的中巴经济走廊建设、中国与印度间的战略互信不足等问题，在对相邻八国的丝路伙伴关系国别研究中提出"因国施策"建议。在中篇"西部周边四国的战略合作伙伴关系"部分，通过对中国与土库曼斯坦的经贸合作、中国与乌兹别克斯坦的非传统安全合作、中国与土耳其的深化人文关系、中国与伊朗的深化丝路伙伴关系的案例分析，力求在"一带一路"经济、安全、人文三大战略合作支柱框架下作丝路伙伴关系领域研究，并提出"因题施策"建议。在下篇"丝路合作伙伴关系的理论与实践"部分，研究习近平外交思想中伙伴关系理念，旨在为"一带一路"新实践助力"丝路天然合作关系"向"丝路战略合作关系"转化提供理论圭臬与行动指南，进而探讨中国与伊合组织参与全球治理的切实路径，凸显中国伙伴外交格局中亚非拉伙伴外交的基石地位及其南南合作的典范意义，并在形式多样、内涵丰富的丝路伙伴关系发展中形成"一带一路"朋友圈，以助力构建"人类命运共同体"，是从"中国视角"构建欧亚心脏地带关于"中国与世界现代丝路关系"知识体系的创新之举，为"一带一路"高质量建设提供理论与实践的双重借鉴。

团队经过五年多的不懈努力，终于完成了这两部涉疆研究报告，从历史-现实、地区-国家、区域-领域、理论-实践等不同维度聚力探讨"中国与世界古今丝路关系"这一丝路学核心议题阐释框架下的"丝路天然伙伴关系"向"丝路合作伙伴关系"的转化路径，力求从以下三个方面助力构建中国伙伴外交的自主知识体系：

第一，研究中华文明的丝路成长规律、廓清丝路腹地西域的"中国新疆周边地区"的地缘文明优势、揭示"丝路天然伙伴关系"的相处之道，为中华文明探源工程提供了相关新知。

丝绸之路不仅促成了中外文明时空双维上的接触，还因张骞"凿空"西域与郑和七下西洋而使中华民族从"陆丝"与"海丝"走向了世界，形成丝路命运与中华文明命运的共构关系，凸显出"国强、路畅、交往密、文明盛"的中华文明丝路成长规律，丝绸之路便"在更深的层次上提出的是一个中国文明如何起源、从何而来的大问题"[①]。为此，习近平主席不仅强调"认识中国"需把准中国的"文化血脉"与"文化土壤"[②]，还从丝绸之路这一中华文明成长的"文化土壤"入手论及"丝路人"所谱写的"中国与世界古代丝路关系"的辉煌历史："公元前 140 多年的中国汉代，一支从长安出发的和平使团，开始打通东方通往西方的道路，完成了'凿空之旅'，这就是著名的张骞出使西域。中国唐宋元时期，陆上和海上丝绸之路同步发展，中国、意大利、摩洛哥的旅行家杜环、马可·波罗、伊本·白图泰都在陆上和海上丝绸之路留下了历史印记。15 世纪初的明代，中国著名航海家郑和七次远洋航海，留下千古佳话。这些开拓事业之所以名垂青史，是因为使用的不是战马和长矛，而是驼队和善意；依靠的不是坚船和利炮，而是宝船和友谊。一代又一代'丝路人'架起了东西方合作的纽带、和平的桥梁"[③]，使得"以丝绸贸易为主要媒介的丝绸之路所反映的不仅仅是东西方的经济交流，更重要的是东西方文明之间的联系

① 沈福伟：《丝绸之路与丝路学研究》，光明网，2009 年 12 月 30 日。
② 习近平：《在纪念孔子诞辰 2565 周年国际学术研讨会暨国际儒学联合会第五届会员大会开幕会上的讲话》，人民网，2014 年 9 月 24 日，http://politics.people.com.cn/n/2014/0925/c1024-25729181.html。登录时间：2020 年 5 月 16 日。
③ 《习近平在"一带一路"国际合作高峰论坛开幕式上的演讲》（全文），新华网，2017 年 5 月 14 日。

与交流，这种关系才是丝绸之路的文化价值所在，也是一个在世界范围内文明传播的重大命题"①，表明以"农耕社会的实践活动"为生命基础的中华文明，更强调"群体""群体成员之间的关系"以及"人与人、人与自然之间的和谐"，"关系便成为核心概念"。②

身处丝路腹地西域的"中国新疆周边地区"，不仅因世界文明"汇流的地方"而成为丝路文明的诞生地，也因丝路难题的集结地带而成为全球治理的重灾区，更因高频次的"挑战－应对"的发生而成为中华文明成长的加油站。自古以来，中国历朝统治者深谙"西域安则中原安"的固本铁律，在应对西域传统与非传统安全挑战的过程中，较好地处理了人与自然、人与人、人与神等关系，且在与西域贸易往来及与西域人文交流的高频互动中大大促进了"丝路天然伙伴关系"的发展，"积淀了以和平合作、开放包容、互学互鉴、互利共赢为核心的丝路精神"③，成为维系"丝路天然伙伴关系"的共处法则，为中国古代丝路外交夯实了价值认同基础。

因此，中国学者应"把中华文明起源研究同中华文明特质和形态等重大问题研究紧密结合起来"，才能向世界"讲清楚中国是什么样的文明和什么样的国家"，才能使世界真正"读懂中国"。④

第二，研究"一带一路"倡议的核心思想、认清欧亚大陆重心"中国新疆周边国家"的地缘战略优势、揭示"丝路合作伙伴关系"的相处之道，为重释"中国与世界古今丝路关系"提供相关新知。

习近平主席多次强调"一带一路"倡议的核心思想是：弘扬"丝路精神"构建"一带一路"以构建"人类命运共同体"。其中，习主

---

① 沈福伟：《丝绸之路与丝路学研究》，光明网，2009 年 12 月 30 日。
② 秦亚青：《国际政治的关系理论》，《世界经济与政治》，2015 年第 2 期，第 7 页。
③ 《习近平在"一带一路"国际合作高峰论坛开幕式上的演讲》（全文），新华网，2017 年 5 月 14 日。
④ 习近平：《把中国文明历史研究引向深入　增强历史自觉坚定文化自信》，《求是》，第 14 期，2022 年 7 月 16 日。

席又明确了"一带一路"建设"植根于丝绸之路的历史土壤,重点面向亚欧非大陆,同时向所有朋友开放。不论来自亚洲、欧洲,还是非洲、美洲,都是'一带一路'建设国际合作的伙伴"①,表明中外伙伴关系实为中外丝路伙伴关系的本质,使得中国伙伴外交与西方大国同盟外交具有质的区别。因为,"结盟关系通过多边或双边条约缔结同盟,制定共同的联盟战略和联合作战计划,必要时统一部署军事力量,统一行动。结盟是针对第三国等其他国家,插手其他国家和地区事务,推行霸权主义和强权政治",而"伙伴关系最本质的特征是:伙伴国之间平等、不结盟,不针对、不损害第三国的利益,它们建立的基础是利益关系"。②因此,高质量推进"一带一路"建设的过程,也是助力"丝路天然伙伴关系"向"丝路合作伙伴关系"转化的过程。

在百年未有之大变局与百年不遇大疫情叠加之际,人类面临"世界怎么了,我们怎么办"的"时代之问"。作为"世界心脏地带"的欧亚大陆,不仅是大国战略博弈的纷争之地,还随全球政治经济重心转移而挑战激增,尤其是身处其中的"中国新疆周边国家"具有传统的地缘战略优势,但因全球能源集结与"三股势力"猖獗等成为全球治理的重灾区,使中国与涉疆12国间的伙伴关系发展面临严峻挑战。"一带一路"新实践,使新疆由"边缘"跃升为"中心",凸显其战略区位优势并肩负重大战略使命:"发挥新疆独特的区位优势和向西开放重要窗口作用,深化与中亚、南亚、西亚等国家交流合作,形成丝绸之路经济带上重要的交通枢纽、商贸物流和文化科教中心,打造丝绸之路经济带核心区。"③事实上,"中国新疆周边

---

① 《习近平在"一带一路"国际合作高峰论坛开幕式上的演讲》(全文),新华网,2017年5月14日。

② 季晓燕:《伙伴关系与结盟关系之比较》,《历史学习》,2004年第1期。

③ 《习近平在新疆考察时强调:完整准确贯彻新时代党的治疆方略 建设团结和谐繁荣富裕文明进步安居乐业生态良好的美好新疆》,新华网,2022年07月15日,http://www.news.cn/politics/leaders/2022-07-15/c_ 1128836147.htm。登录时间:2022年7月20日。

国家"已成为集"一带一路"交汇区、核心区、风险区为一体的战略高地，也成为实现"丝路天然伙伴关系"向"丝路合作伙伴关系"转化的示范区，故"要站在战略和全局高度认识新疆工作的重要性"①。

因此，中国学者应"多角度全方位构建展现中华文化共同性、新疆同内地各民族交往交流交融历史事实的话语体系和有效载体"②，以"阐释共建'一带一路'的理念、原则、方式等，共同讲好共建'一带一路'故事"③。

第三，总结"丝路天然伙伴关系"相处模式、揭示"丝路命运共同体"形成中的中国贡献，厘清"丝路合作伙伴关系"共处法则、为构建"人类命运共同体"提供相关新知。

张骞的寻伴结盟旨在谋求丝路安全、郑和的出访交友意在实现经济互惠与文明共享，尤其在郑和近 30 年外交实践中的"频繁的商务往来和贸易活动"促进了"各方面文化的交往"，进而推动了"友好关系向前发展"④，形成以互惠型经贸合作带动包容型人文交流的"丝路天然伙伴关系"相处模式，达到了以经促文、经文互促的双重效应，并在互惠、包容、合作中逐渐形成丝路经贸伙伴关系、丝路人文伙伴关系及丝路安全伙伴关系，结成了"丝路经济共同体""丝路人文共同体""丝路安全共同体"，体现了"天下为公""万邦和谐""万国咸宁"的中国政治理念⑤，表明"丝路精神"助力形成"丝路

---

① 《习近平在新疆考察时强调：完整准确贯彻新时代党的治疆方略　建设团结和谐繁荣富裕文明进步安居乐业生态良好的美好新疆》，新华网，2022 年 07 月 15 日，http://www.news. cn/politics/leaders/2022-07/15/c_ 1128836147. htm。登录时间：2022 年 7 月 20 日。

② 《推动共建一带一路愿景与行动》（全文），新华网，2015 年 03 月 28 日。

③ 《习近平在第三次"一带一路"建设座谈会讲话》，新华网，2021 年 11 月 19 日，http://www.news. cn/2021-11/19/c_ 1128081486. htm。登录时间：2021 年 11 月 25 日。

④ 《沙特驻华参赞：中沙友谊从丝绸之路时代开始》，环球网，2013 年 5 月 23 日。

⑤ 叶书宏等：《变局中凝聚世界的思想引领——记习近平主席在瑞士发表人类命运共同体演讲三周年》，新华网，2020 年 6 月 18 日，http：//www. xinhuanet. com/politics/leaders/2020-01/15/c_ 1125466436. htm。登录时间：2021 年 5 月 21 日。

命运共同体"的历史事实，彼得·弗兰科潘证实了古丝绸之路全球化网络的存在，并肯定了中国的历史贡献①，为中国提出构建"人类命运共同体"新理念奠定了话语基础。

研究发现，截至 2022 年 7 月，我国已与 101 个国家及 16 个国家集团或国际组织建立了不同层级的伙伴关系，主要包括：新时代全面战略协作伙伴关系、全天候战略合作伙伴关系、战略合作伙伴关系、全方位战略伙伴关系、全面战略伙伴关系、战略伙伴关系、全方位友好合作伙伴关系、全面友好合作伙伴关系、与时俱进的全方位合作伙伴关系、全面合作伙伴关系、面向未来的新型合作伙伴关系、全面伙伴关系、伙伴关系、对话伙伴等。在本报告重点关注的国家与国际组织中，除中国-土耳其为"战略合作关系"（2010）外，其他均与中国建立了不同类型的"伙伴关系"：中国-俄罗斯为"新时代全面战略协作伙伴关系"（2019）、中国-巴基斯坦为"全天候战略合作伙伴关系"（2015）、中国-阿富汗为"战略合作伙伴关系"（2012）、中国-哈萨克斯坦为"永久全面战略伙伴关系"（2019）、中国-吉尔吉斯斯坦为"全面战略伙伴关系"（2018）、中国-蒙古国为"全面战略伙伴关系"（2014）、中国-塔吉克斯坦为"全面战略伙伴关系"（2017）、中国-乌兹别克斯坦为"全面战略伙伴关系"（2016）、中国-伊朗为"全面战略伙伴关系"（2016）、中国-土库曼斯坦为"全面战略伙伴关系"（2023）、中国-印度为"更加紧密的发展伙伴关系"（2014）、中国-伊斯兰合作组织为"团结协作、发展振兴、安全稳定、文明互鉴的伙伴关系"（2022），②凸显这些国家和国际组织在中国伙伴外交布局中具有"战略地位高、类型丰富、定位互补"的突出特色，并在共商共建共享的"一带一路"新实践中形成"丝路

---

① ［英］彼得·弗兰科潘：《丝绸之路：一部全新的世界史》，邵旭东、孙芳译，杭州：浙江大学出版社，2016 年，第 447 页。

② 统计出处：由课题组成员王畅根据中华人民共和国外交部官网与相关报道整理。

合作伙伴关系"的共处法则，且在形式多样、内涵丰富的丝路伙伴合作关系中形成"一带一路"朋友圈，助力构建"人类命运共同体"，"丝路命运共同体"之于"人类命运共同体"的塑造意义由此得以彰显，表明中国特色的伙伴观已由点对点逐渐发展为线对线、面对面的关系，甚至由点线面构成开放性网络，推进构建丝路经济共同体、丝路人文共同体、丝路安全共同体，并成为构建"人类命运共同体"的有机组成部分，涉疆伙伴关系的国家与国际组织成为"一带一路"朋友圈的核心、构建"人类命运共同体"的主力，进而为中国伙伴外交的理论与实践极具特殊而重要价值。

"'一带一路'是中华文明复兴的重要抓手，中国文明复兴的关键在于重建知识体系。"[①] 报告1对"中国新疆周边地区"展开"丝路经贸"与"丝路人文"在三大丝路地带演进中的实证研究，梳理了丝路腹地西域在丝路文明交往中所塑就的"丝路天然伙伴关系"的历史、廓清了由丝路贸易往来与丝路人文交往所形成的"丝路命运共同体"的真相，凸显"丝路精神"为价值认同基础的中国丝路外交在经营"中国与世界古代丝路关系"中的贡献，由此形成了关于中国伙伴外交理论与实践的相关基础知识。报告2对"中国新疆周边国家"由"丝路天然伙伴关系"向"丝路合作伙伴关系"转化中面临诸多挑战展开问题研究，在对相邻八国作丝路伙伴关系国别研究、对周边四国作丝路伙伴关系领域研究基础上，认清习近平外交思想中伙伴关系理念之于西方结盟关系理念的修正意义，为探讨深化中国与"一带一路"沿线伊合组织成员间丝路伙伴关系新路径提供了理论依循与实践指导，形成丝路腹地"天然伙伴关系"→"一带一路"三区"战略合作伙伴关系"→中国亚非拉伙伴外交基石→中国伙伴外交的理论与实践的基本逻辑机理，完成了在破立并举原则下

----

① 郑永年：《通往大国之路：中国的知识重建和文明复兴》，北京：东方出版社，2012年，第133页。

将涉疆议题纳入丝路学视阈来构建中国自主知识体系的探索之旅。

近日，习近平主席考察新疆引发国内外高度关注，尤其是他考察了世界文化遗产交河故城与"一带一路"示范项目乌鲁木齐国际陆港区并提出构建涉疆研究"话语体系"的新主张，生动诠释了新疆在重释"中国与世界古今丝路关系"中的现实意义与学术价值，不仅丰富了涉疆议题的研究内涵，还为破解西方大国把控涉疆议题话语权提供了行动指南，表明涉疆议题正由民族宗教人权的国内政治范畴向重释"中国与世界古今丝路关系"的国际政治范畴跃升而被赋予新意，并成为新时代习近平外交思想研究的题中应有之义。

此为序。

作于 2022 年 7 月 16 日酷暑中的上海

上　编
毗邻八国的战略合作
伙伴关系

第一章
中国与俄罗斯"带盟对接"及路径选择

"欧亚经济联盟"最早是由哈萨克斯坦总统纳扎尔巴耶夫于1994年提出,但在其后的10多年里都没有实质性的进展,直到2011年又被俄罗斯总理普京重新提出。2013年,习近平主席在哈萨克斯坦提出"丝绸之路经济带"这一概念。2015年5月8日,习近平主席与普京总统在莫斯科共同签署并发表《中华人民共和国与俄罗斯联邦关于丝绸之路经济带建设和欧亚经济联盟建设对接合作的联合声明》,俄方表示支持"丝绸之路经济带"建设,愿与中方密切合作以推动落实该倡议。中方也表示将积极推进"欧亚经济联盟"框架内一体化进程,并启动经贸合作方面的协议对接。从此,"带盟对接"正式提上了中俄关系发展的议事日程。

第一节　俄罗斯对"丝绸之路经济带"
的基本认知

俄罗斯对于"丝绸之路"这一概念并不陌生,作为丝路沿线国家,俄罗斯与"丝绸之路"存在着紧密的联系。1987年,联合国教科文组织提出了"重建丝绸之路"的基本思想。1997 年，时任美国总统克林顿向参议院提交了"1997 丝绸之路战略"。该战略是一个基于地缘政治考量的决策，虽打着"恢复历史传统"的口号，但旨在削弱俄罗斯对中亚、中东的影响，推动高加索与独联体国家的政治经济转向，进而控制里海—中亚地区能源流通等。2003 年，联合国发起了"丝绸之路倡议"，旨在促进丝绸之路沿线国家在贸易、投资、旅游、文化等领域的交流与合作，并设置了丝绸之路投资论坛、"联合国丝绸之路城市奖"等项目。2011 年，美国国务卿希拉里再次提出"新丝绸之路"计划，其核心在于建立以阿富汗为枢纽的联系欧洲、中东、中亚、南亚的地缘政治经济版图，所以该计划的实际目的是将中亚与南高加索拉向美国一方，把俄罗斯排挤出中亚。因此，在习近平主席提出"丝绸之路经济带"倡议时，很多俄罗斯专家在一开始对此发出了谨慎的疑问："又一个'丝绸之路'，也是反对俄罗斯的吗？"①

事实上，俄罗斯也是古代丝绸之路的重要沿线国家之一。留里克王朝时期的俄罗斯曾因自身实力有限而很难主导丝绸之路。罗曼诺夫王朝时期，沙俄帝国 17 世纪的远东探索和 19 世纪中叶到 20 世纪初与英国在中亚地区的大博弈都与丝绸之路有关。丝绸之路上的"塔什干、撒马尔罕、布哈拉以及富饶的费尔干纳谷底中的绝大部分，都成了圣彼得堡的附庸国……俄罗斯正在打造属于自己的庞大贸易交通网络"②。基于历史，俄罗斯对于"丝绸之路"的理解不仅是贸易上的，更有他们独特的"沙俄帝国"史观。上海合作组织俄罗斯总统特别代表 B. Я. 沃罗比约夫教授就认为，"丝绸之路"中的"丝绸"

---

① В·Бережных: Место России в Великом шелковом пути, 2014 年 5 月 27 日, http://www. ruchina. org/china-article/china/340. html. 27. 05. 2014。登录日期：2018 年 1 月 15 日。
② ［英］彼得·弗兰科潘：《丝绸之路——一部全新的世界史》，杭州：浙江大学出版社，2016 年，第 251 页。

一词虽然给人一种温柔的感觉，但历史中或多或少存在过商队和国家为了沿线土地而发生流血冲突的事实。① 与此同时，在俄罗斯学者的认知中，"带"一字并不是说中国提出的"丝绸之路经济带"就是一个带状区。"丝绸之路经济带"（Экономический коридор Шелкового пути）更像是"丝绸之路经济空间"（Экономический пространство Шелкового пути）。② "空间"，在某种程度上意味着边界、封闭和独立体系。如果"丝绸之路经济带"是一个新的排他性空间，那将是俄罗斯无法接受的。俄方对此的理解也体现出了他们对"丝绸之路经济带"的态度与接受程度。此外，俄罗斯地缘战略学家 B. 达尔加切夫认为，中国的"丝绸之路经济带"解释得"过于漂亮和没有冲突，以至于不够真实"，故仅从名称上来看，"丝绸之路经济带"没有任何明显的意图和特色，也许更像一个"糖衣炮弹"。③ 总体来说，在 2013—2015 年间，俄罗斯学界和政界对"丝绸之路经济带"抱有一定的疑虑和担忧。

不过，2015 年中俄宣布"带盟"正式对接后，俄罗斯社会对于"丝绸之路经济带"的看法开始逐渐转变。俄罗斯战略研究所发布的 2017 年《中国的亚洲政策与俄罗斯利益》报告中指出，中国在中亚所推进的"丝绸之路经济带"建设与俄罗斯倡导的"欧亚经济联盟"拥有共同的利益。④ 该报告认为，"丝绸之路经济带"是中国推动建立"人类命运共同体"的经济策略，中国秉持的经济开放政策，使

① В·Я·воробьев: О китайской идее построения "Экономический пространство Великого Шелкового пути", 2017 年 7 月 2 日, http://www.globalaffairs.ru/number/Novyi-helkovyi-kurs-16776.02.07.2014. 登录日期：2018 年 1 月 15 日。

② 展妍男：《俄罗斯学界对中国"丝绸之路经济带"构想的认知和评论》，《俄罗斯学刊》，2015 年第 4 期，第 85 页。

③ В·Даргачев: Кто будет владеть Евразией? Суперпроектвека, 2014 年 2 月 9 日, http://www.dergachev.ru/analit/The_ Great_ Silk_ Road. 登录日期：2018 年 1 月 15 日。

④ РИСИ：《Политика Китая в Азии и интересы России?》，*Проблемы национальной стратегии*, №5 (44) 2017, pp. 11 - 49。

中俄合作成为了可能。随着欧亚联盟域内国家现代工业水平的发展，俄罗斯试图在中亚恢复以往苏联曾经建立过的统一的经济制度；然而，因俄罗斯工业水平相对落后及产品单一，拖累了欧亚共同市场的建立。中国在该领域正好拥有俄罗斯不具备的优势——资本与技术。并且，"丝绸之路经济带"与"欧亚经济联盟"的对接将有助于俄罗斯远东地区与北方航道的发展。报告同时指出，亚投行（AIIB）、丝路基金等为"带盟对接"提供了相应资金，俄罗斯远东与中部工业区基建项目有机会获得相应的资金支持。此外，该报告同时指出，"带盟对接"不仅要考虑中国在中亚地区的发展倡议，还要考虑美国、日本、印度、欧盟和其他国家与国际组织的态度。报告认为，中俄两国与上述国家关系的不同为"带盟对接"带来了障碍，如俄罗斯同印度的积极互动与中印之间的相互竞争，印度拒绝加入"一带一路"倡议等，增加了中俄"带盟对接"的困难。

作为俄罗斯公共外交的重要平台，瓦尔代俱乐部也对"带盟对接"发表了相关看法，如瓦尔代俱乐部对外政策与国防项目研究组组长 T. 博尔达切夫认为，"欧亚经济联盟"的核心在于实现共同的标准、统一的规则和自由的流通，建立一个类似于欧盟的经济共同体；"丝绸之路经济带"的核心在于输出资本、以基础设施建设为抓手建立有别于海上通道的欧亚贸易大动脉，故两者的着眼点并不一致。俄罗斯在中亚需要战略安全与劳动力，中国在中亚需要能源与基建项目。但着眼点不同并不意味着难以合作，只要俄罗斯不强调"带盟对接"的主导权，中国不强调双边合作的单一性，"带盟对接"就可以推进，在他看来，"带盟对接"的突破口在于基础设施建设。①

不过，也有学者对推进"丝绸之路经济带"建设深表忧虑，如

---

① 《В китайском языке нет слова "брат"》，Asia Russia Daily，2015 年 5 月 14 日，http://asiarussia.ru/news/7412/。登录日期：2019 年 4 月 20 日。

俄罗斯远东研究所主任卢萨宁就认为，"丝绸之路经济带"会导致中国占据中亚国家大部分市场份额，挤压俄罗斯的战略空间。此外，他认为，"丝绸之路经济带"建设表明中国正在逐渐认识到能源安全的重要性，而为了更好地保护能源通道，中国很有可能进一步在中亚设立军事基地。① 俄罗斯远东国立大学研究员达维托夫甚至认为，"丝绸之路经济带"的战略目标是加速中国的现代化建设，促进中国的社会经济发展，所以中国将着重扩大经济能源合作，并把俄罗斯和中亚国家当成自己的原料附庸来看待等。② 俄罗斯学者A.B. 伊万措夫认为，"带盟对接"的"项目导向型"机制，有可能加速欧亚经济联盟的离心倾向，让欧亚经济联盟成员国从本国利益出发优先考虑与中国合作时的利益而忽视联盟本身，从而影响"一带一盟"对接最初的一体化构想。③ 此外，还有学者提到了"带盟对接"之外的因素——上海合作组织。俄罗斯科学院远东研究所研究院 A.Г. 拉林、B.A. 马特维耶夫认为："对中国来说，上海合作组织吸引力的下降可通过提高其在中亚地区的经济存在而加以补偿，但对俄罗斯来说则无法如此……与中国在'丝绸之路'框架内发展紧密经济合作，客观上会造成欧亚经济联盟成员国之间的利益冲突。"④

　　在中俄日益紧密的制度性联系和频繁高层交流的带动下，俄罗斯学界对于中俄"带盟对接"的评价和理解也日趋理性、冷静、务实。

① Лузянин С. Г. ШОС как прообраз регионального интеграционного объединения в области экономики и безопасности // Большая Восточная Азия: мировая политика и региональные трансформации: научно-образовательный комплекс-М. : МГИМО (Университет), 2010. С., pp. 23 – 47.

② Давыдов З. Вл. Экономическая политика Китая в Центрально-Азиатском регионе и её последствия для России, Известия Восточного Института, 2015/2 (26), p25.

③ ［俄］A.B. 伊万措夫：《欧亚经济联盟与丝绸之路经济带：中国国家利益与风险》，《俄罗斯学刊》，2019 年第 2 期，第 91 页。

④ ［俄］A.Г. 拉林、［俄］B.A. 马特维耶夫：《俄罗斯如何看待欧亚经济联盟与"丝绸之路经济带"对接》，《欧亚经济》，2016 年第 2 期，第 25 页。

2018年5月17日，中国与欧亚经济联盟签署经贸合作协定。① 2019年，习近平总书记出席俄罗斯圣彼得堡国际经济论坛期间签署的《中俄关于发展新时代全面战略协作伙伴关系的联合声明》中指出："俄方支持'一带一路'倡议，中方支持在欧亚经济联盟框架内推动一体化进程。双方在推进'一带一路'建设与欧亚经济联盟对接方面加强协调行动。中方支持建设大欧亚伙伴关系倡议。双方认为，'一带一路'倡议同大欧亚伙伴关系可以并行不悖，协调发展，共同促进区域组织、双多边一体化进程，造福欧亚大陆人民。"② 进入2020年后，面对逆全球化、美国总统特朗普鼓吹"美国优先"、新冠疫情等诸多复杂背景，俄罗斯学者对"带盟对接"有了更深入的认知。有学者认为，"一带一路"与欧亚经济联盟、大欧亚倡议的对接，不仅是区域性的，实际上更是一个全球化的过程。③ 2020年新冠疫情暴发后，全球贸易萎缩，"带盟对接"的前期成果却开始展露，仅在2020年第一季度，中国就已成为欧亚经济联盟第一大贸易伙伴，超过欧洲与美国的总和。④

第二节　中国对"欧亚经济联盟"的基本认知

苏联解体后，中亚地区虽取得了独立，但仍继承了苏联的经济体制及区域分工角色。基于此，俄罗斯与包括中亚国家在内的独联体成

---

① 《中国与欧亚经济联盟签署经贸合作协定》，新华网，2018 年 5 月 17 日，http://www.xinhuanet.com/world/2018-05/17/c_1122849884.htm。登录日期：2018 年 8 月 1 日。

② 《中华人民共和国和俄罗斯联邦关于发展新时代全面战略协作伙伴关系的联合声明》，新华网，2018 年 5 月 17 日，http://www.xinhuanet.com/world/2019-06/06/c_1124588552.htm。登录日期：2019 年 6 月 10 日。

③ 李兴：《俄罗斯学界对"一带一盟"对接合作的认知》，《俄罗斯东欧中亚研究》，2020 年第 6 期，第 38 页。

④ 《2020 年 1—4 月中国成为欧亚经济联盟第一大贸易伙伴》，中华人民共和国商务部网站，2020年 6 月 29 日，http://www.mofcom.gov.cn/article/i/jyjl/e/202006/20200602978691.shtml。登录日期：2020 年 7 月 2 日。

员一直努力在苏联遗产上打造新的经济体系。1994 年，俄罗斯与独联体大部分国家签署了《独联体自由贸易区协议宣言》和《建立独联体跨国经济委员会和支付联盟协议》。2011 年，在独联体成员国政府首脑理事会圣彼得堡会议上，俄罗斯、乌克兰、白俄罗斯、哈萨克斯坦等八个独联体成员国签署了《独联体自由贸易区协议》。[①] 2013 年，乌兹别克斯坦宣布加入该协议，但至今还有部分国家未批准与乌兹别克斯坦在该框架下的合作。与此同时，2001 年，欧亚经济共同体首先由俄罗斯、哈萨克斯坦、白俄罗斯、吉尔吉斯斯坦、塔吉克斯坦五国建立。在 2005 年圣彼得堡举行的中亚合作组织成员国首脑峰会上，俄罗斯、哈萨克斯坦、吉尔吉斯斯坦、塔吉克斯坦、乌兹别克斯坦 5 个与会国家的领导人一致同意将 "中亚合作组织" 与 "欧亚经济共同体" 两个组织合并为 "欧亚经济共同体"。[②] 2010 年，俄、哈、白启动了关税联盟进程；由于进展良好，三国于 2012 年起启动了统一经济空间谈判，即三国经济体一体化进程从关税同盟过渡到更高阶段。[③] 2014 年 5 月 29 日，俄罗斯、白俄罗斯和哈萨克斯坦三国总统在哈首都阿斯塔纳签署《欧亚经济联盟条约》，宣布欧亚经济联盟将于 2015 年 1 月 1 日正式启动。此后，亚美尼亚和吉尔吉斯斯坦相继加入欧亚经济联盟。目前，欧亚经济联盟覆盖约 1.8 亿人口，GDP 总额超过 4.5 万亿美元，已经成为欧亚地区的重要经济组织。

虽然 "欧亚经济联盟" 有着坚实的基础，但仍有一定的结构性缺陷。首先，"欧亚经济联盟" 的成员有限，乌兹别克斯坦、土库曼

---

① 《独联体国家政府首脑签署自由贸易区协议》，人民网，2011 年 10 月 19 日，http://world.people.com.cn/GB/57507/15952635.html。登录日期：2018 年 1 月 15 日。

② 《中亚合作组织将并入欧亚经济共同体》，新浪网，2005 年 10 月 7 日，http://news.sina.com.cn/w/2005-10-07/05227104856s.shtml。登录日期：2018 年 1 月 15 日。

③ 《俄白哈启动统一经济空间》，人民网，2012 年 1 月 2 日，http://www.people.com.cn/h/2012/0102/c25408-771422249.html。登录日期：2018 年 1 月 15 日。

斯坦、乌克兰等都没有加入。其次，从功能上看，"欧亚经济联盟"的重要目标是推动联盟内商品、资本、服务的自由流通，同时对联盟外提出较高的合作要求，从某种程度上其实是设置贸易和投资壁垒。此外，由于成员之间经济结构的高度趋同以及运行规则的欠缺，"欧亚经济联盟"运行以来产生的更多的是贸易转移效应，而非贸易创造效应。"欧亚经济联盟"因无法应对危机，反而会让整个联盟的贸易大幅下降。[1] 最后，"欧亚经济联盟"本身的"一强多弱"结构也令人担忧。俄罗斯在其中具有压倒性优势，该国经济形势的变化将波及整个联盟。2014年欧盟对俄罗斯的制裁就间接拖累了联盟内的白俄罗斯与哈萨克斯坦。该结构也使俄罗斯容易产生自我膨胀的心态，帝国遗产使"家长作风"难以消除，并致使俄罗斯在付出更多合作成本的同时极度渴望迅速得到收益。此外，"欧亚经济联盟"的一体化机制路径将导致其合作进入政治甚至安全领域，但这样就会缩减联盟的发展空间，减小其适用性，使得相关国家不得不"选边站"。由此可见，"欧亚经济联盟"最终很有可能是一种"小而精"的一体化。

总体而言，欧亚经济联盟是俄罗斯提升国际地位的战略依托，以及应对大国和国家集团挑战的重要工具。原苏联地区国家的"去俄罗斯化"进程让俄罗斯有了极强的危机感，欧盟对独联体国家的拉拢更让俄罗斯倍感压力。俄罗斯试图利用独联体国家的政治经济文化联系重新建立与欧盟对抗的地区联盟。然而，乌克兰的退出让欧亚经济联盟缺失了最重要的一环。因此，欧亚经济联盟试图与欧盟相竞争也是不太可能的。[2]

尽管如此，欧亚经济联盟与"丝绸之路经济带"还是具有诸多

---

[1] 冯玉军：《论"丝绸之路经济带"与欧亚经济联盟对接的路径》，《欧亚经济》，2016年第5期，第16页。

[2] 左凤荣：《欧亚联盟：普京地缘政治谋划的核心》，《当代世界》，2015年4月，第31页。

互补之处，如欧亚经济联盟的主要目标包括"创造有利于成员国经济稳定发展的条件以提高居民生活水平，努力促进成员国的全面现代化与合作，并提高其在经济全球化下的民族经济竞争力"①。"丝绸之路经济带"的建设目标之一则是"实现沿线各国多元、自主、平衡、可持续的发展"，让各国人民"共享和谐、安宁、富裕的生活"。② 由此可见，"带盟对接"在促进地区国家经济发展以及提高人民生活水平的总体方向上具有明显的战略共性，这使二者的相互合作与补充成为可能。

第三节 "带盟对接"有助于增进中俄战略互信

欧亚经济联盟是一个以建成经济一体化机制与共同市场为目的的地区联盟。当前的成员国为俄罗斯、白俄罗斯、哈萨克斯坦、亚美尼亚和吉尔吉斯斯坦。该联盟计划在 2025 年前实现商品、服务、资本和劳动力的自由流动，最终成为类似于欧盟的地区组织，形成一个拥有 1.7 亿人口的统一市场。目前，欧亚经济联盟已建立了最高经济委员会、法律委员会、政府间委员会和欧亚经济联盟法院等，2018 年欧亚经济联盟的"新海关法典"生效，成员国都需要与该新海关法相衔接。③

"丝绸之路经济带"是跨国经济带，致力于构建区域合作新模式。"丝绸之路经济带"与传统区域合作模式的区别在于，传统的区

---

① Договор о Евразийском экономическом союзе, http://economy.gov.ru/minec/about/structure/depSNG/agreement-eurasian-economic-union。登录日期：2018 年 1 月 16 日。

② 《推动共建丝绸之路经济带和 21 世纪海上丝绸之路的愿景与行动》，新华网，2015 年 3 月 28 日，http://news.xinhuanet.com/world/2015-03/28/c_1114793986.htm。登录日期：2018 年 1 月 16 日。

③ 《欧亚经济联盟海关法典生效》，中华人民共和国商务部网站，2018 年 1 月 3 日，http://www.mofcom.gov.cn/article/i/jyjl/e/201801/20180102693875.shtml。登录日期：2018 年 1 月 16 日。

域合作是通过推动互惠的贸易和投资安排、确立统一的关税政策，继而建立超国家的机构来实现深入的合作；而"丝绸之路经济带"主要是贸易、交通、投资领域的合作，未来不会设立关税同盟。"经济带"不是"紧密型一体化合作组织"，不会打破现有的区域制度安排，更多的是一种务实灵活的经济合作安排。因此，欧亚经济联盟与"丝绸之路经济带"具有完全不同的着眼点与发展方向：前者是一体化的机制建设，而后者是"共商共建共享"的合作倡议，中方并没有提出具体的任务与项目。

可见，"丝绸之路经济带"与欧亚经济联盟是完全不同的两类合作机制。一个是创新的合作思路，一个是传统的合作范式；一个是以双边合作为主要模式的共建倡议，一个是以多边合作为主要模式的地区联盟；一个是聚焦于"五通"发展的沿线国家经济带，一个是聚焦于内部一体化的少数国家共同体。因此，"丝绸之路经济带"与欧亚经济联盟并没有太多的冲突之处。对于"'丝绸之路经济带'与欧亚经济联盟必然会产生冲突"的说法，只是一种臆想与猜忌。对于"带盟对接"，更为重要的是找到合作的共同领域，并在合作中积极解决矛盾与纠纷。而与具体的合作项目相比，更大的挑战来自政治协调，特别是大国之间的协调。①

事实上，中国与俄罗斯战略互信的建立可追溯至 20 世纪 20 年代。中国共产党的诞生、建立与初期发展与当时的苏联有着密切的联系，共同的共产主义信仰更使中俄之间积累了强有力的信任感。1940 年毛泽东在《新民主主义论》中指出，"中国革命是世界革命的一部分"②，"中国要独立，决不能离开社会主义国家和无产阶级的援助"③。中华

---

① 《全面解读"丝绸之路经济带"》，人民论坛网，2014 年 1 月 8 日，http://www.rmlt.com.cn/eco/caijingzhuanti/special/sichouzhilu/。登录日期：2018 年 1 月 15 日。

② 《毛泽东选集·第二卷》第 2 版，北京：人民出版社，1991 年，第 155 页。

③ 同上，第 156 页。

人民共和国成立后实行了"一边倒"的外交政策，1950 年，随着《中苏友好同盟互助条约》的签订，苏联从资金、装备与人才等方面支持新中国进行工业化建设，并在外交上给予中国必要的支持。20 世纪 80 年代，历经中苏关系寒冬后，邓小平着手改善中苏关系。当时的苏联因正处于"美攻苏守"的下风，同中国化解矛盾更是显得迫在眉睫，经过反复磋商，中苏关系实现了正常化。虽然两国关系的发展在客观上是基于双方利益的需要，但中苏对"兄弟国家"的认知起到了重要的推动作用。1991 年苏联解体后，作为苏联遗产主要继承国的俄罗斯认识到，如果不与中国建立良好关系，将大大削弱俄罗斯的国际影响力。1992 年，叶利钦以俄罗斯联邦国家元首的身份首次出访中国，确立了两国"相互视为友好国家"的方针；1994 年，江泽民主席访俄，将两国关系确定为"建设性伙伴关系"；1996 年，叶利钦再次访华，双方签署联合声明，宣布"决心发展平等信任的、面向二十一世纪的战略协作伙伴关系"①，并建立了中、俄、哈、吉、塔五国边境地区军事领域互信的合作机制，宣告上合组织前身"上海五国"会晤机制的诞生……中俄关系的历史波动说明，大国之间建立战略互信非常不易，需要克服内外诸多困难；而不断深化战略互信，则更为不易。

　　一般而言，大国之间维持战略互信有以下几种基本方式：第一，必须有政治领袖共同、持续地努力；第二，建立战略合作机制并不断丰富其形式和内容；第三，必须不断拓展战略合作的广度和深度，以实现相互强化的心理状态；第四，必须不断强化战略互信的社会基础。② 在中俄两国的共同努力下，当前两国的战略互信已达到了新的

---

① 《中俄联合声明》，《中华人民共和国国务院公报》，1996 年第 13 期，http://www.cnki.com.cn/Journal/G-G1-GWYB-1996-13.htm。登录日期：2018 年 1 月 16 日。

② 王存刚：《新全球化时代大国战略互信的生成和维护——基于中俄关系的研究》，《国际观察》，2017 年第 5 期，第 8—9 页。

高度。1996 年以来，两国元首、政府首脑和外交部长定期会晤机制相继建立，中俄总理定期会晤机制下的总理定期会晤委员会（副总理级）、人文合作委员会和能源谈判代表会晤等机制得到了不断完善。2001 年，中俄两国缔结了《中华人民共和国和俄罗斯联邦睦邻友好合作条约》，建立了"睦邻、友好、合作和平等信任的战略协作伙伴关系"①。同年，中俄互信与地区合作的成果——上海合作组织建立，中俄双方在安全、反恐等领域的合作进一步得以深化。2004 年，《中华人民共和国和俄罗斯联邦关于中俄国界东段的补充协定》的签署则使中俄边界问题得到了全面解决。20 世纪末至今，每隔 1 至 2 年，中俄都会发布"联合公报"，阐述两国共同的战略利益与目标，协调战略认知，深化战略互信。与此同时，中俄在联合国、金砖国家合作机制、二十国集团、亚太经济合作组织等多边机制中也开展了富有成效的外交协作。

此外，中俄在能源领域的长期战略合作也成为了两国战略互信的重要组成部分。2011 年，中俄原油管道投入商业运营，事实上确立了两国的能源合作伙伴关系。2016 年，俄罗斯取代沙特阿拉伯，首次成为中国最大原油供应国，日均供应量为 105 万桶。② 中俄两国能源公司在共同开发油气田、炼油化工方面的合作不断扩大，在亚马尔天然气等大型项目上的合作不断扩展，已经形成油气上下游一体化合作的格局。

中俄战略互信有力地推动了"带盟对接"。2015 年 5 月，习近平主席与俄罗斯总统普京在莫斯科签署《中华人民共和国与俄罗斯联邦关于丝绸之路经济带建设和欧亚经济联盟建设对接合作的联合声

---

① 《中华人民共和国和俄罗斯联邦睦邻友好合作条约》，中国人大网，2001 年 7 月 16 日，http://www.npc.gov.cn/wxzl/gongbao/2001-12/06/content_5280849.htm。登录日期：2018 年 1 月 16 日。

② 《外媒：俄罗斯 2016 年取代沙特成中国最大原油供应国》，参考消息网，2017 年 1 月 24 日，http://www.cankaoxiaoxi.com/china/20170124/1637811.shtml。登录日期：2018 年 1 月 16 日。

明》，宣布启动中国与联盟经贸合作方面的协定谈判。自 2016 年 10 月首轮谈判以来，双方通过五轮谈判、三次工作组会和两次部长级磋商，于 2017 年 10 月 1 日顺利实质性结束谈判。2016 年 5 月，欧亚经济联盟最高欧亚经济理事会通过决议，启动该联盟与中国经贸合作协定谈判。中俄两国决定推动交通、跨境基础设施、物流等领域的项目合作。① 2016 年 6 月，中俄签署《中俄联合声明》《中华人民共和国和俄罗斯联邦关于加强全球战略稳定的联合声明》和《中华人民共和国主席和俄罗斯联邦总统关于协作推进信息网络空间发展的联合声明》等近 30 多项合作文件。2016 年 11 月，双方在经贸、投资、金融、民用核能方面又签署了 20 多项合作文件。2017 年，中国与欧亚经济联盟成员国贸易额达 1 094 亿美元。2018 年 5 月，中国商务部副部长与欧亚经济联盟主席在阿斯塔纳经济论坛期间签署《中华人民共和国与欧亚经济联盟经贸合作协定》。② 2019 年，中国与欧亚经济联盟计划签署国际运输货物和交通工具信息互换协定，以简化海关手续。③ 2019 年签署的《中俄关于发展新时代全面战略协作伙伴关系的联合声明》为"带盟对接"后续深入合作奠定了坚实的政治基础。2020 年 12 月，欧亚经济联盟首届欧亚大会召开，中方代表表示："中方愿进一步深化同联盟合作，共同推动实现经济复苏、民生改善，推动'一带一路'与欧亚经济联盟对接合作取得更多成果，为构建人类命运共同体不懈努力。"④

① 李永全：《俄罗斯发展报告（2017）》，北京：社会科学文献出版社，2017 年，第 212 页。
② 《中国与欧亚经济联盟正式签署经贸合作协定》，中华人民共和国商务部网站，2018 年 5 月 17 日，http://www.mofcom.gov.cn/article/ae/ai/201805/20180502745041.shtml。登录日期：2018 年 6 月 9 日。
③ 《俄新社编译版：欧亚经济联盟与中国拟于今年签署国际运输货物和交通工具信息互换协定》，中国驻哈巴罗夫斯克总领事馆经济商务室网站，2019 年 5 月 17 日，http://khabarovsk.mofcom.gov.cn/article/jmxw/201905/20190502863883.shtml。登录日期：2019 年 6 月 3 日。
④ 《商务部副部长、国际贸易谈判副代表俞建华为欧亚经济联盟首届欧亚大会致辞》，中华人民共和国商务部网站，http://www.mofcom.gov.cn/article/jiguanzx/202012/20201203020641.shtml。登录日期：2020 年 12 月 6 日。

第四节　人文交流助推中俄"带盟对接"的主要对策

俄罗斯政治学家季莫费伊·博勒达切夫曾指出，尽管中俄高层互信度极高，但两国民间缺乏应有的互信。中俄两国的普通公民、媒体和企业之间缺乏了解和互信，且存在一些偏见，如不少俄罗斯人偏执地认为，"中国人一来，所有的东西都会被抢走"，此类观点在媒体中也常常出现。而中国人则常常在被西方掌控的英语报纸或者电视节目中了解俄罗斯的状况，但这些媒体从来不说俄罗斯的好。因此，中国人害怕在俄罗斯工作，也害怕与俄罗斯企业合作。①

2016 年 11 月，俄罗斯政府发布了《俄罗斯联邦对外政策构想》②（以下简称《构想》），该国的战略重心按照重要性排序依次为：独联体—欧洲与大西洋地区—美国—北极地区—亚太地区—中东与北非地区—拉丁美洲—非洲等。由《构想》可知，发展与独联体国家的双边及多边合作、进一步巩固由该国主导的独联体现有一体化是俄罗斯对外政策的最优方向。具体而言，俄对独联体政策可分为三个层面：一是扩大与白俄罗斯在欧亚经济联盟框架内的战略协作以推进两国在各领域的一体化进程；二是深化和扩大在欧亚经济联盟框架内与亚美尼亚、哈萨克斯坦以及吉尔吉斯斯坦的一体化；三是希望在平等、互利、相互尊重及关切对方利益的基础上发展与每一个独联体成员国的友好关系。此外，在军事领域，俄罗斯把集体安全条约组织视为后苏联空间安全保障体系的一个最重要环节，主张将该组织转变成

---

① 《俄政治家：中俄两国高层互信度极高　但民间缺乏互信》，环球网，2016 年 7 月 1 日，ht-tp://world. huanqiu. com/exclusive/2016-07/9109964. html。登录日期：2018 年 1 月 16 日。

② Указ Президента Российской Федерации от 30. 11. 2016 г. № 640，http://www. kremlin. ru/acts/bank/41451/page/4。登录日期：2018 年 1 月 16 日。

一个有能力应对当代威胁与挑战的权威性多功能国际组织。值得注意的是,中国所处的亚太地区在俄罗斯战略重心排序中位居第五,"丝绸之路经济带"建设所涉及的大部分国家则处在俄罗斯最为关切的地区。由此,中国对中俄双边关系及战略合作应具有清醒的认知。在此前提下,加强人文交流,强化战略互信的社会基础,已成为中俄在双边关系建设上最为迫切的任务之一。

事实上,中俄相互认知多停留在中苏交往的红色历史记忆上,这既是中俄人文交流与合作的优势,也是挑战,如中国人将俄罗斯依旧认同为"苏联"是不符合俄罗斯现状的,而俄罗斯将中国看成"小兄弟"或"暴发户"也不利于双方开展人文交流。因此,中俄人文交流虽然有中苏人文交流的基础,却急需注入新的理念和内容,尤其是中俄人文交流委员会与上合组织框架下的文化部长会议、文化节机制等可以在机制层面提供相应保障。其中,中俄人文交流委员会已经运行了15年,制定了《中俄人文合作行动计划》,双方对口部门已建立了顺畅、高效、务实的磋商与合作机制。当前,中俄人文交流具体体现在以下几个领域:

1. 教育领域。教育是中俄人文交流持续发展的重要基础。2008—2009年中俄"语言年"的主要着眼点就是教育。在2009年中国"俄语年"中,中俄双方在中国的22个省(区、市)、26个城市,举办了260多场活动。在2010年俄罗斯"汉语年"中,中俄双方共同举办87项活动,包括俄罗斯大学生汉语歌曲大赛、在俄罗斯5个重点城市青少年宫开设"中华语言文化角"、开展"中俄青少年友好通信"活动、开通网络孔子学院为俄罗斯青少年学习汉语提供远程教学支持,建立中俄青少年友好交流平台等。截至2017年,中俄高校签署的合作协议已近1 000份,中国在俄留学人员已达2.5万人,俄在华留学生达到1.5万人,中俄双方提出了到2020年时双边留学总规模达到10万人的目标。留学生交流推动了汉语与俄语的学习，中国在俄罗斯已开设了 23 所孔子学院与孔子课堂，俄罗斯在中国则设立了 22 个俄语中心，2016 年俄罗斯试行将汉语列入国家统一考试科目，汉语考试将于 2020 年正式纳入俄罗斯国家统一考试体系。2020 年，俄罗斯选择汉语参加统一入学考试的人数就已达到 358 人，超过了西班牙语的 307 人。① 根据数据，2021—2022 年俄罗斯中学内学习汉语的人数近 1.3 万人。② 因此，在不久的将来，汉语将成为仅次于英语的第二大俄罗斯统一入学考试可选外语语种。中俄双方的教育交流也体现在科学研究层面，中国哈尔滨工业大学与俄罗斯鲍曼工业大学牵头建立了由 35 所中俄高校组成的中俄工科大学联盟，中国东北农业大学和俄罗斯太平洋国立大学牵头建立了由 76 所高校组成的中国东北地区与俄罗斯远东、西伯利亚地区大学联盟等，为两国高校建立了行之有效的合作平台。③

2. 媒体领域。2016—2017 年的"中俄媒体交流年"，从国际传播入手来推动中俄人文交流，期间共举办了 400 余项活动，如俄罗斯卫星通讯社与新华社、人民日报、中国国际广播电视台、中国新闻社等建立了信息产品互换机制等。中国国际广播电台和"今日俄罗斯"国际新闻通讯社联手打造的"中俄头条"移动应用双语客户端下载量突破 400 万，展示了两国在新媒体领域合作的最新成果。④ 2016 年 10 月，双方共同举办"丝路中俄"全媒体采访中国行活动，两国近

---

① В Рособрнадзоре рассказали, какой язык чаще всего выбирают для ЕГЭ, 俄新社, 2020 年 2 月 26 日，https://na. ria. ru/20200226/1565214884. html? utm_ source = yxnews&utm_ medium = desktop&utm_ referrer = https% 3A% 2F% 2Fyandex. com% 2Fnews% 2Fsearch% 3Ftext%3D。登录日期：2022 年 5 月 9 日。

② Как готовиться к ЕГЭ по китайскому в 2021 году, https://chinacampus. ru/blog_ articles/ ege-po-kotaiskomy-yaziku? ysclid = l5vy1b8fl8808970973。登录日期：2022 年 5 月 8 日。

③ 刘利民：《"一带一路"框架下的中俄人文合作与交流》，《中国俄语教学》，2015 年 8 月，第 34 卷第 3 期，第 3 页。

④ 《"中俄媒体交流年"成果丰硕　促进中俄两国和人民友好交往》，国际在线，2018 年 1 月 26 日，http://news. cri. cn/360hezuo/20180126/e3178297-e3fd-6baa-8a48-ff96c0b9a867. html。登录日期：2019 年 6 月 23 日。

10 家主流媒体走访了"丝绸之路经济带"沿线的重要城市，全面报道"一带一路"建设与欧亚经济联盟对接现状。① 2017 年 4 月，中俄合拍的大型系列纪录片《这里是中国》在今日俄罗斯电视台、中国中央电视台等主流媒体播出，通过镜头向世界讲述中国精彩故事、传播中俄友好声音，获得两国各界广泛关注与热烈反响。② 截至 2022 年初，《这里是中国》已拍摄三季，第一、二季分别于 2017 年和 2019 年上映，第三季也于 2019 年末完成拍摄工作。其中，第一季观众人数就已突破了 1 亿人次。③俄罗斯前总统办公厅副主任格罗莫夫（Алексей Громов）表示，《这里是中国》已成为中俄媒体推出的最成功的双边项目之一。④

　　3. 旅游领域。2012 年是"中俄旅游年"。旅游是促进中俄人员往来、文化交流的重要渠道。近年来，中国每年赴俄罗斯的游客数量已逾百万，连续多年保持着俄罗斯最大外国游客客源国地位。同时，中国也跃居俄罗斯游客第二大出境旅游目的地国。随着中国游客对俄罗斯了解的不断深入和中共六大会址常设展览馆的建成开放等，除传统旅游目的地和景点外，"红色旅游"线路正成为中国游客的热门首选。2019 年，俄罗斯"世界无国界"旅游协会制定了包含约 200 个景点的"红色旅游"景点名录。⑤ 此举是为了推动吸引更多的中国旅

---

① 《"丝路中俄"全媒体采访中国行活动简介》，国际在线，2016 年 10 月 8 日，http://news.cri.cn/20161008/d1479f3e-b47f-f07d-82a8-ee0ec792f798.html。登录日期：2018 年 1 月 17 日。

② 《"四看"中俄人文合作亮点 助力两国关系长远发展》，新华网，2017 年 9 月 21 日，http://www.xinhuanet.com/world/2017-09/21/c_ 129709643.htm。登录日期：2018 年 3 月 1 日。

③ В Москве представлен 2-й сезон документального цикла "Это Китай"，俄新社，2019 年 6 月 5 日，https://ria. ru/20190605/1555273934. html? ysclid=l5vyqyqvq8139273738。登录日期：2022 年 5 月 6 日。

④ В посольстве КНР в Москве презентовали второй сезон документального сериала RT "Это Китай!"，RT 新闻网，2019 年 6 月 6 日，https://russian. rt. com/nopolitics/article/638712-vtoroi-sezon-eto-kitai? ysclid=l5vz0yz2fd202317334。登录日期：2022 年 5 月 6 日。

⑤ 《俄制定"红色旅游"景点名录》，中俄头条，2019 年 1 月 11 日，http://m.focus.sinorusfocus.com/p/8629.html。登录日期：2019 年 4 月 8 日。

游团把俄罗斯作为旅行目的地，期待中国访俄游客达到每年 200 万人。① 2015 年后，中俄每年定期举办一届中俄红色旅游合作交流系列活动。2018 年，《中俄红色旅游客源互送协议》签署，在两国红色旅游项目、旅游线路、宣传促销等方面达成初步合作意向。② 中俄双方还积极探索以极地自然观光、葡萄酒为主题的新旅游线路。同时，双方更加重视发展旅游配套服务，探讨放宽互免团体旅游签证政策，提升旅游服务质量。2019 年中俄建交 70 周年之际，中国赴俄旅游人数高达 150 万人，消费额高达 720 亿卢布（约合 11 亿美元）。③2020 年新冠疫情暴发后，中俄旅游虽然陷入低谷，但两国并未因此停滞在旅游领域的务实合作。2020 年 5 月，上海合作组织成员国旅游部门领导人召开视频会议；2020 年 7 月，中俄人文合作委员会旅游合作分委会第十七次会议召开。中俄双方始终守望相助，以应对疫情冲击为契机，促进线上线下融合发展。

4. 体育领域。2016 年以来，中俄双方成功举办了第一届中俄冬季青少年运动会、"丝绸之路国际汽车拉力赛"等活动，并互派运动队训练或参加在对方国家举办的国际比赛。2017 年 11 月，在中俄区域间体育交流合作会议上，双方共签署了 25 项合作协议和 1 个备忘录，此次签署 26 项合作协议也创下了历届中俄区域间体育交流会议的签署协议数量的新高。④ 与此同时，以 2022 年北京冬奥会为契机，中俄双方积极开展冬季运动项目的交流合作。此外，"一带一路"国

---

① 《俄罗斯"红色旅游"吸引中国人》，人民网，2018 年 2 月 27 日，http://travel.people.com.cn/n1/2018/0227/c41570-29836443.html。登录日期：2018 年 3 月 1 日。

② 《2018 中俄红色旅游合作交流系列活动在我市举办》，临沂市人民政府网，2018 年 11 月 23 日，http://www.linyi.gov.cn/info/1074/196691.htm。登录日期：2019 年 4 月 3 日。

③ Chinese tourists to spend ＄1, 1bn in Russia this year，2019 年 9 月 9 日，https://russtd.com/chinese-tourists-to-spend-＄1, 1bn-in-russia-this-year.html。登录日期：2022 年 5 月 3 日。

④ 《中俄区域间体育交流合作会议签署 26 项协议创历届新高》，中国新闻网，2017 年 11 月 29 日，http://finance.chinanews.com/ty/2017/11-29/8388616.shtml。登录日期：2018 年 1 月 17 日。

际乒乓球邀请赛和慕士塔格国际登山节等大型文体活动也如火如荼地按计划进行。① 2019 年 6 月 5 日中俄签署的《中华人民共和国和俄罗斯联邦关于发展新时代全面战略协作伙伴关系的联合声明》中明确指出,"深化体育交流与合作,办好中俄夏季青少年运动会和冬季青少年运动会、'丝绸之路'国际汽车拉力赛、'丝路杯'冰球联赛等品牌体育交流活动。在冬奥会备战方面加强合作,共同提高冬季运动水平"②。2022 年 2 月 4 日,在普京总统访华并出席北京冬奥会开幕式期间,中俄两国元首共同宣布正式启动 2022—2023 年中俄体育交流年。这是中俄举办的第 8 个国家主题年活动,也是两国举办的首个体育交流年。两国领导人对中俄体育事业的重视也极大提升了中俄体育交流的高度、深度和温度:2008 年,时任俄罗斯总理普京出席北京奥运会开幕式;2014 年,习近平主席应普京总统邀请出席索契冬奥会开幕式,这是中国国家元首首次出席在境外举办的大型国际体育赛事开幕式;2018 年,两国元首在天津共同观看中俄青少年冰球友谊赛并为比赛开球,在符拉迪沃斯托克为"远东杯"国际帆船拉力赛运动员颁奖。③"体育+"的发展模式将助推中俄体育文化交流的常态化,也必将带动中俄在经贸、人文等领域的密切联系,推动两国关系更加长远的发展。④

　　5. 地方合作领域。地方是中俄开展全方位互利合作的重要力量。

---

① 《新疆举办"一带一路"国际乒乓球邀请赛》,中新网,2016 年 9 月 9 日,http://www.chinanews.com/tp/2016/09-09/7999647.shtml。登录日期:2018 年 3 月 1 日。

② 《中华人民共和国和俄罗斯联邦关于发展新时代全面战略协作伙伴关系的联合声明(全文)》,新华网,2019 年 6 月 6 日,http://www.xinhuanet.com/world/2019-06/06/c_1124588552.htm。登录日期:2019 年 6 月 11 日。

③ 《中俄体育交流年续写两国友好新篇章》,中华人民共和国外交部官网,2022 年 2 月 23 日,https://www.fmprc.gov.cn/web/zwbd_673032/beijing2022/202202/t20220223_10644911.shtml。登录日期:2022 年 5 月 8 日。

④ 《冰球促进中俄交流 民企助推平台建设》,人民网,2019 年 6 月 12 日,http://sports.people.com.cn/n1/2019/0612/c407727-31132940.html。登录日期:2019 年 6 月 18 日。

2016 年起，中俄各地方就成立了诸多合作委员会，如中国东北地区和俄罗斯远东及贝加尔地区政府间合作委员会、"长江—伏尔加河"地方合作理事会等。2018—2019 年是"中俄地方合作交流年"，其目的是激发两国地方合作热情，挖掘双方合作潜力，带动更多地方、企业、民众加入中俄友好合作和共同发展的事业，为中俄关系持续健康稳定发展提供更加强劲的动力。两国在"中俄地方合作交流年"框架内举办了上百项活动，包括投资推介会、贸易、工业和农业展览会、研讨会、艺术节及团组互访等。两国地方代表还在圣彼得堡国际经济论坛、东方经济论坛、中俄博览会框架内进行了积极交流接触。

除"长江—伏尔加河"等地区合作机制外，中国高度重视新疆作为"丝绸之路经济带"核心区的重要作用，正加快建设新疆维吾尔自治区博物馆二期、新疆艺术中心、新疆译制大厦等项目，以进一步发挥中国新疆国际民族舞蹈节、中国亚欧博览会-中外文化展示周、中国新疆国际艺术双年展、丝绸之路新疆文化创意产业博览会等活动在中俄人文交流中所起的作用。同时，中方不断加强"丝绸之路经济带"沿线国家文化遗产保护合作，加强联合国自然和文化遗产的联合申请工作，并在乌鲁木齐综合保税区、喀什综合保税区内以园中园形式建设文化保税区。①

尽管中俄人文交流已在以上诸多领域取得了可喜成就，但随着交流的不断深入，中俄人文交流也面临新的挑战与机遇，尤其是人文交流如何助推"带盟对接"更是当务之急。为此，特提出以下三点对策：

第一，应进一步发挥社会团体的人文交流作用以深化中俄战略认知。

对于中俄两国而言，经济合作的关键在于双方的战略认知是否能

---

① 《关于印发〈贯彻落实习近平总书记重要讲话精神加快推进丝绸之路经济带核心区建设的意见〉的通知》，中国一带一路网，2017 年 11 月 3 日，https://www.yidaiyilu.gov.cn/zchj/jggg/32906.htm。登录日期：2018 年 3 月 1 日。

与之适应和相匹配。追求经济合作，却不重视战略认知的构建，将会直接影响"带盟对接"的形式、水平、质量和效率。因此，在"带盟对接"方面，应积极构建"带盟"沿线民间组织合作网络，深化中俄两国的战略认知。作为人文交流的重要主体，社会团体的作用已日益显现。据中国民间组织国际交流促进会发布的《中国社会组织推动"一带一路"民心相通行动计划（2017—2020）》披露，目前已有160多个中外民间组织加入合作网络，有90多个中国组织加入行动计划。① 在减贫、减灾、农业、应对气候变化和环保、卫生、妇女工作、青年工作、教育、科技、新闻及新媒体等领域展开了多项交流工作。因此，中俄双方应积极构建"带盟"沿线民间组织合作网络，邀请沿线国家非政府组织和人士来华考察"丝绸之路经济带"建设的相关项目及成果，参与同沿线国家非政府组织的人文交流，充分发挥社会团体的人文交流作用，以深化中俄战略认知。此外，两国的智库、研究机构、资讯中心等也应加大交流的频率，拓宽交流的广度，挖掘交流的深度，使学界的的研究报告、学术著作等成果切实助力增进中俄两国的战略认知，以加深战略互信。

第二，应进一步发挥新疆在"带盟对接"中的重要人文纽带作用。

中国新疆与八国接壤，战略区位优势明显。在《推动共建丝绸之路经济带和21世纪海上丝绸之路的愿景与行动》中，已明确提出了"发挥新疆独特的区位优势和向西开放重要窗口作用，深化与中亚、南亚、西亚等国家交流合作，形成丝绸之路经济带上重要的交通枢纽、商贸物流和文化科教中心，打造丝绸之路经济带核

---

① 《中国社会组织推动"一带一路"民心相通行动计划（2017—2020）》，中国一带一路网，2017年11月27日，https：//www.yidaiyilu.gov.cn/zchj/jggg/36736.htm。登录日期：2018年1月16日。

心区"①。

新疆拥有一类口岸 17 个。2015 年陆路边境口岸外贸货物吞吐量 5 216 万吨，旅客吞吐量 253 万人，分别占到了全国陆路口岸的 30.2% 和 19.1%，② 并建立了中国最西端的喀什与霍尔果斯经济特区。由此可见，新疆拥有独一无二的区位优势。经过 7 年的发展，新疆的口岸贸易建设更得到了显著提升。2022 年，新疆过境中欧（中亚）班列 12 210 列，始发中欧（中亚）班列 1 185 列。③ 以霍尔果斯口岸为例，截至 2022 年 4 月，自中欧班列开通以来，霍尔果斯口岸通行中欧班列运行线路已达 65 条，辐射区域从最初的 2 个国家、3 座城市扩大至 18 个国家、45 座城市，货物种类丰富至 200 多种。累计通行班列已超过 2 万列。④ 除了实体口岸，新疆的电子口岸建设也逐渐发展起来。2015 年 11 月，新疆国际贸易电子口岸建立，标志着新疆口岸建设借助现代信息技术进入了一个新的阶段。2017 年 11 月，新疆印发了《贯彻落实习近平总书记重要讲话精神加快推进丝绸之路经济带核心区建设的意见》，其中重点强调，除了经济与贸易发展外，新疆应推进科技创新合作、推进文化交流与合作、加强教育交流与合作、开展卫生交流与合作、积极推进跨境旅游。⑤ 此外，新疆因为其独特的文化构成，与中亚国家交流时拥有极大的优势。如与

---

① 《推动共建丝绸之路经济带和 21 世纪海上丝绸之路的愿景与行动》，第 13 页。

② 《关于印发丝绸之路经济带核心区交通枢纽中心建设规划（2016—2030 年）的通知》，新疆政府网，2017 年 8 月 9 日，http://www.xinjiang.gov.cn/2017/08/09/143281.html。登录日期：2018 年 3 月 1 日。

③ 《2022 年政府工作报告》，新疆维吾尔自治区人民政府网，2022 年 2 月 3 日，http://www.xinjiang.gov.cn/xinjiang/zfgbml/202203/902ca123b1884e91a4e2001a9a4cd49c.shtml。登录日期：2022 年 5 月 11 日。

④ 《新疆霍尔果斯口岸累计通行中欧班列超 2 万列》，中国新闻网，2022 年 4 月 15 日，http://www.xj.chinanews.com.cn/jingji/2022-04-15/detail-ihaxmqeq7521659.shtml。登录日期：2022 年 5 月 11 日。

⑤ 《关于印发〈贯彻落实习近平总书记重要讲话精神加快推进丝绸之路经济带核心区建设的意见〉的通知》，中国一带一路网，2017 年 11 月 3 日，https://www.yidaiyilu.gov.cn/zchj/jggg/32906.htm。登录日期：2018 年 3 月 1 日。

乌兹别克斯坦可以以"马哈拉"为切入点开展基层社区交流，与吉尔吉斯斯坦可以以"东干文化"为切入点展开文化交流等。可以预见，新疆将在"丝绸之路经济带"建设中进一步发挥独特的人文交流资源优势，为"带盟对接"夯实中俄、中国—中亚国家"民心相通"提供重要支持。

第三，应打造人文交流系列品牌项目以夯实中俄社会民意基础。

"丝绸之路经济带作为古代丝绸之路的传承，有助于加深中国同中亚等周边国家之间的文化传承，增强民间之间的相互交流和增加互信，从而有利于国家间关系的发展。"① "丝绸之路经济带"，不仅要建设"经济走廊"，更是要建设"人文走廊"，"五通"中的"民心相通"则是决定"丝绸之路经济带"建设能否长久的关键。

两国共有的历史记忆是有助于夯实中俄民意基础的宝藏。在中华人民共和国成立初期两国构建的友谊如今可以焕发新的生机。旅游业方面，"红色旅游"可以打造成特色品牌，吸引两国人民互走对方的红色革命之路，以了解各自的历史与民族精神。2021年是中国共产党建党100周年，2022年是苏联建国100周年，中俄两国可以此为契机联合推出深化"民心相通"的重点项目。如在文学与艺术方面，"红色记忆"也可以成为中俄人文交流的基石。无论是《钢铁是怎样炼成的》《这里的黎明静悄悄》等经典文学作品，或是《办公室的故事》《玛莎与熊》等通俗的电影电视产品，还是《喀秋莎》《莫斯科郊外的晚上》等耳熟能详的音乐作品，都可以为搭建两国人民友谊的桥梁添砖加瓦。对于这些作品的开发可以是"回忆经典"，也可以是在经典的基础上进行适当的创新和改编。两国政府对于这方面的文艺产品应加大宣传力度，例如通过增加排片量、加大广告投放力度、举办读书节、开办音乐会等方式，并将这些活动规范化、制度化、常

---

① 李向阳：《亚太地区发展报告（2015）：一带一路》，北京：社会科学文献出版社，2015年，第36—39页。

规化，以打造中俄在文艺领域新的"共同记忆"。除增强"红色记忆"之外，文化遗产也是人文交流的重要组成部分。中俄在 2014 年确定了为"万里茶道"联合申遗的共识。① 中俄两国拥有共同的文化遗产，这是一笔可以构建中俄人文交流品牌项目的宝贵财富。2014年，中国、哈萨克斯坦、吉尔吉斯斯坦联合申报的"丝绸之路：长安—天山廊道的路网"项目成功列入世界遗产名录②。这个成功的案例可以给中俄联合申遗以经验借鉴，并助力中俄蒙"万里茶道"联合申遗进程，进而深化中俄战略互信。

---

① 《中俄将为"万里茶道"联合申遗》，人民网，2014 年 10 月 26 日，http://cpc. people. com. cn/n/2014/1026/c87228-25908181. html。登录日期：2018 年 3 月 1 日。
② 《"丝绸之路：长安—天山廊道的路网"申遗成功 甘肃 5 处遗产点列入世界遗产名录》，人民网，2014 年 6 月 23 日，http://gs. people. com. cn/n/2014/0623/c183283-21484951. html。登录日期 2018 年 3 月 1 日。

第二章
中国与蒙古国边境口岸建设现状及其对策

  2015 年 3 月，我国正式颁布了《推动共建丝绸之路经济带和 21 世纪海上丝绸之路的愿景与行动》，其中明确提出，"加强内陆口岸与沿海、沿边口岸通关合作"。未来，伴随着共建"一带一路"的深入实施，我国陆路边境口岸面临着巨大发展机遇，同时也承载着更多功能。蒙古国是中国陆上的重要邻国，也是中国新疆周边国家之一。中蒙边境口岸的建设，不仅将有助于两国边境地区的稳定和发展，同时也将推动中国与蒙古"丝路合作伙伴关系"的进一步深化。

第一节　中蒙边境口岸概述

  中国与蒙古国的边境口岸是中蒙进行各方面往来的窗口。中蒙边境线东起满洲里，西至新疆阿勒泰奎屯山区域，中国境内自东向西分别为内蒙古、甘肃、新疆，其中内蒙古的边境线长 3 170 公里、甘肃 65 公里、新疆 1 475 公里。内蒙古自治区的中蒙边境线最长，其对蒙古国的贸易超过了全国对蒙贸易的 50%。

  一般而言，根据口岸开放程度，可分成一类口岸和二类口岸。据

《国务院关于口岸开放的若干规定》（国发〔1985〕113 号）的相关规定，一类口岸由国务院审批，允许中国籍和外国籍人员、货物、物品和交通工具直接出入国（关、边）境的海（河）、陆、空客货口岸；允许外国籍船舶进出我国领海内的海面交货点。二类口岸由其所在地省（自治区、直辖市）人民政府会商军队系统后，报国务院审批，同时抄送海关总署、总参谋部和有关主管部门，其功能是仅允许中国籍人员、货物、物品和交通工具直接出入国（关、边）境的海（河）、空客货口岸，以及仅允许毗邻国家人员、货物、物品和交通工具直接出入国（关、边）境的铁路车站、界河港口和跨境公路通道。[①] 目前，内蒙古一类口岸主要包括：呼和浩特、海拉尔、二连浩特、满洲里、甘其毛都、满都拉。其中，满都拉口岸是于 1992 年设立的二类口岸，2015 年 4 月，国务院批准满都拉口岸为双边性常年开放公路客货运输口岸。[②] 新疆一类口岸主要有：乌鲁木齐、喀什、巴克图、阿拉山口、红其拉甫、霍尔果斯、红山嘴、老爷庙。其中，内蒙古对蒙古国的口岸有 10 个、新疆对蒙古国的口岸有 4 个、甘肃对蒙古国的口岸有 1 个（暂时关闭）。此外，按照交通运输工具，又可以分成公路口岸、铁路口岸、水运口岸、航空口岸四类(见表 2 - 1)。

表 2 - 1　中蒙口岸列表[③]

口岸名称	开放时间	开放类型	对应蒙古国口岸名称	口岸类型
二连浩特铁路口岸	1956 年	常年性	蒙古国东戈壁省扎门乌德	一类口岸
二连浩特公路口岸	1992 年	常年性	蒙古国东戈壁省扎门乌德	一类口岸
珠恩嘎达布其公路口岸	1992 年 2004 年	季节性 常年性	蒙古国苏赫巴托尔省毕其格图	二类口岸

① 《国务院关于口岸开放管理工作有关问题的批复》（国函〔2002〕14 号）。
② 《借力"一带一路" 满都拉口岸焕发新生机》，包头新闻网，2017 年 5 月 29 日，http://news. baotounews. com. cn/baotounews/sz/2017/0529/544420. shtml。登录时间：2018 年 6 月 4 日。
③ 该表由作者根据相关资料整理。

（续表）

口岸名称	开放时间	开放类型	对应蒙古国口岸名称	口岸类型
阿日哈沙特公路口岸	1992 年	季节性	蒙古国东方省哈比日嘎	二类口岸
甘其毛都公路口岸	2009 年	常年性	蒙古国南戈壁省嘎顺苏海图	二类口岸
呼和浩特航空口岸	2007 年	常年性	蒙古国乌兰巴托机场	一类口岸
额布都格水运口岸	1995 年	季节性	蒙古国东方省巴彦呼舒	二类口岸
策克公路口岸	2003 年	常年性	蒙古国南戈壁省西伯库伦	二类口岸
满都拉公路口岸	1992 年 2015 年	季节性 常年性	蒙古国东戈壁省杭吉	一类口岸
阿尔山公路口岸	1992 年	季节性	蒙古国东方省松贝尔	二类口岸
巴格毛都公路口岸	1993 年	季节性	蒙古国南戈壁省布敦毛都	二类口岸
塔克什肯公路口岸 （新疆维吾尔自治区）	1989 年	季节性	蒙古国科布多省布尔干	二类口岸
红山嘴公路口岸 （新疆维吾尔自治区）	1992 年	季节性	蒙古国巴彦乌列盖省乌列盖	二类口岸
老爷庙公路口岸 （新疆维吾尔自治区）	1991 年	季节性	蒙古国戈壁阿尔泰省布尔嘎斯台	一类口岸
乌拉斯台公路口岸 （新疆维吾尔自治区）	1991 年	季节性	蒙古国戈壁阿尔泰省北塔格	二类口岸
马鬃山公路口岸 （甘肃省）	1992 年	未开放 （1993 年 8 月关闭 至今）	蒙古国戈壁阿尔泰省那然色布斯台	

　　2015 年 12 月 4 日，国务院颁布《国务院关于支持沿边重点地区开发开放若干政策措施的意见》文件，又将内蒙古二连浩特设定为重点开发开放试验区，将新疆维吾尔自治区红山嘴、塔克什肯、乌拉斯台、老爷庙，甘肃省马鬃山，内蒙古自治区策克、甘其毛都、满都拉、二连浩特、珠恩嘎达布其、阿尔山、额布都格、阿日哈沙特公路口岸和二连浩特铁路口岸设定为国家级口岸，把内蒙古二连浩特市、阿尔山市、满洲里市和新疆阿勒泰市规划为口岸城市，以及设立了内

蒙古二连浩特边境经济合作区。① 在"一带一路"倡议下，中国对蒙古国口岸有了全新的合作规划，为未来的口岸发展打下了坚实的政策基础。

自改革开放以来，中国和蒙古国多次就开设双边口岸事宜进行磋商、谈判，取得了很好的成效，逐步形成了陆、水、空齐全的口岸类型。一类口岸作为国务院批准的口岸，前期建设上拥有充足的资金支持和资源配置，都具有很好的顶层设计和发展规划。同时地方和省（自治区）因地制宜地发展开放二类口岸，参照之前口岸建设的模式和发展路径，结合本地区的区位优势，发展新的二类口岸，做到与先前开发的口岸优势互补。此外，不断完善的中国和蒙古国口岸建设，使得两国绵延的国境线的交往效率得以提升，边境市镇间的距离也因口岸开放而大大缩短，能源资源的运输成本也由于口岸的建设而大大降低，为不断扩充和深化两国交往提供了必要的条件。特别是在中欧班列备受"一带一路"沿线国家欢迎的情况下，一些受季节、地理环境因素或是生产生活资源匮乏因素制约的季节性开放口岸，开始通过发展基础设施和发展铁路的方式转为常年开放的口岸。2018 年 5月 10 日，首列临河至伊朗德黑兰的中欧班列通过巴彦淖尔的甘其毛都口岸出境，抵达德黑兰，比走海运节省了 20 天运输时间。在"一带一路"的带动下，中国与蒙古国口岸建设的资源配置效率不断增强，中方一侧口岸基础设施，包括铁路建设、公路铺设、电力设施搭建都较容易规划并实施，故对促进蒙方一侧的口岸建设具有一定的拉动作用。

梳理中蒙边境口岸发展现状，旨在分析其所具有的多重功能，主要体现在以下几个方面：

---

① 《国务院关于支持沿边重点地区开发开放若干政策措施的意见》（国发〔2015〕72 号），中华人民共和国中央人民政府网，2016 年 1 月 7 日，http://www.gov.cn/zhengce/content/2016-01/07/content-10561.htm。登录时间：2018 年 1 月 23 日。

（一）口岸的经济功能

由于中蒙是陆上邻国，口岸对于两国贸易起到了关键作用。当前中蒙之间 95% 的货物运输和中俄 65% 的陆上运输都是借助口岸来实现的。1951 年，中蒙正式签署贸易协定；1951—1960 年，中蒙经贸额增长了 50 多倍；到 1960 年时，双边贸易额占到了当年蒙古国对外贸易总额的 20%。[1] 1956 年，为了对抗来自西方的禁运、加强社会主义国家之间的联系，在苏联的推动下建立了横跨欧亚的第二座欧亚大陆桥，即从北京出发，经二连浩特出境，通过乌兰巴托、贝加尔湖地区到达莫斯科和圣彼得堡，并延伸至东欧各国。其中，在我国境内的最后一站即二连浩特。二连浩特依托交通区位优势逐步从二连镇（1956 年成立）发展成二连浩特市，并承担口岸城市职能；又凭借其毗邻京、津的地理优势，成为我国重要的货物进出口集散地之一。[2]同时作为蒙古国最便捷的出海口，每年蒙古国有大批的货物由此运往天津港并出口日本、韩国及东南亚等国，蒙古国对经由二连浩特这条出海路线的依存度极高，不断加强通往二连浩特的交通网络等基础设施建设。[3]

当前铁路仍承担着中蒙口岸的主要运力，但公路的建设正有序展开，如二连浩特在铁路口岸完备的基础上，建设了公路口岸，并由此增加了口岸的货物运力。口岸基础设施的更新升级与口岸贸易额度的不断增长，促进了中蒙口岸经贸合作领域的不断拓展，合作深度也日益加强，双方还拓展了航空运输领域的合作，如二连浩特赛乌苏机场

① 郑伟：《"一带一路"背景下构建中蒙俄经济走廊的战略意义及路径选择》，北京：社会科学文献出版社，2016 年，第 12 页。

② 张丽君、张珑、李丹：《口岸发展对边境口岸城镇发展影响实证研究——以二连浩特为例》，《中央民族大学学报（哲学社会科学版）》，2016 年第 1 期，第 110 页。

③ 娜仁图雅、魏泽瀚：《融合"一带一路"战略 助力中蒙俄经济走廊——基于二连浩特口岸的分析》，《宏观经济管理》，2015 年第 10 期，第 80 页。

开通了 13 条国内外航线，通达国内 12 个城市和蒙俄两国 3 个城市。①

在"中蒙俄经济走廊"建设的带动下，内蒙古、新疆都在积极打通中蒙俄之间口岸通道，增加口岸交通运力，提高各种生产要素的流动性，力争在现有的二连浩特→乌兰巴托→莫斯科铁路通道的基础上，建立起集宁→呼和浩特→包头→乌拉特前旗→乌拉特中旗→甘其毛都→嘎顺苏海图→塔温陶勒盖的能源运输主干道，以及集宁→呼和浩特→包头→武威→清水→额济纳旗→策克→西伯库伦→达兰扎德嘎德的农商贸易主干道。其意义在于：一方面，可将塔温陶勒盖地区丰富的煤炭资源与中国钢铁生产相连接，为包头工业生产提供国内稀缺的高焦煤、高品质铁矿石以及其他有色金属原材料等，这将大大降低包钢的生产成本和防污减排成本；另一方面，克策口岸辐射了蒙古国南戈壁、巴音洪格尔、戈壁阿尔泰、前杭盖、后杭盖等五个畜产品、矿产品较为丰富的省区，其线路对接内蒙古西部地区、甘肃及宁夏等省区，将会成为中蒙之间重要的枢纽之一。

中国与蒙古国陆上边界线漫长，沿线各地分布着中小城镇，两国通过口岸贸易得到所需的生产生活资料，促成了区域经济的相互联动。中蒙口岸分布在内蒙古、新疆、甘肃境内，同时又对接东北老工业基地、京津唐经济区、呼包鄂经济圈，以及晋、陕、甘、青四省等。通过口岸公路、铁路、航空的连接，形成了"口岸→腹地城市→腹地经济带→毗邻省份"的经济一体化发展模式（见表 2 - 2）。在市场经济条件下，口岸城市同腹地、中心城市同毗连地区，充分发挥了经济发展方向的同一性、产业结构的粘合性的特点，促进了生产要素的自由流动，加速了产业整合与重组，在地区经济联合与协作中，以整体优势参与对外竞争。②

---

① 《二连浩特国家重点开发开放试验区建设取得明显成效》，中国产业经济信息网，2017 年 12 月 5 日，http://www.cinic.org.cn/xy/nmg/411991.html。登录时间：2018 年 1 月 26 日。

② 张爱珠：《口岸城市同腹地经济一体化发展研究》，《财经问题研究》，1999 年第 10 期，第 60 页。

表 2－2 中蒙重点口岸与其经济腹地关联信息①

口岸名称	腹地构成	距经济腹地相对距离	腹地产业特色	工业园数
甘其毛都口岸	巴彦淖尔市、乌海市、巴彦浩特镇	距巴彦淖尔市约254公里	冶金、建材、农畜产品深加工	8
二连浩特口岸	乌兰察布市、兴和县	距乌兰察布市350公里	农畜产品加工、能化、电子信息、化工、建材、木材深加工、矿产品深加工	2
满都拉口岸	呼包鄂经济圈	距离包头市中心约288公里	能源、冶金、装备制造、稀土新材料、生物科技、电子信息、乳业、绒产业、现代服务业	21
策克口岸	阿拉善盟，陕、甘、宁、青四省区	东距巴彦浩特镇636公里，西距甘肃省酒泉市397公里	原煤、有色金属	8
满洲里口岸（对俄、蒙）	呼伦贝尔市、扎阿莫（扎兰屯、阿荣旗、莫旗）	距呼伦贝尔市约200公里	旅游业、能源、冶金、装备制造、农畜产品加工、生物科技、进出口加工、建材	6

　　交通便利因素在口岸发展中的作用尤为突出。以二连浩特口岸为例，其城市自身的自然资源并不丰富，但其交通便利优势明显，并覆盖了陆地、航空。二连浩特公路口岸位于208国道起点，从二连浩特出发，公路运输3～6小时可达呼和浩特、包头、大同、北京等地。蒙古国乌兰巴托—扎门乌德"千禧公路"于2013年底通车，从二连浩特到乌兰巴托只需6小时。因此，二连浩特的经济腹地实际非常广阔，从蒙古国经济最为活跃的首都地区到我国京津唐地区，在为蒙古国提供出海口和进出口通道的同时，也为京津唐地区参与投资蒙古国

　　① 该表由作者根据相关资料整理。

和向蒙古国出口商品提供了便利。作为陕、甘、宁、青四个内陆省区唯一也是最近的陆上出关口，位于阿拉善盟的策克口岸已成为重要的能源运输基地，为西北四省区提供了必要的能源、化工材料及肉类等。又如甘其毛都口岸，农业出口是当地的支柱产业，通过其口岸把当地的蔬菜（多为脱水蔬菜）、葵花籽、南瓜籽出口到蒙古国、美国、德国、比利时等国。

近年来，蒙古国提出了"矿业兴国"的发展战略，矿业开发是目前蒙古国经济发展的支柱产业。蒙古国矿产储量丰富，境内已探明的铁矿存储量 7.3 亿吨，铜矿 2.4 亿吨，锌矿 1 000 万吨，煤炭 200 亿吨以上，石油、萤石储量也很丰富。与此同时，蒙古国在苏联解体后失去了外援，开始了产业转型，但其基础设施建设过于薄弱，而且气候环境相对恶劣，农产品和必要生活用品存在季度性短缺，需要从中国和俄罗斯大量进口。以策克口岸为例，作为内蒙古阿拉善盟对外开放的唯一国际通道，是该省与陕、甘、宁、青四省区共有的重要陆路口岸，对外辐射蒙古国南戈壁、巴音洪格尔、戈壁阿尔泰、前杭盖、后杭盖等五个畜产品、矿产品资源较为富集的省区。因此，应依托运煤专线和运煤公路，培育矿产资源深加工产业，以打造国际能源资源大物流通道，力争使策克口岸成为欧亚大陆桥上的能源资源深加工基地和最重要的能源资源输入节点。

可见，在能源要素的带动下，各种生产要素也在中蒙口岸经济区不断汇集，且对区域经济的影响力逐渐得到显现。

（二）口岸的安全功能

口岸的政治和安全功能是边境口岸中最为关键的功能。中华人民共和国成立后，中蒙同为社会主义国家，保持着友好的合作关系。在1950—1959 年的十年间，中国每年派遣 1 万多名援蒙工程技术人员，参加蒙古人民共和国城市交通、建筑、住宅等基础设施建设，如该国首都乌兰巴托市区内的议会大厦、国立大商场、民族博物馆、中心火车站、和平桥等地标性建筑都是由中国援蒙工人参与建设的。此外，中苏蒙三方政治上的友好互信也促进了彼此经济贸易的快速发展。20世纪80年代，中蒙贸易再度复苏，双方在口岸经贸领域积极合作。1985年1月，中蒙两国签订了《1985—1986年中华人民共和国和蒙古国进行边境贸易的议定书》《中国银行和蒙古国家银行关于办理边境贸易结算和财物处理手续的议定书》《1998年中蒙边境贸易总合同》等文件，恢复了二连浩特—扎门乌德口岸的正常运行，为两国边境贸易正常有序地开展提供了有力保障。

进入21世纪以来，中国同蒙古国高层互访效果显著，有力地推动了两国各层级、各领域的积极互动，政治互信不断增强。2003年6月，胡锦涛主席访问蒙古国，双方共同发表了《中蒙联合声明》，同意将两国关系提升为"睦邻互信伙伴关系"，宣布"相互尊重独立、主权和领土完整，尊重各自对本国发展道路的选择，主张加强在政治、经济和安全事务上的对话与合作，协商处理两国间出现的任何问题"①。在此基础上，2011年，中蒙两国总理年内实现了互访，并宣布将两国关系提升为"战略伙伴关系"。2014年8月21—22日，习近平主席对蒙古国进行国事访问，把中国同蒙古国的合作关系提升为"全面战略伙伴关系"，并提出："中蒙地理相邻、经济互补，中方的市场、资金、技术、通道和蒙方的资源富集优势互补性很强，有许多合作机遇，必将给两国人民带来实实在在的利益。中蒙要做常来常往的好朋友。"② 同时认为双方要"聚同化异，着眼大局、友好协商，

① 《中蒙发表联合声明》，中华人民共和国外交部网站，2003年6月5日，https://www.fmprc.gov.cn/web/ziliao_ 674904/1179_ 674909/t23680.shtml。登录时间：2018年6月4日。

② 《习近平在蒙古国国家大呼拉尔发表重要演讲》，央视网，2014年8月22日，http://news.cntv.cn/2014/08/22/VIDE1408706407790416.shtml。登录时间：2018年6月4日。

以对话和合作凝聚共识、化解分歧，共同参与国际和地区治理"①。其中，安全治理已成为两国合作的重点。

2015年10月22日，上海合作组织地区反恐怖机构与蒙古国反恐协调委员会签署了《打击恐怖主义和极端主义合作议定书》，为上合组织与蒙古国在安全领域的合作提供了法律依据。2017年7月25日，俄联邦安全局后贝加尔边疆区边防管理局发言人尤利娅·福梅科娃发表声明称，俄罗斯、中国和蒙古国三国边防人员举行了"巩固边疆-2017"大型联合反恐演习，主要演练抓捕一伙在边境地区活动的国际恐怖分子。俄联邦安全局后贝加尔边疆区边防管理局、蒙古国边防军管理局和中国内蒙古公安边防总队的人员参加了演习。② 在"一带一路"合作框架下，中蒙俄进一步加强了通过口岸开展反恐合作，传统与非传统安全合作已成为中蒙口岸建设的重要组成部分。

（三）口岸的人文功能

口岸文化是指源于陆路边境地区特殊地位，依托地理空间和对外交往的中介功能而形成的由知识、信仰、艺术、道德、法律、风俗、习惯等方面构成的特有文化形态，具有多元性、地域性、民族性、包容性、互补性和外冲击性等特征的开放性文化。③ 中蒙口岸文化的起源，从空间上是"边疆和周边地区民族"与"汉地发生频繁的交往"。④ 文化类型是游牧文化和农耕文化之间的互动。在长期的历史交往中逐渐形成了"驿站→互市商路→口岸→边境贸易→经济走廊"这

---

① 《习近平在蒙古国国家大呼拉尔发表重要演讲》，央视网，2014年8月22日，http://news.cntv.cn/2014/08/22/VIDE1408706407790416.shtml。登录时间：2018年6月4日。
② 《史上首次！中俄蒙三国举行大规模联合反恐演练》，环球网，2017年7月26日，http://mil.huanqiu.com/china/2017-07/11034706.html。登录时间：2018年1月26日。
③ 张丽君：《"一带一路"背景下我国陆路边境口岸文化功能的重新审视》，《甘肃社会科学》，2016年第4期，第46页。
④ 刘迎胜：《丝绸之路》，南京：江苏人民出版社，2014年，第9页。

一独具特色的交往模式。中国蒙古族在宗教习俗上与蒙古国民众有相似之处，近年来依托口岸举办的那达慕大会备受中蒙两国民众的关注与喜爱。每年 8 月初，中方口岸都举办中蒙那达慕大会，如 2015 年 8 月，在二连浩特口岸举办的二连浩特—扎门乌德首届国际那达慕大会，就有 700 多名来自中、蒙两国的选手参加赛马、摔跤、射箭等比赛。中蒙满都拉—杭吉口岸文化旅游节，又将人文交流与商品展览相结合，唤起了两国人民有关古代草原商路的共同记忆。在满都拉—杭吉口岸，蒙方边民可享受免签进入中国满都拉口岸的优惠待遇，大大促进了边贸经济。在"一带一路"带动下，文化兴边、文化富边已成为中蒙口岸软环境建设的重要内容。2020 年 11 月，蒙古国新冠肺炎疫情加剧，二连浩特海关启动了抗疫物资快速验放通关模式，中国援助蒙古国的抗疫物资不断迅速地从二连浩特口岸进入蒙方境内，极大地提升了蒙方核酸检测能力，缓解了蒙方的疫情，得到了蒙古国内社会各界的高度评价。正如蒙古国卫生部部长蒙赫赛汗所表示的，"蒙中两国人民密切配合、相互支持，谱写了邻里互助、共同抗疫的友好篇章"。①

　　可见，中蒙频繁交往于丝绸之路，代表了两种不同的文化、生产方式和历史进程。中蒙以现代国家形式的交往还不到七十年，漫漫历史长河遗留下来的两大文明体之间的宝贵历史财富需要后人挖掘、借鉴。中国—蒙古国边境口岸的内涵建设就是将中蒙两大文明体的交融历史同当前中国与蒙古国发展睦邻友好关系的现实相结合，将古代丝绸之路同当代"一带一路"倡议与蒙古国"草原之路"战略相对接。因此，中蒙口岸合作空间巨大、前景广阔，并将助力"中蒙俄经济走廊"建设行稳致远。

第二节　中蒙贸易口岸建设：以二连浩特为例

　　二连浩特口岸是中蒙间唯一的铁路口岸，是国家批准的首批 13

---

① 《中国援助蒙古国抗击疫情　获蒙方高度评价》，《人民日报》，2020 年 12 月 2 日。

个沿边开放城市之一；既是内蒙古自治区乃至全国重要的进出口物资集散地，也是欧亚大陆桥上的重要战略枢纽。1985 年被国务院正式批准为甲类开放城市，1992 年被国务院列为 13 个沿边开放城市之一。① 2014 年 6 月，国务院同意在二连浩特市设立国家重点开发开放试验区。在此基础上，中蒙拓宽了航空运输领域的合作，二连浩特赛乌苏机场开通了 13 条国内外航线，通达国内 12 个城市和蒙俄两个国家的 3 个城市。② 近年来，公路口岸已完成了货检通道、公路口岸环宇出口物流园区、汇通进口物流园区、边民互市贸易区等配套设施建设。

铁路口岸承担着对蒙贸易 60% 的运输任务，成为连接欧亚的大动脉。2017 年，二连浩特铁路口岸全年进口运量突破千万吨，口岸基础设施建设不断完善，铁路口岸的仓储、转运、换装等服务功能逐渐完备，先后完成了铁路站场的改扩建工程、铁路换轮库、H986 货运列车查验系统、二连浩特—扎门乌德铁路宽轨联络二线，使铁路口岸年内过货量达到 1 200 万吨，换装能力达到 2 000 万吨。在中欧班列项目备受国内外广泛关注之际，二连浩特铁路口岸正用安全高效的进出关系统为中欧班列"保驾护航"。

铁路、公路、航空全方位的口岸对接模式，使二连浩特口岸基础设施不断更新升级，促进了口岸贸易总额的显著增长③（见表 2 - 3）。从 2009 年至今，二连浩特口岸在整个内蒙古自治区对蒙古国进出口货物运量上都占有极高比例，铁路运量高的优势得到了很好的体现。伴随着"中蒙俄经济走廊"建设的不断深化，中蒙合作推进新铁路

---

① 《二连浩特人民政府文件》，二连浩特市人民政府网，http://www.elht.gov.cn/mlel/dlqh/，登录时间：2018 年 3 月 4 日。

② 《二连浩特国家重点开发开放试验区建设取得明显成效》，中国产业经济信息网，2017 年 12 月 5 日，http://www.cinic.org.cn/xy/nmg/411991.html。登录日期：2017 年 12 月 5 日。

③ 《二连浩特市口岸办文件》，二连浩特市人民政府网，2015 年 6 月 24 日，http://www.elht.gov.cn/el_ zz/kab/zwgk/works/201506/t20150624_ 68109.html。登录时间：2018 年 3 月 4 日。

建设已经迫在眉睫。

表 2 - 3　2009—2016 年二连浩特进出境货运量与
内蒙古进出境货运量对比统计①

时间	地区	进出境货运量（单位：万吨）	占比	出境货运量（单位：万吨）	占比	进境货运量（单位：万吨）	占比
2009	二连浩特	621.31	16.63%	144.46	48.17%	476.85	15.30%
	内蒙古自治区	3 736.80		299.90		3 117.60	
2010	二连浩特	5 243.30	16.44%	210.27	50.15%	651.87	14.80%
	内蒙古自治区	1 030.33		419.30		4 404.40	
2011	二连浩特	1 030.33	16.69%	272.91	29.93%	757.42	16.87%
	内蒙古自治区	6 172.80		911.80		4 488.50	
2012	二连浩特	2 260.35	17.24%	333.79	28.52%	826.57	17.19%
	内蒙古自治区	6 729.20		1 170.30		4 808.00	
2013	二连浩特	1 305.70	19.20%	425.87	32.96%	879.83	19.04%
	内蒙古自治区	6 798.90		1 291.90		4 621.00	
2014	二连浩特	1 355.90	19.14%	441.80	43.47%	914.10	19.07%
	内蒙古自治区	7 085.67		1 016.29		4 792.98	
2015	二连浩特	1 402.74	21.31%	457.61	49.02%	945.13	23.04%
	内蒙古自治区	6 581.60		970.09		4 099.96	
2016	二连浩特	1 435.72	18.20%	330.91	35.14%	1 104.81	19.89%
	内蒙古自治区	7 887.44		941.43		5 552.87	

在此基础上，中蒙围绕口岸贸易不断创新合作模式，人民币国际
化程度逐渐提高，现已实现全国范围的蒙古国货币图格里克现钞调
运、中蒙本币互换协议项下图格里克融资和蒙图跨境结算，年均对蒙

---

① 数据来源：由内蒙古自治区商务之窗网 2009—2016 年"内蒙古自治区口岸流量统计表"
整理而成。

调运现钞约 500 亿元、办理跨境人民币结算规模约 1 000 亿元。① 此外，二连浩特口岸还积极培育特色产业，于 2016 年制定出台了《支持边贸企业能力建设措施（暂行）》，外贸注册企业因此突破了 1 000 家，并先后建成 12 个专业市场和 9 个规模较大的物流园区。中蒙双方就《中蒙二连浩特—扎门乌德跨境经济合作区共同总体方案》不断进行磋商，以推动中蒙跨境经济合作区中蒙两侧基础设施项目尽快开工建设。2019 年 6 月 4 日，中蒙双方正式签署了《中华人民共和国政府和蒙古国政府关于建设中国蒙古二连浩特—扎门乌德经济合作区的协议》，2021 年 12 月 23 日，蒙古国家大呼拉尔（议会）批准中蒙经济合作区政府间协议，中蒙依托口岸经济合作取得实际进展。

近年来，内蒙古深入推进"向北开放"政策实施，以经二连浩特口岸运行的中欧班列项目作为融入"一带一路"的着力点，有力地带动了沿边及内陆相关省份外向型经济发展，不断推进"中蒙俄经济走廊"建设。随着二连浩特口岸功能的不断拓展，国内不少省份加强了与该口岸的进一步协作，力图借助口岸区位优势，提升进出口班列运行效率。截止到 2017 年 7 月，经二连浩特口岸运行的中欧班列线路也从最初的 1 条扩展为 10 条。其中目前该口岸的 10 条中欧班列线路分别为："蓉欧""湘欧""郑欧""苏欧""渝欧""津欧""蒙连欧""乌兰察布""辽蒙欧"和"合肥"班列。② 据海关统计，二连浩特口岸 2017 年全年共运行中欧班列线路 15 条，569 列，标箱数 48 700 箱，货运量 31.55 万吨，货值 26.18 亿美元。③ 2018 年前 4

---

① 《二连浩特国家重点开发开放试验区建设取得明显成效》，中国产业经济信息网，2017 年 12 月 5 日，http://www.cinic.org.cn/xy/nmg/411991.html。登录时间：2017 年 12 月 5 日。

② 《二连浩特人民政府文件》，二连浩特市人民政府网，2017 年 7 月 19 日，http://www.elht.gov.cn/zhxw/kadt/kadt/201707/t20170719_126040.html。登录日期：2018 年 3 月 4 日。

③ 《内蒙古自治区人民政府文件》，内蒙古自治区人民政府网，2018 年 2 月 23 日，http://www.nmg.gov.cn/fabu/xwdt/ms/201802/t20180223_661596.html。登录时间：2018 年 3 月 4 日。

个月，二连浩特海关共验放中欧班列 398 列，货值达 134 972 万美元，截至 2021 年底的统计数据，当年开行的班列数量增长到 2 739 列，开行路线增加至 57 条。2022 年前六个月中欧班列在二连浩特出入 1 247 列，同比增长 0.46%；集装箱 130 952 标箱，同比增长 1.64%；运货量 122.2 万吨，同比增长 11.06%。

随着中国市场对铁矿石等原材料需求量的加大，以及内地城市开始普及使用中欧班列作为跨国运输的途径，为二连浩特口岸带来了新的发展契机。伴随着班列线路不断增加，运行的列次、周期逐渐固定，国际市场对于中欧班列的认可度也在不断提升，二连浩特作为重要口岸枢纽的作用也由此得以显现。

第三节　中蒙能源口岸建设：以满都拉口岸为例

1992 年，内蒙古自治区人民政府批准满都拉口岸为季节性对外开放二类口岸；2002 年 12 月，实现首次开放；2009 年 2 月，国务院同意该口岸对外开放，性质为双边季节开放的公路客货运输口岸，同年实现对矿产品、机械设备和施工人员出入境临时开放；2012 年 12 月，该口岸通过了对外季节性开放的国家验收；2014 年 2 月，蒙古国政府同意杭吉—满都拉口岸常年开放；2015 年 4 月，国务院批准满都拉口岸为双边性常年开放公路客货运输口岸，8 月该口岸通过了国家验收，11 月实现常年开放。

满都拉口岸是内蒙古自治区包头市唯一的对外口岸，位于达尔罕茂明安联合旗（简称"达茂旗"）境内，距包头市区 288 公里，距呼和浩特市区 289 公里，距蒙古国珠恩巴音火车站 213 公里；蒙方对应口岸为蒙古国东戈壁省的杭吉口岸，距东戈壁省哈登宝勒格县 102 公里，距蒙古国首都乌兰巴托约 700 公里，连接口岸的公路是 211 省道。因此，满都拉口岸处于呼包鄂经济辐射圈内，是距首府呼和浩特市和包头市最近的陆路口岸，也是呼、包二市距乌兰巴托最近的口岸。现由呼和浩特市和包头市到蒙古国首都乌兰巴托市的行程必须经过二连浩特口岸，满都拉口岸畅通后，经该口岸的行程长度将缩短三分之一，满都拉口岸的地理优势得以显现。

2016年3月20日，满都拉口岸所在的行政区达茂旗人民政府派代表赴蒙古国协商，与蒙国南戈壁省、东戈壁省共同建设省级公路，并在规划建设塔温陶勒盖—杭吉口岸段砂石公路。2017年3月16日，东戈壁省省长与内蒙古有关部门共同签署了满都拉—赛音山达段跨境公路合作意向书，启动跨境公路项目前期工作，计划建设公路总路程为438.44公里。

2016年4月，中蒙铁路项目建议书提交包头市人民政府，并送蒙古国乌兰巴托铁路局。2017年4月17日，蒙古国交通运输部、呼和浩特铁路局与达茂联合旗人民政府相关人员组成专家组，就确定中蒙两国满都拉至杭吉口岸跨境铁路过境点等相关事宜在满都拉口岸进行实地踏勘。[①] 铁路建成后将连接我国南北，经西安、包头、满都拉口岸，到蒙古国赛音山达和乌兰巴托，直至俄罗斯莫斯科，经亚欧大陆桥到达荷兰阿姆斯特丹，这将大大提升亚欧之间互联互通的效能。

蒙古国的南戈壁省毗邻中国，堪称中国脊背上的"聚宝盆"。该省总人口4.69万人，总面积16.5万平方公里，60%以上的地下都有丰富的资源，有煤、镁、铜、铅、锌、铁、芒硝、水晶、萤石等，其中煤和铜储量最丰富，且易开采。已探明煤炭储量为530亿吨，其中距中国满都拉口岸190公里的塔温陶勒盖煤矿储量64亿吨，其中主焦煤18亿吨，动力煤46亿吨，该煤低灰、低硫、高热值，是世界稀缺煤种，属优质冶金炼焦用煤。距甘其毛都口岸70公里的奥尤陶勒盖铜矿已探明铜金属量2 540万吨，黄金1 028吨，银5 144吨，铁

---

① 《中蒙满都拉至杭吉口岸跨境铁路过境点初步确定》，达茂旗人民政府，2017年4月20日，http://www.dmlhq.gov.cn/c/2017-04-20/1025128.html。登录时间：2018年1月26日。

矿石 27 亿吨，钼 8.16 万吨，储量居世界第三、亚洲最大。南戈壁省经济以畜牧业为主，工业基础薄弱，商业部门和其他企业向中国巴彦淖尔市和阿拉善盟等地区出口农牧业产品、板材、铁矿石等产品，进口中国日用品和食品，该省人民需求的 40% 均通过贸易取得。①

2017 年下半年随着国内对于焦煤、铁矿石等矿产资源需求量大幅上升，满都拉口岸面向蒙古国丰富矿产资源的区位优势逐渐凸现，进出口货物、贸易额度、出入车辆和人员数量以及出口电力都大幅增长。中蒙开始就快速通关、提高口岸效率等事宜展开商讨与合作。2017 年 12 月 12 日，蒙古国海关总署财税司长策仁图拉玛、东戈壁省海关关长奥特根吉日嘎拉、杭吉口岸关长额尔登图日②与中国包头海关、口岸管理局领导举行了协调会，就加快口岸客、货通关速度进行了协调。2017 年 11 月 24 日，满都拉所在的达茂旗政府与易大宗控股有限公司签订了合作协议，由易大宗控股有限公司负责进口塔温陶勒盖煤矿③，大大提高煤矿从满都拉口岸进口、洗煤、运销内地的效率。

尽管满都拉口岸设为常年口岸的时间较晚，但其基础设施建设和中蒙口岸合作机制建设时间都于近年取得了突破性进展，反映出中蒙口岸合作的迫切性和重要性。目前，中国对蒙古国能源需求量与日俱增、对蒙古国畜牧业市场发展前景看好。2014—2017 年，满都拉口岸的进出口货物流量增幅巨大，这与中方口岸基础设施的不断完善关系十分密切。2012 年之前，满都拉口岸尚未建成过关检查、后勤保障及仓储装备等设施，无法进行高负荷、大重量的货物通关。2013 年以来，口岸启动建设"五进五出"货运专用通道以及联检楼、检

---

①　数据由作者调研所得。

②　《满都拉口岸召开双边海关协调会》，达茂旗人民政府网，2018 年 1 月 5 日，http://www.dmlhq.gov.cn/c/2018-01-05/1119966.html。登录时间：2018 年 1 月 26 日。

③　《满都拉口岸首次实现塔温陶勒盖煤矿批量进口》，达茂旗人民政府网，2017 年 12 月 1 日，http://www.dmlhq.gov.cn/c/2017-12-01/1106695.htm。登录时间：2018 年 1 月 26 日。

验检疫查验场所、边检中队营房、海关监管场所、电子卡口、"一关两检"独立监控系统、红外报警系统和食品、绒毛畜产品、理化实验室等。随着相关设施①的不断完备，最突出的变化是口岸过关车辆、货物的猛增和过关效率的不断提升（见表2-4）。总体而言，该口岸在基础设施建设、过关效率、检疫防疫、边境人员检测等方面的合作已初具成效，成为中蒙口岸合作的典范之一。

表 2 - 4　满都拉口岸 2015—2018 年口岸流量对比②

时间	进出口货物（万吨）	同比增长	货物总值（亿元）	同比增长	出入境车辆（次）	同比增长	出入境人员	同比增长
2015 年	23.92	13.38%	0.501 9	42.87%	21 854	51.81%	71 724	96.99%
2016 年	80.1	234.9%	2.64	426.0%	31 984	46.35%	87 730	22.32%
2017 年	226.12	182.3%	11.03	317.8%	47 133	47.36%	99 553	13.48%
2018 年	312.2	38.07%	15.66	41.98%	40 718	-13.61%	81 085	-18.55%

第四节　关于加强中蒙口岸建设的主要对策

第一，应以互联互通为重点，进一步带动中蒙口岸经济发展。

当前中蒙口岸建设主要存在以下几个问题：1. 口岸建设资金主要依赖政府财政投入，并呈现投入巨大但经济收效短期不明显的特点。以满都拉口岸为例，2008 年到 2016 年，口岸各类建设项目总投资 5.74 亿元，资金缺口总计达 2.84 亿元。③ 2. 口岸经济无法支撑当地经济发展。以二连浩特为例，2013 年生产总值达 79.04 亿元，在

---

① 《借力"一带一路"满都拉口岸焕发新生机》，包头新闻网，2017 年 5 月 29 日，http://www.baotounews.com.cn/p/544420.html。登录时间：2018 年 6 月 4 日。
② 该表由作者根据满都拉政府公布的 2015—2018 年数据统计自制而成。
③ 数据由作者在满都拉口岸调研所得。

内蒙古 11 个陆路口岸中排名第五，财政收入 3.6 亿元，排名第六。[①]
3. 口岸所在位置纬度较高、环境恶劣，缺少水、电等必需资源。
4. 中蒙对口岸建设投入力度不均衡，蒙方的基础设施相对较差，不
利于口岸整体发展。近年来，中蒙口岸的蒙古国一方因频繁通车但又
缺少维护，公路损毁情况严重，如策克口岸就多次发生汽车相撞侧翻
事件，造成严重人身伤害和财产损失。5. 中蒙相关部门间的协调沟
通仍有待加强。尽管二连浩特口岸换装水平已经达到了 1 000 多万
吨/年，但随着二连浩特铁路、公路口岸贸易的快速发展和进出口净
货物运输量的日益提升，出现了因换装货物需要时间导致的效率低
下、货品囤积等问题。此外，由于蒙方与中方口岸报关程序不一致，
也导致货品通关缓慢、效率有限。

　　2013 年 9 月 7 日，习近平主席在哈萨克斯坦纳扎尔巴耶夫大学
演讲时提出，"欧亚各国可以用创新的合作模式，共同建设'丝绸之
路经济带'，以点到面，从线到片，逐步形成区域大合作"[②]。蒙古国
与中国三省相连接，口岸多达 14 个，且该国北邻俄罗斯，西接中亚，
经亚欧大陆桥可通往西欧，东邻中国东北三省和日韩，南部是广大的
中国腹地，以口岸作为支点则可实现由点及面的联通。2017 年 12 月
22 日，新疆维吾尔自治区人民政府出台了《新疆参与中蒙俄经济走
廊建设实施方案》，明确了要"以基础设施互联互通为先导，以乌鲁
木齐市、阿勒泰地区、昌吉回族自治州、哈密市等沿线区域为依托，
以塔克什肯、红山嘴、乌拉斯台、老爷庙等口岸为节点，以产业合
作、多边贸易和优化生产要素为动力"[③]，体现出中国地方政府高度

---

① 张丽君、张珑、李丹：《口岸发展对边境口岸城镇发展影响实证研究——以二连浩特为
　例》，《中央民族大学学报（哲学社会科学版）》，2016 年第 1 期，第 112 页。
② 《习近平：创新合作模式　共同建设"丝绸之路经济带"》，人民网，2013 年 9 月 7 日，http://
　cpc. people. com. cn/n/2013/0907/c164113-22840646. html。登录时间：2018 年 5 月 31 日。
③ 《新疆出台参与中蒙俄经济走廊建设实施方案》，中国新疆网，2017 年 12 月 22 日，http://
　www. chinaxinjiang. cn/zixun/xjxw/201712/t20171222_ 560747. html。登录时间：2018 年 5 月 31 日。

重视互联互通对口岸建设的带动作用。

需要强调的是,"中蒙俄经济走廊"建设是需要借助双边及多边合作机制予以保障的,如中俄总理定期会晤委员会,中俄人文合作委员会,中蒙经济、贸易和科技合作委员会等平台。[①](见表2-5)中蒙口岸合作同样需要借助国际社会多方力量来提升口岸的互联互通能力。2014—2016年间,中蒙俄领导人经过多次会谈,决定将中方的"一带一路"倡议、俄方的跨欧亚大通道建设、蒙方"草原之路"倡议进行紧密对接,共同推动构建中蒙俄经济走廊,三国元首还批准通过了《中俄蒙发展三方合作中期路线图》。在此基础上,蒙古国家大呼拉尔(议会)通过的《蒙古国政府2016—2020年施政纲领》中,明确指出要计划新建额尔登特—敖包特铁路、环乌兰巴托博格多铁路、霍特—毕其格图铁路,并尝试从亚投行、金砖国家银行、丝路基金和上海合作组织银行中获取相应的资金支持。因此,今后应以"中蒙俄经济走廊"建设为抓手,进一步深化互联互通合作,以带动中蒙口岸经济的长足发展。

表2-5 中蒙俄多边合作平台列表[②]

多边组织名称	中国	蒙古国	俄罗斯
上海合作组织	成员国	观察员国	成员国
亚洲投资开发银行	创始成员国	创始成员国	创始成员国
亚欧会议(ASEM)	成员国	成员国	成员国
亚洲合作对话(ACD)	成员国	成员国	成员国
亚洲议会大会(APA)	成员国	成员国	成员国
世界海关组织(WCO)	成员国	成员国	成员国
亚洲相互协作与信任措施会议(CICA)	成员国	成员国	成员国

---

① 崔建高:《海关支持"一带一路"建设路径及策略探析——以支持中蒙俄经济走廊建设为例》,《海关与经贸研究》,2016年第8期,第25页。

② 该表由作者根据相关资料整理。

（续表）

多边组织名称	中国	蒙古国	俄罗斯
世界贸易组织（WTO）	成员国	成员国	成员国
G20 成员国	成员国		成员国
亚太经济合作组织（APEC）	成员国		成员国
金砖国家峰会（BRICS）	成员国		成员国
中亚区域经济合作（CAREC）	成员国	成员国	

第二，应以人文交流为抓手，进一步加快中蒙口岸软环境建设进程。

由于西方大肆宣扬"中国威胁论"，使得中国周边国家对于中国国力增强感到担忧，也危及了中蒙人文交流。近年来，蒙古国反华势力得到了某些境外国家的支持，如 2008 年蒙古国政客因对议会选举结果不满，煽动民众上街示威游行，纵火焚烧由中国公司兴建的苏赫巴托广场与人民革命党办公大楼等。此外，中国企业在蒙古国收购煤矿企业也面临某些误解与挑战。尽管中国已成为蒙古国最大的贸易与投资伙伴，中蒙两国也于 2014 年建立了"全面战略伙伴关系"，且中蒙高层及两国毗邻各省市关系往来日益密切。但蒙古国内仍有"要促进蒙古国生产发展就必须削弱在经济上对中国的依赖"等挑拨离间的言论。因此，进一步加强和深化中蒙民间交往，已成为中蒙口岸软环境建设中的核心与基础。

2013 年 3 月，习近平主席在莫斯科国际关系学院的演讲中着重论及"万里茶道"，强调了中蒙俄"丝路天然伙伴关系"的悠久历史。2015 年 4 月，中国与俄罗斯、蒙古联合申遗。其中，呼和浩特、二连浩特、扎门乌德、乌兰巴托、阿勒坦布拉格、叶卡捷琳堡、莫斯科、圣彼得堡等城市列入申遗名录。"万里茶道"的联合申遗，体现了中蒙俄三国政府对丝路人文交流历史的珍视，并为深化三国"民心相通"提供了坚实的历史基础。2019 年 3 月，中国国家文物局将

"万里茶道"列入《中国世界文化遗产预备名单》，标志着"万里茶道"联合申遗进入实质申报程序阶段。因此，今后应以"万里茶道"联合申遗为抓手，进一步盘活中蒙俄"丝路天然伙伴关系"的历史资源，以助力构建丝路合作伙伴关系。

第三章
中国与哈萨克斯坦"丝路命运
共同体"建设现状及对策

    2013 年 9 月,习近平主席在哈萨克斯坦纳扎尔巴耶夫大学发表了题为《弘扬人民友谊 共创美好未来》的重要演讲,盛赞中哈传统友谊,全面阐述中国对中亚国家睦邻友好的合作政策,倡导用创新的合作模式共建"丝绸之路经济带",并将其作为一项造福沿途各国人民的大事业。① 事实上,中国与哈萨克斯坦,既是名副其实的"丝路天然伙伴",也是密不可分的"丝路命运共同体"。因为,中哈两国具有天然的地理联系、长久的人文交往、高度的政治互信、密切的经贸往来。近年来,中哈又积极致力于"一带一路"框架下"丝路命运共同体"的建设,力求在国界相连、政治互信、经贸往来的基础上进一步深化合作关系,为中国推进构建"人类命运共同体"提供借鉴。

---

    ① 《习近平在哈萨克斯坦纳扎尔巴耶夫大学发表重要演讲》,中国共产党新闻网,2013 年 9 月 8 日,http://cpc.people.com.cn/n/2013/0908/c64094-22843681.html。登录日期:2018 年 6 月 18 日。

第一节 中国与哈萨克斯坦的
"丝路天然伙伴关系"

哈萨克斯坦共和国独立于 1991 年 12 月 16 日，是苏联加盟共和国中最后一个独立的国家。哈萨克斯坦西濒里海，北接俄罗斯，东连中国，南与乌兹别克斯坦、土库曼斯坦、吉尔吉斯斯坦接壤。哈萨克斯坦位于欧亚大陆的腹地，具有重要的战略地位。该国国土面积 272.49 万平方公里，排名世界第九位、亚洲第三位、中亚第一位，为世界最大的内陆国。但是，哈萨克斯坦是一个以沙漠和半沙漠为主要地貌特征的草原荒漠国家，生态承载能力比较弱，截至 2021 年，哈萨克斯坦人口仅为 1 900 万。

哈萨克斯坦与中国山水相连，边界线 1 782 千米，绵延的跨境山脉与相互交织的跨国水系将两国紧密地联系在一起，为两国天然伙伴关系奠定了唇齿相依的地理联系。发源于中国天山汗腾格里峰北侧的伊犁河，是新疆径流量最丰富的河流。伊犁河由西向东流经中国新疆的昭苏盆地和特克斯河谷地，又向北穿越伊什格力克山，与右岸支流巩乃斯河汇合，西流至霍尔果斯河进入哈萨克斯坦境内，流经峡谷、沙漠地区，最终注入中亚的巴尔喀什湖。伊犁河不仅孕育了富饶的伊犁河谷盆地，滋养了新疆边陲重镇伊宁，更通过哈萨克斯坦境内的卡普恰盖水库为哈萨克斯坦南部重要城市阿拉木图等提供了稳定的供水。发源于塔尔巴哈台山和吾尔喀夏依山交会处的额敏河，横贯额敏县全境，向西南流经裕民县、塔城市，注入哈萨克斯坦的阿拉湖，滋润着塔城盆地。中国境内唯一流向北冰洋的额尔齐斯河就发源于新疆的阿尔泰山，喀拉额尔齐斯河、克兰河、布尔津河、哈巴河、别列则克河等北岸支流汇入后，流入哈萨克斯坦境内斋桑湖，再向北经俄罗斯的鄂毕河注入北冰洋。可以说，中哈两国人民有着"同饮一江水"

的天然亲近感与紧密联系。此外，阿尔泰山脉、塔尔巴哈台山和天山的支脉阿拉套山，都是绵延穿过两国国境线的重要跨境山脉。

独特的地理位置对哈萨克斯坦的国家发展产生了重要影响。哈萨克斯坦位于整个欧亚大陆的最核心地带，具有不可忽视的战略重要性，但也意味着哈萨克斯坦是全世界离海洋最远的国家，深居内陆的地理位置带来了高昂的物流交通成本，从而很大程度上阻碍了哈萨克斯坦与世界的交流，最终影响其发展速度。出于国家发展的现实考虑，哈萨克斯坦对出海口有着极为强烈的需求。早在 1995 年，哈萨克斯坦总统纳扎尔巴耶夫访华时就签署了两国有关从连云港装卸和运输哈萨克斯坦过境货物的协议。[①] 连云港市政府与哈萨克斯坦国有铁路股份有限公司签署了中哈国际物流合作项目协议，为中哈联通乃至整个欧亚大陆桥的贯通奠定了基础。中哈连云港物流基地被哈萨克斯坦称为 "东出太平洋最近的出口"。

2013 年习近平主席在访问哈萨克斯坦时，在纳扎尔巴耶夫大学首次提出了 "共建丝绸之路" 的宏大构想。2014 年，哈萨克斯坦总统纳扎尔巴耶夫提出 "光明之路" 新经济政策，并指出 "中国的丝绸之路经济带有三条重点线路，其中中国经中亚、俄罗斯至欧洲（波罗的海）和中国经中亚、西亚至波斯湾、地中海两条线路与哈萨克斯坦的 '光明大道' 战略中有关发展基础设施的规划高度契合"[②]。对于中国来说，哈萨克斯坦也极具重要性，该国是中国连接中亚、西亚和欧洲的重要节点，更是 "一带一路" 倡议西出新疆的第一国。

中哈两国在地理上唇齿相依，山水相连。两国在历史上也曾互通有无，共享了丝绸之路的繁荣。2018 年 11 月 13 日，哈萨克斯坦总

---

① 吴宏伟编：《中亚地区发展与国际合作机制》，北京：社会科学文献出版社，2011 年，第324 页。

② 《哈总统纳扎尔巴耶夫：支持中国建设 "丝绸之路经济带" 倡议》，中国新闻网，2016 年9 月 2 日，http://www.chinanews.com/gj/2016/09-02/7992506.shtml。登录日期：2018 年 6月 18 日。

统纳扎尔巴耶夫在出席第四届"阿斯塔纳俱乐部"活动时,公开驳斥所谓"中国威胁论",他说:"哈(萨克斯坦)是中国最近的邻国,有 1 700 公里共同边境,我们没有感到任何侵略、任何压力、任何'大国家长'作风。"① 2019 年,纳扎尔巴耶夫卸任后,哈政局稳定,实现了权力的平稳过渡。哈萨克斯坦继任总统托卡耶夫就职后会见中国大使时说:"哈萨克斯坦是'一带一路'首倡之地,与'一带一路'有不解之缘,也因'一带一路'获益匪浅。哈方愿加紧落实双方在'一带一路'框架下达成的各项共识,加强两国投资、经贸、基础设施等领域合作,造福两国和两国人民","在维护哈萨克斯坦重要地缘战略地位方面,'一带一路'倡议具有特殊意义"。② 在两国政治经济文化发展全面进入新阶段的当下,中国与哈萨克斯坦的"丝路天然伙伴关系"的现实意义日益凸显。

第二节 中国与哈萨克斯坦"丝路命运共同体"的建设现状

中哈两国建交以来,政治互信不断加强,两国先后签署了《中华人民共和国和哈萨克斯坦共和国关于中哈国界的协定》(1994 年 4 月 26 日)、《中华人民共和国和哈萨克斯坦共和国关于中哈国界的补充协定》(1997 年 9 月 24 日及 1998 年 7 月 4 日),全面彻底地解决了中哈边界历史问题,为中哈睦邻友好关系的进一步发展和该地区的安宁与稳定创造了有利条件。2002 年 12 月,中哈两国签署了《中华

① 《纳扎尔巴耶夫总统驳斥所谓"中国威胁论"》,中华人民共和国驻哈萨克斯坦共和国大使馆网站,2018 年 11 月 16 日,http://kz.chineseembassy.org/chn/zhgx/t1613747.htm。登录日期:2019 年 7 月 12 日。

② 《哈新任总统托卡耶夫:"一带一路"倡议对哈具有特殊意义》,参考消息网,2019 年 4 月 5 日,http://www.cankaoxiaoxi.com/china/20190405/2376471.shtml。登录日期:2019 年 6 月 29 日。

人民共和国和哈萨克斯坦共和国睦邻友好合作条约》；2005年7月，两国建立了战略伙伴关系；2011年，双方宣布将发展全面战略伙伴关系。① 2016年以来，双方元首及高层领导频繁互访，并设立了中哈总理定期互访机制，将双边关系推向了新的高度（见表3－1），两国始终将对方作为本国外交的优先方向。

表3－1 2016年以来中哈双边高层领导的重要互访

时 间	事 件
2016年3月	哈萨克斯坦第一副总理萨金塔耶夫来华出席博鳌亚洲论坛年会。
2016年6月	习近平主席在出席上海合作组织塔什干峰会期间同哈萨克斯坦总统纳扎尔巴耶夫举行双边会见。
2016年7月	张高丽副总理在北京同哈萨克斯坦第一副总理萨金塔耶夫举行中哈合作委员会双方主席会晤。
2016年9月	哈萨克斯坦总统纳扎尔巴耶夫对华进行工作访问并出席二十国集团杭州峰会。
2016年11月	李克强总理对哈萨克斯坦进行正式访问并出席中哈总理第三次定期会晤。
2016年11月	张高丽副总理在北京同哈萨克斯坦第一副总理马明举行中哈合作委员会双方主席会晤。
2016年12月	哈萨克斯坦议会上院议长托卡耶夫访华。
2017年3月	哈萨克斯坦总理、国家安全委员会主席马西莫夫访华。
2017年3月	哈萨克斯坦副总理兼农业部长梅尔扎赫梅托夫访华。
2017年4月	国务委员兼公安部部长郭声琨访哈。
2017年4月	张高丽副总理赴哈出席中哈合作委员会第八次会议。
2017年5月	哈萨克斯坦总统纳扎尔巴耶夫来华出席"一带一路"国际合作高峰论坛，习近平主席、李克强总理分别同其会见。
2017年6月	习近平主席对哈萨克斯坦进行国事访问并出席上海合作组织峰会和阿斯塔纳专项世博会开幕式。

① 《中国同哈萨克斯坦的关系》，中华人民共和国外交部网站，2017年6月7日，http://www.fmprc.gov.cn/web/gjhdq_676201/gj_676203/yz_676205/1206_676500/sbgx_676504/。登录日期：2018年6月18日。

（续表）

时　间	事　件
2017 年 9 月	张高丽副总理在出席第 14 届中国-东盟博览会期间同哈第一副总理马明举行会见。
2017 年 12 月	李克强总理在索契出席上海合作组织总理会议期间同哈总理萨金塔耶夫举行会见。
2018 年 6 月	哈萨克斯坦总统纳扎尔巴耶夫对中国进行国事访问，并出席上海合作组织成员国元首理事会议第十八次会议。
2018 年 11 月	习近平主席在北京人民大会堂会见哈萨克斯坦总理萨金塔耶夫。
2019 年 4 月	习近平主席在人民大会堂为哈萨克斯坦首任总统纳扎尔巴耶夫举行"友谊勋章"颁授仪式。
2019 年 6 月	习近平主席在比什凯克出席上海合作组织成员国元首理事会第十九次会议时会见哈萨克斯坦总统托卡耶夫。

2017 年 6 月 7 日，习近平主席对哈萨克斯坦进行国事访问，并在《哈萨克斯坦真理报》发表了题为《为中哈关系插上梦想的翅膀》的署名文章，指出中哈建交 25 年来"经受住时间和国际风云变幻考验，从建立睦邻友好关系到发展全面战略伙伴关系，再到打造利益共同体和命运共同体，实现了跨越式发展，达到历史最高水平"①。2019 年 6 月，习近平主席在比什凯克会见哈萨克斯坦总统托卡耶夫时指出："中哈关系不断实现跨越式发展，这是两国几代领导人精心呵护和矢志推动的结果，我们要倍加珍惜。中哈共建'一带一路'基础扎实、方向明确、步伐稳健。双方要牢牢把握好合作大方向，深化'丝绸之路经济带'同'光明之路'新经济政策对接，让中哈合作广泛惠及两国和本地区人民。"② 自习近平主席 2013 年 9 月访问哈

① 《习近平在哈萨克斯坦媒体发表署名文章》，中华人民共和国外交部网站，2017 年 6 月 7 日，http://www.fmprc.gov.cn/web/gjhdq_ 676201/gj_ 676203/yz_ 676205/1206_ 676500/ 1209_ 676510/t1468443.shtml。登录日期：2018 年 6 月 18 日。

② 《习近平会见哈萨克斯坦总统托卡耶夫》，新华网，2019 年 6 月 13 日，http://www. xinhuanet.com/2019-06/13/c_ 1124620211.htm。登录日期：2019 年 6 月 29 日。

萨克斯坦期间提出建设"丝绸之路经济带"后,共建"一带一路"逐渐从倡议转变为行动、从理念转变为实践,成为开放包容的国际合作平台和受到国际社会普遍欢迎的全球公共产品。① 在中哈政治互信的推动下,两国关系正处于历史最高水平,全面战略合作伙伴关系发展进入了新阶段。

当前,中哈双方在涉及国家主权、安全和领土完整等核心利益问题上相互支持。此外,中国和哈萨克斯坦在上海合作组织等多边平台上展开了切实有效的广泛合作。自上合组织成立以来,中国与哈萨克斯坦为加强中哈两国共同发展、推动各成员国的共同发展、促进上海合作组织等其他国际合作机制的发展与完善,作出了巨大贡献。2003年8月6—12日,上海合作组织举行了在哈萨克斯坦和中国境内的多国联合反恐军事演习,加强了在打击恐怖主义、分裂主义和地区极端主义等方面的合作。2006年12月,中哈双方签署了《中哈21世纪合作战略》,双方表示要注重充分发挥上合组织的作用。2014年12月14日,李克强总理同哈萨克斯坦总理马西莫夫举行中哈总理第二次定期会晤时强调,要以中哈高水平政治互信为依托,推动两国务实合作升级换代。他尤其强调,中方愿同哈方密切在上合组织框架内的沟通与配合,推动上合组织取得更多合作成果。哈方也表示,他们将高度重视并将积极参与"丝绸之路经济带"和亚洲基础设施投资银行的建设,与中方加强在上合组织组织框架内的协调、配合,促进哈中和地区的共同发展。② 2017年6月,习近平主席对哈进行国事访问,他不仅肯定了哈萨克斯坦担任上合组织轮值主席国以来所作出的积极贡献,还希望中哈能密切国际和多边领域合作,加强在联合国、

---

① 《习近平会见哈萨克斯坦总统托卡耶夫》,新华网,2019年6月13日,http://www.xinhuanet.com/2019-06/13/c_1124620211.htm。登录日期:2019年6月29日。

② 《李克强:以中哈高水平政治互信为依托 推动两国务实合作升级换代》,新华网,2014年12月15日,http://news.china.com.cn/2014-12/15/content_34315017.htm。登录日期:2018年6月20日。

上合组织、亚信会议等多边框架内的沟通和协调，及时就国际和地区热点问题交换意见，中方支持哈萨克斯坦作为2017—2018年联合国安理会非常任理事国在国际事务中发挥更大作用。①

2018年6月，哈萨克斯坦总统纳扎尔巴耶夫访问中国并出席上合组织青岛峰会，中哈双方在联合声明中指出，上合组织已成为国际关系的重要建设性力量，该组织在有效应对新的跨境挑战与威胁方面潜力巨大。双方将秉持"上海精神"，尽最大努力不断深化和发展上合组织框架内政治、安全、经贸、人文等领域合作。双方还强调在当前国际形势复杂深刻演变的背景下，应加强中哈两国在联合国、上合组织、亚洲相互协作与信任措施会议、亚欧会议等多边机制内的协调与合作，共同应对全球和区域性挑战，维护两国共同利益，保障本地区乃至世界的和平与安全。② 在此次峰会中，习近平主席明确提出："上合组织构建起不结盟、不对抗、不针对第三方的建设性伙伴关系，这是国际关系理论和实践的重大创新，开创了区域合作新模式，为地区和平与发展作出了新贡献。上合组织国际影响力不断提升，已经成为促进世界和平与发展、维护国际公平正义不可忽视的重要力量。"正是在中哈等成员国的不断实践中，"上海精神"得到了国际社会日益广泛的认同。③

哈萨克斯坦于2019年进行了总统换届，卡西姆若马尔特·克梅列维奇·托卡耶夫接替首任总统纳扎尔巴耶夫，就任哈萨克斯坦总统。新总统上任后，中哈两国保持了高频率的高层交往。2019年9月，应

---

① 《习近平在哈萨克斯坦媒体发表署名文章 为中哈关系插上梦想的翅膀》，人民日报，2017年6月8日，http://paper.people.com.cn/rmrb/html/2017-06/08/nw.D110000renmrb_20170608_1-01.htm。登录日期：2018年6月20日。

② 《中华人民共和国和哈萨克斯坦共和国联合声明》，中华人民共和国外交部网站，2018年6月8日，http://www.fmprc.gov.cn/web/gjhdq_676201/gj_676203/yz_676205/1206_676500/1207_676512/t1566964.shtml。登录日期：2018年6月20日。

③ 《世界大势和时代潮流是什么？习近平这样判断》，中国新闻网，2018年6月10日，http://www.chinanews.com/gn/2018/06-10/8534671.shtml。登录日期：2018年6月20日。

中国国家主席习近平邀请，哈萨克斯坦共和国总统托卡耶夫对中国进行国事访问。9月11日，中国国家主席习近平在人民大会堂同哈萨克斯坦总统托卡耶夫举行会谈。两国元首一致决定，双方将本着同舟共济、合作共赢的精神，发展中哈永久全面战略伙伴关系。① 会谈后，习近平同托卡耶夫共同签署了《中华人民共和国和哈萨克斯坦共和国联合声明》。双方在《联合声明》中重申，"政治互信是中哈全面战略伙伴关系的重要基础。双方将继续在涉及国家主权、安全和领土完整等核心利益问题上相互坚定支持。不参加任何损害对方主权、安全和领土完整的联盟或集团，不同第三国缔结此类国际条约。不允许第三国、任何组织、团体或人员在本国领土上从事损害对方国家主权、安全和领土完整的活动"②。2021年6月2日，国家主席习近平同哈萨克斯坦总统托卡耶夫通电话时强调，中哈在共建"一带一路"框架下的合作为两国人民带来了实实在在的福祉，也为国际社会树立了典范。双方要继续推动高质量共建"一带一路"，加强产能、贸易、农业、基础设施等领域合作，不断提升互联互通水平，同时着力在绿色能源、人工智能、电子商务、数字金融等领域培育合作新增长点，共同打造"绿色丝绸之路""健康丝绸之路""数字丝绸之路"。③ 托卡耶夫表示，哈中是名副其实的永久全面战略伙伴，任何情况下哈方都决不会做损害中方利益的事。哈方感谢中方为哈抗击疫情提供疫苗等宝贵支持，愿同中方不断巩固、深化哈中关系，扎实推进共建"一带一路"，

---

① 《习近平同哈萨克斯坦总统托卡耶夫举行会谈 两国元首一致决定 发展中哈永久全面战略伙伴关系》，新华网，2019年9月11日，http://www.xinhuanet.com/politics/leaders/2019-09/11/c_1124988091.htm。登录日期：2021年7月21日。

② 《中华人民共和国和哈萨克斯坦共和国联合声明》，新华网，2019年9月12日，https://baijiahao.baidu.com/s?id=1644451790586245206&wfr=spider&for=pc。登录日期：2021年7月21日。

③ 《习近平同哈萨克斯坦总统托卡耶夫通电话》，央广网，2021年6月2日，http://news.cnr.cn/native/gd/20210602/t20210602_525502920.shtml。登录日期：2021年7月21日。

加强经贸、基础设施、卫生等领域合作，密切在上海合作组织、亚信等地区和国际组织框架下的沟通协作。①

中哈政治互信的不断加强，也带动了两国经贸合作日趋广泛和深入。哈萨克斯坦是"丝绸之路经济带"上中亚通道的枢纽国家，是中国在中亚地区的第一大投资目的地国。中哈双方贸易发展迅速，中国已成为哈萨克斯坦第二大贸易伙伴和主要投资来源国，也是"哈萨克斯坦制造"的主要出口市场之一。

哈萨克斯坦在苏联时期时并没有外贸自主权，绝大部分对外贸易都是与苏联其他加盟共和国和东欧国家进行的。苏联解体之后的最初十年，哈萨克斯坦虽然实行对外开放政策，积极发展对外贸易，但其外贸的主要对象依然是独联体国家。② 这导致了哈萨克斯坦的产业结构比较单一，主要以资源型结构产业为主，总体水平比较低。中亚五国内部之间由于贸易结构比较类似，产生了一定程度的内部竞争；再加上中亚五国的工业化水平普遍较低，彼此之间贸易互补性比较小。在对外贸易上，哈萨克斯坦主要出口能源和矿产品、金属及其制品、化工产品等工业产品，主要进口机械设备、运输工具和仪器仪表类产品。进入 21 世纪后，随着与中国等中亚地区外大国经贸合作的深入，哈萨克斯坦贫困人口占据总人口比重从 46.7% 下降为 2.7%，国家经济建设取得了重大成就。③ 按照世界银行的数据，哈萨克斯坦属于中高等收入国家。标准普尔、穆迪和惠誉三大国际评级机构对哈萨克斯坦信用评级也比较好。但自 2015 年乌克兰危机爆发后，美西方与俄罗斯相互制裁，加上哈萨克斯坦经济主要依赖的油气资源在国际市场的

---

① 《习近平同哈萨克斯坦总统托卡耶夫通电话》，央广网，2021 年 6 月 2 日，http://news. cnr. cn/native/gd/20210602/t20210602_ 525502920. shtml。登录日期：2021 年 7 月 21 日。
② 杨恕、王术森：《中亚与西亚的地缘经济联系分析》，《兰州大学学报（社会科学版）》，2018 年第 1 期，第 50 页。
③ 由作者根据世界银行网站相关数据整理得出。

价格大幅下跌，哈萨克斯坦国内财政收入下降、财政赤字增加，货币大幅贬值，民众大量兑换美元，对本币失去信心。在陷入经济危机之后，哈萨克斯坦国内企业面临着资金周转的重大问题，这些都使"光明之路"新经济政策遭遇了重大挑战。但是，自2013年中国提出"一带一路"倡议以来，中哈两国贸易来往日渐密切，且成效渐显。

中国经过长期的改革开放与产业升级发展，已经具备了一定的工业化水平，中哈在资源禀赋、经济结构与社会经济条件方面存在着较强的互补性。截至2016年底，中国在哈萨克斯坦注册的中资企业为2 637家，对哈萨克斯坦直接投资存量达到54.32亿美元，居该国总外资数量的第三位。2017年中国企业在哈萨克斯坦新签承包工程合同280份，新签合同额23.48亿美元，完成营业额22.38亿美元，累计派出各类劳务人数8 286人。新签大型工程承包项目包括中国水电建设集团国际工程有限公司承建哈萨克斯坦库尔特到布雷尔拜塔81KM公路项目；中铁三局集团有限公司承建哈萨克斯坦戈尔诺斯塔耶夫斯克（месторождения《Горностаевское》）氧化镍矿加工厂项目；中国建筑工程总公司承建哈萨克斯坦共和国努尔苏丹市"Univer City"工程等。2017年中国在哈萨克斯坦的进口领域位居第三，出口领域位居第三（见表3-2）。2019年1—5月，中哈贸易额为77亿美元，同比增长10.3%。哈中55个产能合作项目中，已有15个建成投产。新冠疫情暴发后，中国企业坚持疫情防控和生产建设两手抓，组织中国管理人员和技术工人来哈复工复产，确保项目施工稳步推进。2021年，由中国化学工程集团有限公司承建的阿特劳州石油化工综合体项目（IPCI项目）进入最后冲刺阶段。该项目是目前哈萨克斯坦在建规模最大的化工项目。① 宇通客车与哈萨克斯坦合作伙伴共同

---

① 《迎接建党百年华诞中哈合作成果巡礼之四——中企承建哈最大化工项目进入最后冲刺阶段》，中华人民共和国商务部网站，2021年6月25日，http://www.mofcom.gov.cn/article/i/jyjl/e/202106/20210603161772.shtml。登录日期：2021年7月20日。

筹建的 CKD 工厂（QazTehna 工厂）于 2021 年正式建成开工。哈萨克斯坦总理阿斯哈尔·乌扎赫拜吾勒·马明携政府代表团出席见证工厂的开工仪式。① 经阿拉山口的中欧班列达 851 列，同比增长 1.31%；货值 51.71 亿美元，同比增长 69.6%。② 2020 年，由于疫情影响，中哈贸易出现了一定下滑，但整体来看，从 2016—2020 年，中哈双边贸易发展处于上升通道。中哈双边进出口额从 2016 年的 130.93 亿美元升至 2020 年的 214.3 亿美元，且双边贸易差额由 2017 年最高峰时的 53.86 亿美元降低至 2020 年的 19.9 亿美元，足见中哈双边贸易的健康发展态势。③

表 3-2　2017 年哈萨克斯坦主要进出口贸易伙伴贸易额及占比④

排序	进口			出口		
	国家	金额（亿美元）	占比（%）	国家	金额（亿美元）	占比（%）
1	俄罗斯	114.6	39.1	俄罗斯	242.7	50.2
2	欧盟 28 国	57.4	19.6	欧盟 28 国	58.0	12
3	中　国	46.9	16	中　国	45.0	9.3
4	美　国	12.6	4.3	美　国	30.9	6.4
5	乌兹别克斯坦	7.3	2.5	乌兹别克斯坦	12.6	2.6
6	其　他	54.5	18.6	其　他	94.3	19.5
	合　计	293	100	合　计	483.4	100

---

① 《哈萨克斯坦总理见证宇通合作 CKD 工厂开工 成就中哈产能合作新典范》，金融界网，2021 年 7 月 10 日，https://baijiahao.baidu.com/s？id = 1704877525573412479&wfr = spider&for = pc。登录日期：2021 年 7 月 20 日。

② 《新疆保持安全稳定对整个中亚具有重要意义》，中华人民共和国驻哈萨克斯坦共和国大使馆网站，2019 年 7 月 19 日，https://www.fmprc.gov.cn/ce/ceka/chn/dszc/dshd/t1682110.htm。登录日期：2019 年 7 月 20 日。

③ 《对外投资合作国别（地区）指南：哈萨克斯坦（2021 年版）》，第 30 页，http://www.mofcom.gov.cn/dl/gbdqzn/upload/hasakesitan.pdf。

④ 资料来源：《对外投资合作国别（地区）指南：哈萨克斯坦（2018 年版）》，第 34 页。

2018 年上合峰会召开期间，中国石油与哈萨克斯坦能源部签署了《中国石油天然气集团有限公司与哈萨克斯坦能源部关于石油合同延期及深化油气领域合作的协议》，实现了数个千万吨级油气合作项目延期。截至 2017 年底，沿"一带一路"跨境油气管道原油输送能力达 6 300 万吨/年、天然气输送能力达 602 亿立方米/年，分别占该公司海外油气输送能力的 53% 和 86%。中国石油已在"一带一路"地区建成亚洲油气运营中心和欧洲油气运营中心。2017 年区内油气贸易量达 2.3 亿吨油当量，占该公司贸易总量的 49%，其中进口原油 5 658 万吨，天然气和液化天然气（LNG）568 亿立方米，分别占我国进口总量的 14.2% 和 61%。① 我国首条陆路跨境原油运输管道——中哈原油管道于 2019 年向国内输送原油 1 088.27 万吨，截至 2019 年 12 月 31 日，累计输送原油超 1.3 亿吨。② 2020 年，中石油天然气管道工程有限公司与阿拉山口多阿独管道公司签署了中哈液化石油气（LPG）跨境管道设计项目合同，标志着我国首条跨境 LPG 管道设计工作全面启动。此前，我国采用汽车或自备罐式集装箱火车的运输方式从哈萨克斯坦进口液化石油气，存在运输能力不足、成本高、油气损耗大、受天气影响大等问题。该项目将解决进口液化石油气的运输难题，进一步扩大中哈液化石油气贸易规模，满足我国液化石油气进口需求。③ 目前，已有 55 个项目列入中哈产能合作清单，涵盖油气、石化、电力、水利、农牧产品加工等多个领域，合同总金额超 274 亿美元。④ 中哈在产能合

---

① 《大力推动"一带一路"油气合作》，光明网，2018 年 11 月 2 日，http://topics.gmw.cn/2018-11/02/content_ 31888601.htm。登录日期：2019 年 4 月 21 日。

② 《2019 年中哈原油管道向国内输送原油超 1088 万吨》，新华社，2020 年 1 月 9 日，https://baijiahao.baidu.com/s? id=1655249459161181089&wfr=spider&for=pc。登录日期：2021 年 7 月 20 日。

③ 《中石油：中哈液化石油气跨境 LPG 管道设计项目启动》，能源界，2020 年 5 月 15 日，http://www.nengyuanjie.net/article/36720.html。登录日期：2021 年 7 月 20 日。

④ 《新疆保持安全稳定对整个中亚具有重要意义》，中华人民共和国驻哈萨克斯坦共和国大使馆网站，2019 年 7 月 19 日，https://www.fwprc.gov.cn/ce/ceka/chn/dszc/dshd/t1682110.htm。登录日期：2019 年 7 月 20 日。

作方面依旧有较大的合作空间。

2021年，哈萨克斯坦中国总商会成立，中哈经贸关系发展迈上新台阶。据统计，2021年在哈中资企业商会、华人社团和主要中资企业大约有27个，其中较为重要的如表3-3所示。

表3-3 在哈主要中资企业及经营范围①

公司名称	主要经营活动
中石油公司	石油天然气勘探、开采、加工、运输、向哈出口石油机械设备、石油天然气管道铺设、石油天然气工程建设等
中石化公司	石油勘探开发与生产加工、向哈出口石油机械设备
中信集团公司	石油开采与加工、沥青厂建设和运营、医疗中心
中水电国际工程公司	双西公路部分路段承包工程
北方工业振华石油	石油开采
中国有色金属建设股份有限公司	电解铝厂、石油焦锻烧、选矿厂
中国工商银行（阿拉木图）股份公司	商业银行业务
哈萨克中国银行	商业银行业务
华为阿拉木图公司	通讯网络建设
新疆三宝公司	进出口贸易、承包工程
新康番茄制品厂	生产特色蔬菜罐头

在哈中国企业创造了"一带一路"中的诸多样板工程。在能源方面，阿克纠宾项目是中石油在中亚地区的第一个油气合作项目。1997年6月，中国石油收购接管阿克纠宾公司，拉开了中亚油气合作的序幕。阿克纠宾项目被称为中国石油开拓中亚业务的"桥头堡"，已成为"一带一路"沿线的重要合作项目。2017年是中石油阿

---

① 资料来源：中华人民共和国商务部网站、中国驻哈萨克斯坦大使馆经济商务参赞处网站。

克纠宾公司成立 20 周年，20 年来，这一项目累计实现利润 137 亿美元，投资回报率超过 20%。为哈萨克斯坦累计缴纳税费超过 150 亿美元，实现了合作共赢。① 阿克纠宾项目中多个科研项目获得中国石油海外板块和哈萨克斯坦公司科技进步奖。② 在企业建设方面，中信哈萨克斯坦里海沥青合资公司荣获 2017 年度哈萨克斯坦"杰出企业"（ICKEP）大奖，这是哈政府对管理优秀的生产企业颁发的最高规格奖项，哈总统纳扎尔巴耶夫亲自到场祝贺。作为唯一获此殊荣的中资企业，里海沥青合资公司成为中信集团在哈萨克斯坦投资十年的又一样板工程。③ 中国企业在哈的成功经验，为"一带一路"的高质量发展奠定了良好基础。

在哈中国企业除发挥经济职能外，还承担了相应的社会责任并塑造了企业形象。在哈中国企业在科教文卫各方面与哈社会组织和政府展开交流与合作，为"一带一路"从"大写意"走向"工笔画"提供了重要支持。在科技方面，2017 年 11 月 15 日，以"探索之光点亮数字丝绸之路"为主题的首届华为中亚创新日活动在阿斯塔纳举行。华为公司向哈萨克斯坦两所大学赠送了 10 个"未来种子"名额，并宣布华为全球信息通信技术（ICT）人才培养项目将于 2018 年正式在哈启动。该项目旨在帮助全球 ICT 专业的大学生提升专业技能，拓展国际视野，激发他们探索、构建未来智能社会的动力。④ 2018 年 11 月 6 日，哈萨克斯坦总统纳扎尔巴耶夫参观了华为创新示

① 《中石油哈萨克斯坦公司副总经理兼阿克纠宾项目总经理王俊仁：项目 20 年来为哈萨克斯坦累计缴纳税费超 150 亿美元》，网易财经，2017 年 7 月 17 日，http://money. 163. com/17/0717/00/CPGMNN5F002580S6. html。登录日期：2019 年 4 月 20 日。

② 《阿克纠宾项目现场作业部上产增效纪实》，中国石油新闻网，2017 年 5 月 9 日，http://news. cnpc. com. cn/system/2017/05/09/001645941. shtml。登录日期：2019 年 4 月 21 日。

③ 《中企投资里海沥青合资公司获哈萨克斯坦"杰出企业"大奖》，中国一带一路网，2017 年 12 月 19 日，https://www. yidaiyilu. gov. cn/xwzx/hwxw/40105. htm。登录日期：2019 年 4 月 20 日。

④ 《华为中亚创新日活动在哈萨克斯坦举行》，人民网，2017 年 11 月 15 日，http://world. people. com. cn/n1/2017/1115/c1002-29648654. html。登录日期：2019 年 4 月 20 日。

范中心，了解了华为公司的平台和生态系统开发、云计算、物联网、大数据等，特别是哈政府与华为公司在 5G 领域的合作规划。① 在环保方面，中信集团于 2017 年与哈萨克斯坦卡拉赞巴斯石油公司签署了 KBM 油田回用水项目合作协议。这是中信集团积极践行"一带一路"倡议落地哈萨克斯坦的第一个环保项目，作为哈萨克斯坦第一个油田回用水处理项目，该项目在实现平稳运行后，将在油田开发领域具有较强的示范性和推广性意义。②

哈萨克斯坦作为世界最大的内陆国，受限于本国的人口数量和经济规模，仅仅依靠内部市场不足以实现其长期发展目标，故大力发展过境交通成为哈萨克斯坦经济转型的重要突破口。哈萨克斯坦作为连接欧亚的桥梁，有着在规模巨大的中欧贸易中发挥重要作用的天然地缘优势，该国目前的铁路运力和现代化程度在独联体国家中位居第三，仅次于俄罗斯和乌克兰。但在传统商贸交通路径选择上，中欧贸易则一般选择通过苏伊士运河或好望角进行海运，故从陆路打通欧亚大陆桥将是哈萨克斯坦真正加入并且受惠于"丝绸之路经济带"的关键，也是哈萨克斯坦切实推进"光明之路"新经济政策的关键，是实现其 2050 年规划的重要突破口。2012 年，哈萨克斯坦总统纳扎尔巴耶夫在发言中指出，"哈萨克斯坦应该复兴自己的历史地位并成为中亚地区最大的商业过境运输枢纽，连接欧亚的特殊桥梁"③。在此基础上，互联互通项目得到了两国的高度重视，其中"霍尔果斯—阿腾科里"铁路是中哈建设的重要跨境铁路，纳扎尔巴耶夫亲自出席了该项目的开工仪式。该铁路通车后将对提升哈萨克斯坦转运

---

① 《哈总统造访华为创新中心，为打造智慧城市取经》，智博会网站，2018 年 11 月 7 日，https://www.cnsce.net/news/9135.html。登录日期：2019 年 4 月 20 日。
② 《中信环境总经理郝维宝 会见哈萨克斯坦第一副总理马明》，凤凰网，2018 年 9 月 27 日，http://biz.ifeng.com/a/20180927/45182797_0.shtml。登录日期：2019 年 4 月 20 日。
③ 李永全、王晓泉主编：《"丝绸之路经济带"与哈萨克斯坦"光明之路"新经济政策对接合作的问题与前景》，北京：中国社科文献出版社，2016 年，第 92 页。

能力，带动相关产业发展具有重要意义，并将成为第二条连接中国、中亚、西亚和欧洲的国际铁路。

当前，中哈之间经贸往来频繁。新疆是"丝绸之路经济带"核心区，处于中哈合作最前沿，在两国关系中占据特殊而重要的地位。两国边境一共有 5 个陆上口岸，最重要的为阿拉山口口岸和霍尔果斯口岸。其中，阿拉山口口岸是中国进口哈萨克斯坦石油最为关键的通道，霍尔果斯口岸则是中国西部运能最大的国家一类陆路公路口岸。霍尔果斯口岸不仅是中国天然气管道入境的重要关口，更是"双西工程"——"欧洲西部—中国西部"交通走廊的重要节点。双西公路东起中国东部连云港，西至俄罗斯圣彼得堡，与欧洲公路网相连，在哈萨克斯坦境内全长 2 787 公里，一共穿越 5 个州，沿线人口 460 万，占哈萨克斯坦境内总人口数的三分之一，具有非常大的经济影响力。[①] 在未来的中哈经贸合作中，霍尔果斯将承担更为重要的作用。该市位于新疆伊犁哈萨克自治州，与哈萨克斯坦接壤，西承中亚五国，东接内陆省市，处在上合组织成员国整体区域的核心位置，是我国"丝绸之路经济带"核心区的重要节点，也是新亚欧大陆桥重要的咽喉地带，更是连霍高速公路的终点。霍尔果斯对外覆盖半径 1 000 公里以内的区域是中亚地区人口稠密区、经济发达区和市场中心，目前已经形成了包括霍尔果斯口岸、中哈霍尔果斯国际边境合作中心、霍尔果斯经济开发区和霍尔果斯市的"四块牌子"[②]。中国和哈萨克斯坦在霍尔果斯建设了我国与周边国家首个跨境自由贸易区，这也是上合组织合作框架下的示范项目，现已成为跨境人民币创新业务试点地区。"霍尔果斯—东大门"经济合作示范区也是哈萨克斯坦境内 9 个经济特区之一，哈萨克斯坦在国内政策上对该经济特区享有

---

①　赵常庆：《列国志：哈萨克斯坦》，北京：社会科学文献出版社，2004 年，第 17 页。

②　《霍尔果斯的"四块牌子"》，新华网，2019 年 1 月 2 日，http://www.xinhuanet.com/globe/2019-01/02/c_ 137697860. htm。登录日期：2019 年 12 月 20 日。

的优惠给予了明确规定。哈萨克斯坦致力于在"霍尔果斯—东大门"经济特区上发展"无水港",同时推动旅游基础设施建设,将该地区打造成周边经济文化交流的重要枢纽。

除商品贸易外,中哈双方在服务贸易领域的合作也在有序推进。2016 年 2 月,中国新疆与哈萨克斯坦阿拉木图市签署了旅游合作协议,规定了双边进行信息交换、联合培养旅游人才等合作项目。阿拉木图旅游局长在签字仪式上表示,该协议将促进从新疆赴阿拉木图的游客人数每年增至 20 万,目前双方正在联合制定霍尔果斯—阿拉木图—比什凯克—喀什公路跨境旅游路线。[1] 2017 年,中哈旅游合作论坛在北京举行,中国百余名旅行商代表与哈方 30 多家旅游企业面对面进行了交流。[2] 2019 年 5 月,哈萨克斯坦首届"中国旅游文化周"开幕,在"中国旅游文化周"框架内举办了旅游企业推介、产品展销、专业培训和学术研讨等一系列活动,共同激发旅游文化市场潜力,助力两国"民心相通"和共同繁荣。[3]

可见,中哈经贸往来密切且成效渐显,为双方进一步深化合作关系、推动构建"丝路命运共同体"奠定了良好的基础。

第三节　进一步推进中哈"丝路命运共同体"建设的主要对策

21 世纪以来,中国和哈萨克斯坦频繁的经贸往来、高度的政治

---

① 李永全、王晓泉主编:《"丝绸之路经济带"与哈萨克斯坦"光明之路"新经济政策对接合作的问题与前景》,北京:中国社会科学出版社,2016 年第 77 页。

② 《中哈旅游合作论坛在京举行 两国共谋加强旅游合作》,人民网,2017 年 6 月 6 日,ht-tp://travel.people.com.cn/n1/2017/0606/c41570-29321086.html。登录日期:2019 年 4 月 26 日。

③ 《驻哈萨克斯坦大使张霄夫妇出席"中国旅游文化周"开幕式》,中华人民共和国驻哈萨克斯坦共和国大使馆网站,2019 年 5 月 21 日。https://www.fmprc.gov.cn/ce/ceka/chn/sgxx/sgdt/t1665308.htm。登录日期:2019 年 7 月 12 日。

互信已成为两国建立 "丝路命运共同体" 的重要基础。哈萨克斯坦曾为古丝绸之路的重要沿线国，如今却成为了当前全球化的边缘国家。只有大力推动中哈 "丝路命运共同体" 建设，才能实现 "丝绸之路经济带" 与 "光明之路" 的有效对接，以打通欧亚大陆经济动脉，激活欧亚大陆经济腹地，实现中哈两国的全面振兴与繁荣。因此，需要从以下几方面着力推进：

第一，应以中哈世代友好的历史传统为基石，进一步加强中哈两国的 "民心相通"。

在中哈构建 "丝路命运共同体" 的过程中， "民心相通" 是前提。哈萨克斯坦与中国在丝绸之路上的历史交往则是加强中哈 "民心相通" 的重要基石。

中哈边境的阿尔泰草原，在历史上就是人类活动频繁之地，是中西交通的必经之地。大批的中国北方部落来到这里定居，他们带来了中国的文化，特别是铜器铸造技艺、丝织和蚕桑文化传遍了欧亚草原，促进了包括哈萨克斯坦在内的中亚等地与中国中原地区的政治、经济和文化联系。至西汉武帝时张骞 "凿空西域"，一条东起中国长安，西抵罗马帝国，横贯欧亚大陆的丝绸之路将中国和中亚连接在了一起。公元 628 年，中国唐代著名僧人玄奘 "从长安出发，经陇山古道，历秦州、兰州、凉州、瓜州，出玉门关后，渡莫贺延碛，到伊吾，至高昌，从高昌继续西行……至怛逻斯城……"[1] 其中，怛逻斯即今哈萨克斯坦江布尔。[2] 佛教也通过丝绸之路，从西域传入了中国。据考证，唐朝时期，大量的胡僧沿着丝绸之路从西域入唐，成为中国与中亚民族融合的重要见证者。他们 "弘法为怀"，不仅为佛教的中国化作出了积极贡献，还为中原带来了异域的物种、物品，医药

---

[1] 介永强：《佛教与中古中外交通》，《厦门大学学报（哲学社会科学版）》，2010 年第 5 期，121 页。

[2] 同上。

技术，建筑艺术等，形成包容互鉴的丝路文明交往历史。

基于丝路交往的悠久历史，中哈不断深化两国民众对丝绸之路的共有认知。其中，跨国界的世界遗产申遗归属权通常是当今世界众多国家争执不下的焦点，但与其他国家状况不同，中哈两国政府联合吉尔吉斯斯坦成功申遗"丝绸之路"。历史上，丝绸之路带来的经济效益、文化成果由丝路沿线各国共享，在当代，"丝绸之路：起始段和天山廊道的路网"已成为中吉哈三国共享的跨国文化遗产。丝绸之路三国联合申遗历时八年，是世界上第一个以联合申报的形式成功列入《世界遗产名录》的项目。联合国教科文组织世界遗产中心亚太部主任景峰表示，三国联合提交的申请报告，不仅向世界复原了早在2000 年前就形成的这一促进全球经济发展的经济动脉形象，也必将极大促进全球各种文明间的交流，更为重要的是将提升沿线国家政府保护人类遗产的力度，使古丝绸之路再现勃勃生机。① 这一成功的联合申遗之举，彰显了建立于丝路、发扬于丝路并贯穿古今的"和平合作、开放包容、互学互鉴、互利共赢"的"丝路精神"。中哈双方在 2018 年 6 月发表的《中哈联合公报》中指出，双方将继续加强"丝绸之路"文化遗产交流合作与保护传承，并鼓励在古迹修复、联合考古等领域扩大合作。②

此外，两国在教育、文化、科技等领域合作也成果丰硕。目前，哈境内已开设 5 所孔子学院，在华哈籍留学生已达 1.4 万人。2018年 12 月 1 日，哈萨克斯坦总统纳扎尔巴耶夫视察当地学校时，号召哈广大中小学生学习汉语，并强调了汉语对哈萨克斯坦非常重要。在

---

① 《中吉哈三国联合申遗"丝绸之路"成功　历时八年之久》，中国社科网，2014 年 6 月 23日，http://www.cssn.cn/zx/zx_gjzh/zhnew/201406/t20140623_1222880.shtml。登录日期：2018 年 6 月 20 日。
② 《中华人民共和国和哈萨克斯坦共和国联合声明》，中华人民共和国外交部网站，2018 年6 月 8 日，http://www.fmprc.gov.cn/web/gjhdq_676201/gj_676203/yz_676205/1206_676500/1207_676512/t1566964.shtml。登录日期：2018 年 6 月 20 日。

哈对外贸易中，对华贸易额占 20%，学会汉语可以与近 14 亿人口交流。这是哈独立以来国家元首首次号召年轻人学习一门友好邻邦的语言，是中哈关系发展史上的重要一笔。① 2006 年至 2019 年，哈萨克斯坦的汉语学习者人数已经从 4 000 名增长至 20 000 名，而留学中国的人数也从 3 000 名增长为 17 600 名。②托卡耶夫总统上任后，也指出了学习汉语的重要性："语言就像一把钥匙，能打开民众之间的'猜忌恐惧''错误认知'之锁，构筑走向相知相通、交流互鉴、发展共赢之路。"③截至 2021 年 7 月，中哈已建立 19 对友好省州和城市，其中北京和阿斯塔纳互为友好城市。④

　　因此，在推动共建"丝路共同体"的过程中，中哈应以文化、旅游交流等为抓手，进一步加强人文交流，唤起丝路共有历史记忆，盘活"民心相通"的历史资源，在文明交流互鉴中切实推进合作，增加双方新的合作领域。

　　第二，应以中哈经贸合作为抓手，进一步推动"一带一路"与"光明之路"的全面对接。

　　近年来，中哈贸易合作快速增长、经济技术和产能合作成果丰硕、投资和金融合作可圈可点、农业合作发展迅猛、跨境运输合作蓬勃发展。⑤ 中哈还在"一带一路"倡议与"光明之路"新经济政策

---

① 《学汉语在哈萨克斯坦蔚然成风（大使随笔）》，人民网，2019 年 1 月 15 日，http://world. people. com. cn/n1/2019/0115/c1002-30537436. html。登录日期：2019 年 4 月 20 日。

② 杨绪明、萨吾列：《哈萨克斯坦汉语教学状况及建议》，《北部湾大学学报》，2020 年 5 月，第 60 页。

③ 《中国驻哈萨克斯坦大使出席"汉语桥"俱乐部努尔苏丹站揭幕仪式》，中国新闻网，http://news. china. com. cn/2021-10/24/content_ 77828259. htm，2021 年 10 月 24 日。登录日期：2022 年 6 月 10 日。

④ 关于中国同哈萨克斯坦的关系，参中华人民共和国外交部网站，http://www. fmprc. gov. cn/web/gjhdq_ 676201/gj_ 676203/yz_ 676205/1206_ 676500/sbgx_ 676504/。登录日期：2022 年 6 月 20 日。

⑤ 《首届中国–哈萨克斯坦地方合作论坛在广西南宁举办》，中国一带一路网，2017 年 9 月 12 日，https：//www. yidaiyilu. gov. cn/xwzx/dfdt/27804. htm。登录日期：2018 年 6 月 20 日。

对接框架下，积极开展多领域、全方位的务实合作。"一带一路"倡议与"光明之路"新经济政策是两国针对当下国际政治经济发展新形势而制定的各自发展的新规划。在"一带一路"倡议中，哈萨克斯坦是"丝绸之路经济带"的核心区域，"光明之路"新经济政策中重点强调基础设施建设与重建丝绸之路，这与"一带一路"倡议的主旨不谋而合。

哈萨克斯坦总统纳扎尔巴耶夫曾在 2018 年撰文指出，哈萨克斯坦"光明之路"新经济政策同"一带一路"倡议已开始对接，对接工作在交通、工业、向中国出口哈方农产品等领域展开。如"西欧—中国西部"国际公路（简称"双西公路"）穿越哈萨克斯坦，哈方负责自身境内段道路建设。双西公路建成通车后，每年货物运输量将达 3 000 万吨。同时，从中国出发过境哈萨克斯坦开往俄罗斯、欧洲、中亚以及里海国家的集装箱列车货物运输量每年都在快速增长。为方便中国和欧洲国家间货物运输，哈萨克斯坦专门在里海岸边修建了港口。①

哈萨克斯坦地广人稀，基础设施建设任务繁重，成本极高，效益却比较低。广袤的国土使其基础设施建设，特别是公路网、铁路网等基础硬件设施投资巨大，但国内较小的人口规模限制了其市场规模，而有限的市场规模势必带来高昂的维护成本和低下的基础设施投资效益。哈萨克斯坦境内的铁路主要分布在其北部、南部和东南部，西部较为稀疏，中部最少，且铁路多数呈南北走向，无法满足其东西方向的中国和欧盟之间的贸易运输需求。而通过与中国的合作，哈萨克斯坦可以将本国基础设施建设服务的人口和市场扩大到整个"丝绸之路经济带"乃至整个欧亚大陆，从而获得更好的经济效益，并实现互利共赢。因此，纳扎尔巴耶夫于 2015 年发布的国情咨文中曾指出，"光明之路"新经济政策的核心是基础设施建设，旨在通过公路、铁路和

---

① 《哈萨克斯坦总统说高度重视与中国关系》，新华网，2018 年 1 月 5 日，http:// www.xinhuanet.com/world/2018-01/05/c_ 129783938.htm。登录日期：2018 年 6 月 20 日。

航空干线，以放射线原则将哈萨克斯坦国内各区域与阿斯塔纳相互连接，打通中国至西欧等线路。哈萨克斯坦政府希望通过重点投资基础设施建设来解决就业，并带动水泥、钢铁、机械、石化等领域的发展。在"光明之路"新经济政策的重点项目中，双西公路又是重中之重。此外，还包括于 2015 年完成的霍尔果斯口岸经济特区基础设施第一期工程，以及阿克套等地油气设施建设项目。①

一段时期以来，哈萨克斯坦经济高度依赖石油等能源资源的出口，其产业结构比较低端，对机电产品、化工产品、钢材和重型机械等需求量较大。这种经济结构决定了中哈的经贸合作存在较强的互补性。哈萨克斯坦对外依赖性较强的经济结构也决定了其经济发展比较容易受到国际能源市场波动的影响。通过参与"一带一路"建设，哈萨克斯坦有望避免"荷兰病"与国家发展的资源诅咒，从而实现推动产业结构多元化发展的重大突破。

2015 年 8 月 31 日发表的《中华人民共和国和哈萨克斯坦共和国关于全面战略伙伴关系新阶段的联合宣言》中指出，"中国'丝绸之路经济带'倡议和哈萨克斯坦'光明之路'新经济政策相辅相成，有利于深化两国全面合作。双方将以此为契机进一步加强产能与投资合作。双方将本着开放精神和协商、协作、互利原则，共同就'丝绸之路经济带'倡议和'光明之路'新经济政策进行对接开展合作"。2018 年发表的《中华人民共和国和哈萨克斯坦共和国联合声明》中再次强调，"中国建设'丝绸之路经济带'倡议和哈萨克斯坦'光明之路'新经济政策对接合作意义重大，并将本着开放、透明的精神促进两国各领域合作发展"②。

---

① 《哈萨克斯坦：光明大道计划》，中国一带一路网，2016 年 9 月 29 日，https：//www.yidaiyilu.gov.cn/zchj/gjjj/1065.htm。登录日期：2018 年 6 月 29 日。

② 《中华人民共和国和哈萨克斯坦共和国联合声明（全文）》，新华网，2018 年 6 月 8 日，http：//www.xinhuanet.com/world/2018-06/08/c_1122954152.htm。登录日期：2019 年 6 月 28 日。

中哈共建"丝绸之路经济带",不仅是对开放的区域合作精神的一种体现,更是在当代世界复杂变化的政治经济形态中,对全球自由贸易体系和开放型世界经济的坚守和维护。在动荡变革期的时代大背景下,中哈共建丝绸之路、深化区域优势整合,是对逆全球化的有力回应。2011 年美国提出的"新丝绸之路"战略,旨在将中亚打造成美国在欧亚地区的经济支点,并服务美国在阿富汗的经营。域外国家的干涉,以及将中俄两国排除在外的封闭性,这两个特点决定了其短命的结果。而丝绸之路经济带则是沿线利益攸关方的共同选择,是一种共享、开放、包容的机制。丝绸之路经济带的成功将是对多边合作体系与开放型世界经济的实际支持。

第三,应在构建人类命运共同体的逻辑下推进中哈两国合作,重视哈萨克斯坦历史文化背景的复杂性,文明互鉴是构建人类命运共同体的人文基础,是增进各国人民友谊的桥梁、推动人类社会进步的动力、维护世界和平的纽带。

哈萨克斯坦历史悠久,但是中亚地区一直以来都没有建立过现代意义上的民族国家。长期以来,这一地区要么被周边帝国纳入自己的版图,要么被该地区几个多民族国家所统治。"从中亚自身来说,历史与地缘特性决定了它是一个主体性不稳固的、依附性较强的存在"①,包括哈萨克斯坦在内的中亚国家历史上都摆脱不了"被伊斯兰化""被突厥化""被俄罗斯化""被苏联化"等关键词。② 身处这样的历史环境,决定了哈萨克斯坦文化的复杂性,并主要表现在两个方面,一是历史发展过程中多种文化的嵌入,二是近代移民潮所改变的民族结构。③ 因此,"哈萨克草原的文化是极其复杂的、多层次的

---

① 昝涛:《地缘与文明:建立中国对中亚常识性认知》,观察者网,2011 年 10 月 7 日,http://www.guancha.cn/ZuoTao/2011_10_07_60906.shtml。登录日期:2018 年 6 月 29 日。
② 赵会荣:《中亚国家发展历程研究》,北京:社会科学文献出版社,2016 年,第 7 页。
③ 韦进深、汪宁:《哈萨克斯坦对外政策中的文化因素探析》,《国际展望》,2012 年第 2 期,第 81 页。

和具有深刻历史传统意义的现象"①。

中亚位于东西方文明的连接地带，又是各文明接触的边缘地带。从东看它是遥远的"西域"，从西看它是神秘的"东方"，而其本土没有系统的史学传统，并在东方和西方的历史叙事中，都是边缘地带的零零碎碎的事和人。②哈萨克斯坦作为西方视角中的"审美东方"，与欧亚大陆东段的中国有着诸多的人文联系。从传统的"丝绸之路"到深受苏联影响的共产主义国家历程，都成为双方共享的历史记忆，并成为中哈"丝路命运共同体"建设的重要基础。但是，作为东方视角中的"西域叙事"，哈萨克斯坦"被伊斯兰化""被突厥化""被俄罗斯化"的历史进程又使其与中华文明保持着一定的疏离，并对中哈人文交流形成了一定的挑战。

中国和哈萨克斯坦共建"丝路命运共同体"面临内外诸多挑战，最应以中哈经贸合作为先引来增信释疑，用切实的合作成效来化解疑虑。因为，中国的经济结构与体量，使得中国在哈萨克斯坦经济发展上的重要性超过俄罗斯。中国作为其重要的能源出口市场，为其提供了大量稳定的外汇，是哈萨克斯坦基础设施建设的重要资金来源。哈萨克斯坦通过与中国共建"一带一路"，可以提升自身地缘价值，从而凸显其作为欧亚大陆重要交通枢纽的战略地位。

总之，"丝绸之路"是中哈"丝路天然伙伴关系"形成的历史见证。"一带一路"则为中哈共建"丝路命运共同体"注入了新动力。因此，从历史到现实，从民间到政府，从经贸到人文，两国之间都具有无法割舍的历史渊源与现实利益。面向未来，两国依然需要携手同行，为"一带一路"沿线国家和地区伙伴关系发展作出新贡献。

---

① ［哈］努·纳扎尔巴耶夫：《在历史的长河中》，北京：民族出版社，2005 年，第 11 页。
② 潘志平：《区域史研究的考察——以中亚史为例》，《史学集刊》，2011 年第 2 期，第 75 页。

第四章
中国与吉尔吉斯斯坦人文交流合作
现状及对策

2019 年 6 月 11 日，习近平主席在前往吉尔吉斯共和国进行国事访问前夕，在吉国的《言论报》与卡巴尔国家通讯社发表了署名文章。文章指出："中吉两国人民比邻而居，传统友好源远流长。2 000多年前，中国汉代张骞远行西域，古丝绸之路逶迤穿过碎叶古城。数百年后，黠戛斯人跋涉千里远赴唐都长安，返程不仅带回了精美的丝绸和瓷器，也收获了亲切友爱的兄弟般情谊。中国唐代伟大诗人李白的绚丽诗篇在两国家喻户晓、广为传诵。2 000 多年的历史积淀，铸就了两国人民牢不可破的深情厚谊。建交以来，中吉关系经受住了国际风云变幻考验，两国风雨同舟、守望相助，是名副其实的好邻居、好朋友、好伙伴、好兄弟，在国际社会树立了相互尊重、平等合作、互利共赢的新型国家关系典范。"① 习主席的论述高度概括了中吉两国的文化遗产及其现实价值。其中，在中吉丝路合作伙伴关系构建的

---

① 《习近平在吉尔吉斯斯坦媒体发表署名文章》，新华网，2019 年 6 月 11 日，http://www.xinhuanet.com//politics/leaders/2019-06/11/c_ 1124607398.htm。登录时间：2019 年7 月 5 日。

新的历史进程中，中吉哈联合申遗等人文交流项目，在助力"一带一路"软环境建设中发挥了极为重要的作用。

第一节　中吉人文交流与合作的历史与现状

1991 年 8 月 31 日，吉尔吉斯共和国宣告独立；1992 年 1 月 5 日，中吉两国发布建交联合公报，正式建立了外交关系。1992 年，中吉签订《广播电视、旅游合作协议》，开启了两国在人文领域的务实合作。1994 年，中国与吉尔吉斯斯坦签署了《中华人民共和国政府和吉尔吉斯共和国政府文化合作协定》，根据该协定，中吉文化部门分别签署了三个年度的文化合作计划。该"合作协定"本着发展两国之间的传统友好关系，旨在加强两国和两国人民在文化、教育、卫生、新闻和体育等领域的合作，对中国与吉尔吉斯斯坦的人文交流与合作进行了总体规划，进一步促进了彼此互信，以深化两国关系发展。

依据"中吉文化合作协定"的文件精神，两国致力于落实合作协定的相关条例，积极推动人文交流与合作，鼓励两国在政府及民间层面展开人文交流与合作。2006 年，中国与吉尔吉斯斯坦签署了《中吉 2006—2011 年文化合作计划》，该计划详细制定了两国在文化、教育、新闻媒体等方面的合作内容，确定了明确的发展目标、相应的措施选择以及双方政府应给予的资源保障。"合作计划"是将两国人文交流与合作落实至具体执行层面的重要文件，使得两国人文交流合作有了阶段性的目标和具体的方针策略，对丰富两国人文交流内涵、巩固人文交流成果，以及落实人文交流目标都具有重要意义。

2006 年，两国正式签署了《中华人民共和国国家档案局和吉尔吉斯共和国国家档案局合作协议》，旨在加强两国在档案管理上的交流与合作；2007 年 8 月，吉尔吉斯斯坦举办"中国文化日"活动，中国文化部副部长孟晓驷率中国艺术团出席；2007 年 9 月，"中国电影周"活动在吉尔吉斯斯坦举行，来自中国的《美丽家园》《如果爱》等电影作品让吉尔吉斯斯坦民众直接感受到了现代中国的活力；2008 年 9 月，"吉尔吉斯斯坦文化日"在北京举行，吉尔吉斯斯坦民间艺术团为中国观众呈现了独具特色的民族艺术表演；此外，2006—2011 年，中吉重要的人文交流活动还包括："中国：新疆在前进"大型摄影图片展、安徽杂技团巡回演出、"中国新疆柯尔克孜"图片展等，这些人文交流活动让中吉两国民众逐步建立起真实与客观的相互认知。

除双边人文交流外，中吉同为上合组织成员国，两国在上合组织框架下也进行了广泛的人文交流与合作。2002 年，第一次上合组织文化部长会议确立了多边文化合作机制。2005 年 7 月，在阿斯塔纳举行的第二次上合组织文化部长会议上，签署了《上海合作组织成员国 2005—2006 年度多边文化合作计划》，提出开展人文交流的具体设想和计划，包括举办"描绘六国民间童话"儿童美术展、六成员国油画和实用艺术展、"丝绸之路瑰宝"摄影展、成员国联合音乐会、成员国艺术家同台演出计划、"世界玫瑰"青年艺术节、成员国电影节，以及其他文化交流计划等。① 自 2005 年以来，随着上合组织文化部长会议的年度召开和各种合作计划的逐年实施，上合组织平台上的人文交流与合作已进入稳步发展的轨道。② 中国与吉尔吉斯斯坦积极投入到上合组织的人文交流与合作中，并得到了不断的拓展与深化。在此基础上，2007 年 8 月，上合组织比什凯克元首峰会上签订的《上海合作组织成员国政府间文化合作协定》，又为成员国间进一步深化人文交流与合作注入了新动力。文件规定了人文交流的范

---

① 邢广程、孙壮志：《上海合作组织研究》，长春：长春出版社，2007 年，第 132 页。
② 邢广程主编：《上海合作组织发展报告（2009）》，北京：社会科学文献出版社，2009 年，第 138 页。

围、机制、方式和争议的解决等。根据这一协定，人文交流与合作的范围主要包括文化艺术活动、人员和信息交流、文化科研领域及打击文化领域的违法犯罪活动等四个领域。

可见在中国与吉尔吉斯斯坦睦邻友好关系的不断发展中，人文交流与合作发挥了重要的作用。其中，中吉同为丝绸之路沿线国家，是"丝路天然伙伴"拥有共同的丝路记忆与难舍的丝路情谊，随着中吉两国人文交流与合作的深入推进，丝路文化遗产保护与传承领域的合作也得到了两国的高度重视与大力支持，并取得了可喜的合作成果。

第二节　中吉哈联合申遗项目的案例分析

申请世界遗产是指一国或多国以某一地区的特殊遗产价值向联合国教科文组织遗产委员会申请加入世界遗产的行为。1972 年，联合国教科文组织在巴黎通过了《保护世界文化和自然遗产公约》，成立联合国教科文组织世界遗产委员会，其宗旨在于促进各国和各国人民之间的合作，为合理保护和恢复全人类共同的遗产作出了积极贡献。而提名列入《世界遗产名录》的文化遗产项目，必须符合下列六项标准中的一项以上，方有机会入选：1. 代表人类创造智慧的杰作；2. 在建筑、文物等方面，展现了人类价值观念在一定时期的重要交流；3. 能为现存或已消失的一项文化传统提供唯一或独特的证据；4. 一种建筑物、建筑风格能展示人类历史重要发展时期；5. 是一种传承人类具有土地利用或海洋开发的典范，代表了一种或多种文化等相互作用；6. 与具特殊、普遍意义的事件等存在直接或实质的联系。①《保护世界文化和自然遗产公约》也规定了"文化遗产"的范畴，即："1. 文物：从历史、艺术或科学角度看，具有突出、普遍价值的建筑物、雕刻和

---

① 《保护世界文化和自然遗产公约》，赵元春辑录，《南方文物》，2005 年第 4 期，第 79 页。

绘画，具有考古意义的成分或结构，铭文、洞穴、住区及各类文物的综合体；2. 建筑群：从历史、艺术或科学角度看，因其建筑的形式、同一性及其在景观中的地位，具有突出、普遍价值的单独或相互联系的建筑群；3. 遗址：从历史、美学、人种学或人类学角度看，具有突出、普遍价值的人造工程或人与自然的共同杰作以及考古遗址地带。"

某一国签署《世界遗产公约》后，就有资格将本国遗产提名列入《世界遗产名录》，具体流程如图 4-1 所示。

为推动"丝绸之路：长安—天山廊道的路网"列入《世界遗产名录》，联合国教科文组织及其所属机构，与中国、吉尔吉斯斯坦、哈萨克斯坦等丝路沿线国家积极开展合作申遗，逐步将构想转化为联合申遗的具体方案，直至最终申遗成功。

1988 年，联合国教科文组织启动了"对话之路：丝绸之路整体性研究"项目，该项目是教科文组织"世界文化发展十年计划"的一部分，旨在关注起源于东西方交往并有助于形成亚欧民族多元认同和共同遗产的复杂文化互动。该项目通过组织国际性科考活动、研讨会等方式，采取跨学科手段来促进与丝绸之路研究相关的课题研究，如"对话之路：丝绸之路整体性研究"项目，在其每一阶段均建立了研究人员与媒体的合作关系，并将研究活动和成果对外界公布，从而在世界范围内重新激发了民众对丝绸之路的兴趣。①

1990—1995 年，联合国教科文组织主办了五次国际性丝路考察，考察内容包括西安到喀什的沙漠丝绸之路、威尼斯到日本的海上丝绸之路、中亚草原丝绸之路、蒙古游牧丝绸之路，以及尼泊尔的佛教丝绸之路等。作为丝绸之路的起始国，中国积极响应并配合联合国教科文组织的工作，并参与了对丝绸之路的考察与研究等工作。

---

① 引自国际古迹遗址理事会西安国际保护中心网站，http://www.iicc.org.cn/Column.aspx?ColId=97。登录时间：2017 年 12 月 30 日。

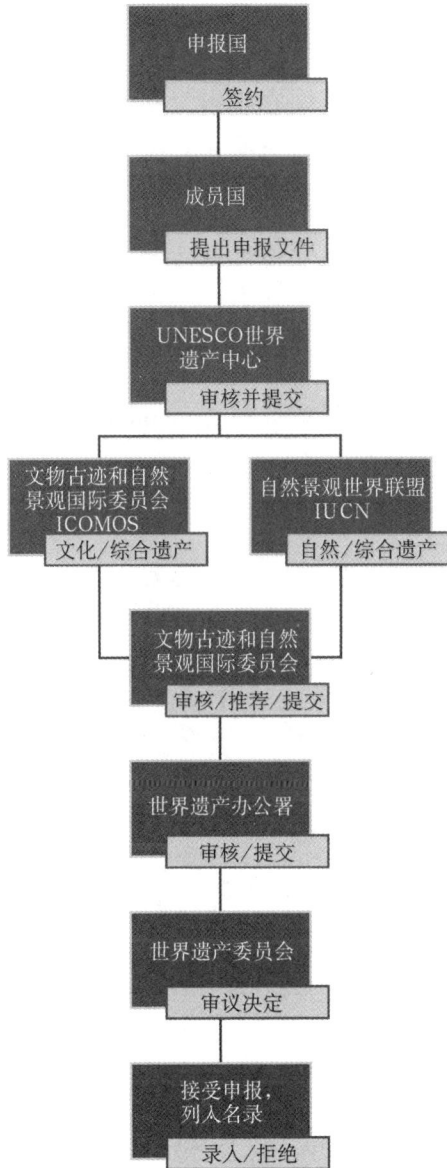

图 4-1：世界文化遗产申报流程图①

———————————

① 由作者根据联合国教科文组织官方网站流程自制。

1993 年，圣地亚哥朝圣之路的西班牙段（Spain，Santiago de Compostela）被列入《世界遗产名录》，之后一些国家的线性文化遗产也相继被列入该名录。丝绸之路作为欧亚大陆各文明的见证者，其多元文化特征、促进洲际文明协调和共同繁荣的历史贡献等，均符合列入世界遗产名录的标准。同时，"丝绸之路"申遗的社会意识与民间热情也逐渐在丝路沿线国家得以增强。

此外，国际古迹遗址理事会（ICOMOS）也将"文化线路"作为独立的世界遗产申请项目的工作目标，1998—2005 年，国际古迹遗址理事会成立了文化线路科学委员会（International Scientific Committee on Cultural Routes，简称 CIIC），专门负责"文化线路"的科学认证工作，并修订了《实施〈保护世界文化与自然遗产公约〉的操作指南》，加入了有关"文化线路"的内容。2005 年 10 月 17—21 日，国际古迹遗址理事会第 15 届大会暨科学研讨会在中国西安召开，将"文化线路"列为四大专题之一，形成了国际文化遗产保护领域的共识性文件《西安宣言》（2005 年），并通过了有关《文化线路宪章（草案）》（Charter on Cultural Routes Draft），① 为进一步推动丝绸之路单独申遗立项作出了重要贡献。

2005 年 11 月，联合国教科文组织召开中亚地区研讨会，吉尔吉斯斯坦等沿线国家代表和与会专家一致通过了将丝绸之路中亚段作为线性遗产申报的计划，并支持将所选中亚丝路遗址列入系列遗址的提名中去，② 以反映中亚地区在整个丝绸之路中的独特价值和战略意义。

2006 年 8 月 1—5 日，由中国国家文物局与联合国教科文组织世界遗产中心共同主办，在新疆吐鲁番召开了"丝绸之路跨国申报世

① 单霁翔：《关注新型文化遗产——文化线路遗产的保护》，《中国名城》，2009 年第 5 期，第 5 页。
② 陈宗立：《丝绸之路联合申遗开始"冲刺"》，《光明日报》，2008 年 1 月 16 日，第 5 版。

界文化遗产国际协商会议",来自包括吉尔吉斯斯坦在内的中亚国家、中国和联合国教科文组织的 50 名代表共同商定了《丝绸之路跨国申报世界遗产吐鲁番初步行动计划》。会议同意中国提出的先实施丝绸之路沙漠线路的申遗工作,整个申遗分两步推进:中国和哈萨克斯坦、塔吉克斯坦、吉尔吉斯斯坦、乌兹别克斯坦、土库曼斯坦为第一步计划,第二步计划涉及中亚以西地区。[①] 会议形成了中国与中亚五国定期召开协调会议、研讨制定阶段性计划的会议机制。会议机制的形成,使得各国间得以顺畅地沟通和交流,联系也更为紧密,六国专家在协调会议的指导下,不断推进丝绸之路申遗的科学论证。

1988—2006 年,经过近 20 年的努力,丝绸之路联合申遗项目,由构想逐步落实为行动。这条东西万里之遥、历经两千余年的道路,见证了古代东西文明的交流与碰撞后,又在当代将沿线国家紧密相连。

在经过多次研讨会的严格审核和反复论证后,2007 年 4 月,在"联合国教科文组织丝绸之路申遗地区研讨会"上,中国、哈萨克斯坦、吉尔吉斯斯坦、塔吉克斯坦、乌兹别克斯坦等 5 个国家通过了"丝绸之路"概念文件,确认了丝绸之路的基本定义、范畴和框架,明确了申报策略和相关程序,确立了丝绸之路沙漠线路的中国和中亚段作为第一阶段申报范围的首要目标。[②] 2007 年 10 月,中国与中亚五国的代表在联合国教科文组织总部签署了关于丝路申报的《概念性文件》,提出"这条路上的每个遗产保护点本身都不具备独立的世界遗产价值,只有将它们联系到一起,才能构成一个整体的价值"[③]。该基本概念为整个丝路遗产的结构形态做了定义,即"系列集成遗

---

① 李巧玲、王学军:《丝绸之路申遗宁夏固原段旅游形象设计与推广策略研究》,《甘肃社会科学》,2010 年第 2 期,第 252 页。

② 王珏、李师荀:《二十六年申遗路》,《人民日报》,2014 年 6 月 21 日。

③ 陈同滨:《丝绸之路跨国申遗:国际语境中的探索、创新与协作》,《中国文物报》,2015年 6 月 12 日。

产"，对指导其后丝绸之路的遗产辨认和价值特征研究发挥了重要作用。

2007—2011 年，中国及中亚五国与联合国教科文组织一起，先后召开了四轮丝绸之路跨国联合申遗国际协调会、五次联合国教科文组织丝绸之路联合申遗分区研讨会，以及多次丝绸之路价值与申报世界遗产工作研讨会。在此期间又成立了"丝绸之路系列世界遗产申报政府间协调委员会"，专门负责各国间协商会议的协调工作。

随着丝路申遗准备工作的有序推进、各国交流的不断增多，不同意见也愈加凸显。由于整个丝绸之路体系的变化并不是一条线路的发展和演化，而是一个跨洲、面积广大的动态网络系统的演变，使其所包含的地理区域、文化特性等问题错综复杂。对整个网络进行某种特定的描述难以满足各参与国的不同诉求，仅围绕历史变迁领域的研究，不同国家就有不同的看法，故对丝绸之路进行一次性的整体描述，显得越来越难以把握，其可操作空间也变得越来越狭窄。针对这一问题，2011 年 5 月，相关国家召开了丝路申遗协调会议，并发布了研究成果——《丝绸之路主题研究报告》，引入了"廊道"（Corridor）的概念——把整个丝绸之路分解成若干路段（网）来申报，每一个路段（网）属于一个独立的遗产项目，这样就大大提升了丝绸之路这一超大型文化线路申报、管理的可操作性。因丝绸之路涉及三千多万平方公里的地理区域，且绵延两千多年，其在沟通东西文明、贯通欧亚大陆交流体系中是不可分割的整体，故用"廊道"一词则显得过于局限，以丝绸之路的网状结构看，称之为"路网"更为贴切。就中国而言，作为丝绸之路的起始国，这条大动脉对中国意义重大，其留下的文化遗产也如星空般浩瀚，仅在国家文物局公布的第一批申请名单中，就有 48 处符合申遗标准。①

---

① 陈同滨：《丝绸之路跨国申遗：国际语境中的探索、创新与协作》，《中国文物报》，2015年 6 月 12 日。

为尽快推动丝绸之路联合申遗的成功，中、吉及沿线各国专家在反复论证后基本认可了《丝绸之路主题研究报告》。同时，中国专家建议不放弃"廊道"称谓，之后再缀一个"路网"，以体现丝绸之路的结构特点，这一建议也被联合国教科文组织所采纳，"廊道的路网"概念由此诞生。①

2011 年底，在联合国教科文组织的协调下，中国和中亚五国的联合申报进行了任务重组：由中国与吉尔吉斯斯坦、哈萨克斯坦三国联合申报一条廊道，简称"天山廊道"；由乌兹别克斯坦、塔吉克斯坦和土库曼斯坦联合申报另一条廊道，简称"阿姆河廊道"。② 自此，中、吉、哈三国联合申遗项目"丝绸之路：长安—天山廊道的路网"被正式确定。

丝绸之路作为人类共有文化遗产的价值，在 2009 年提出的《突出普遍价值（OUV）草案》文件中就获得了广泛认可。丝绸之路作为跨洲、跨文化的网状线路，被认为是"东西方文明与文化的融合、交流和对话之路"。因此，联合国教科文组织在推动丝路申遗的过程中，不断要求参与国能够体现丝绸之路的整体性特质。

任务重组后的中、吉、哈三国，针对联合国教科文组织的政策方针迅速进行调整，签订了《丝绸之路跨国申遗工作备忘录》。中国根据遗产点的实际情况，通过删减、重组等方式重新筛选了申报名单，最终所申报的 22 个遗产点与之前相比已有了很大的调整。

2013—2014 年，联合国教科文组织对三国所申报的遗产点进行了科学考察和认证，中、吉、哈三国根据要求就补充材料进行了集中编制和补交。其中，22 处遗产位于中国境内、8 处位于哈萨克斯坦境内、3 处位于吉尔吉斯斯坦境内（见表 4-1）。

---

① 陈同滨：《丝绸之路跨国申遗：国际语境中的探索、创新与协作》，《中国文物报》，2015 年 6 月 12 日。
② 同上。

表4-1 "丝绸之路：长安—天山廊道的路网"遗产点分布表①

国别		数量	具体遗产点
中国	河南	4处	汉魏洛阳城遗址、隋唐洛阳城定鼎门遗址、新安县汉函谷关遗址、陕县崤函古道石壕段遗址
	陕西	7处	汉长安城未央遗址、唐长安城大明宫遗址、大雁塔、兴教寺塔、彬县大佛寺石窟、城固张骞墓
	甘肃	5处	锁阳城遗址、悬泉置遗址、玉门关遗址、炳灵寺、麦积山石窟
	新疆	6处	高昌故城、交河故城、北庭故城遗址、克孜尔尕哈烽燧、克孜尔石窟、苏巴什佛寺遗址
哈萨克斯坦		8处	开阿利克遗址、塔尔加尔遗址、阿克托贝遗址、库兰遗址、奥尔内克遗址、阿克亚塔斯遗址、科斯托比遗址、卡拉摩尔遗址
吉尔吉斯坦		3处	碎叶城（阿克·贝希姆遗址）、巴拉沙衮城（布拉纳遗址）、新城（科拉斯纳亚·瑞希卡遗址）

在2014年第38届世界遗产大会上，中国与吉尔吉斯斯坦、哈萨克斯坦联合提交的"丝绸之路：长安—天山廊道的路网"文化遗产申请项目正式入选《世界遗产名录》。

可见，中吉哈丝路联合申遗的过程，实为三国"一带一路"人文交流与合作的过程。"丝绸之路：长安—天山廊道的路网"的申遗成功，将对中吉哈在"一带一路"框架下的人文交流与合作产生深远影响。

第三节 发挥丝路申遗在"一带一路"人文交流合作中示范效应的对策

作为丝绸之路的东段部分，"丝绸之路：长安—天山廊道的路

---

① 该表由作者根据联合国教科文组织数据自制。

网"在整个交通与交流网络中处于起始地段，所列入《世界遗产名录》的中吉哈 33 处遗产被认为具有独特的文化价值，凸显了丝路文明的包容性与整体性特质。因此，为进一步发挥丝路申遗项目在"一带一路"人文交流合作中的示范效应，应从以下几方面予以努力：

第一，总结中吉哈联合申遗的成功经验，以带动丝路沿线节点国家联合申遗的积极性。

据联合国教科文组织数据显示，截至 2017 年底，全世界列入《世界遗产名录》的共有 1 073 处，涉及 167 个成员国。其中，文化遗产 832 处，占比 77.5%；自然遗产 206 处，占比 19.2%；自然文化双重遗产 35 处，占比 3.3%。可以看出，文化遗产占据了世界遗产的绝大多数。文化遗产与自然遗产的比值为 4.04∶1。在这些遗产中，跨界遗产共有 37 处，占总遗产数的 3.4%，涉及 65 个国家，其中跨界文化遗产 19 处，占跨界遗产数的 51.4%，占总遗产数的 1.8%；跨界自然遗产数 16 处，占跨界遗产数的 43.2%，占总遗产数的 1.5%；跨界文化自然遗产数为 2 处，占跨界遗产数的 5.4%，占总遗产数的 0.19%。不难发现，跨界遗产在世界遗产总数中少之又少。而其中跨界文化遗产 19 项，跨界自然遗产 16 项，两者比值仅为 1.19∶1，相比于总遗产中的文化遗产与自然遗产的 4.04∶1，比值有了大幅度下降。[①] 可以说，在跨国申遗中，文化遗产的申请难度要远大于自然遗产。目前，全世界拥有世界遗产的国家有 167 个，其中拥有文化遗产的国家有 148 个，拥有跨界文化遗产的国家 41 个；拥有世界自然遗产的国家有 96 个，其中拥有跨界自然遗产的国家 39 个，分别占各自遗产比例的 28% 和 41%。这说明拥有跨界遗产的国家数量众多，而有此类申遗需求的国家也为数不少。由于跨界遗产的保护与传承涉及

---

① 数据引自联合国教科文组织网站，https：//zh.unesco.org/，登录时间：2018 年 1 月 2 日。

不同国别，各国国情和重视程度又各不相同，故保护难度远超一国单独所属遗产。因此，由于文化遗产的不稳定性、可遗失性、易毁坏性等特点，相比于较为稳定且不易为人力所改变的自然遗产来说，需要付出更多努力去保护。

作为历史久远、沿线国数量众多的超大型跨国文化遗产，丝绸之路是非常少见与珍贵的，与之前成功申请的跨国遗产相比，丝绸之路跨越几十个国家，有超过 50 条廊道，又经过不同文化区域，申请难度极大。但在世界范围内，丝绸之路跨国联合申遗的重要意义不言而喻，需要各国在共同文化遗产面前，摒弃非此即彼的狭隘思想，树立"共商共建共享"的意识，积极谋求互惠互鉴的合作道路，共同保护人类文化的瑰宝。作为第一个成功申遗的跨国联合丝路项目，"丝绸之路：长安—天山廊道的路网"名列《世界文化遗产》名录的成功经验亟待总结，并提至学理高度予以推广。从三国境内的遗址数量、遗址规模及遗址保存程度来看，中国都是最重要的国家，故应在总结、借鉴中吉哈成功申遗经验的基础上，继续探索与丝路沿线国家更多的跨国申遗之路，以带动丝路文化遗产的保护与传承。

第二，进一步加强丝路申遗的国际合作机制建设，为丝路文化遗产保护与传承提供有力的支撑。

在中、吉、哈三国联合申遗过程中，经联合国教科文组织的倡议，于 2009 年成立了"丝绸之路跨国系列申报世界遗产协调委员会"，该委员会下设秘书处，即"国际古迹遗址理事会西安国际保护中心"（IICC-X）。该委员会负责协调丝路遗产申报的相关事宜，如组织准备相关材料、编写申遗文案并定期组织开展协调会议等。秘书处则负责会议具体事项，尤其要协助委员会以保证各项工作及相关会议的顺利开展等。

2009—2011 年，在"丝绸之路跨国系列申报世界遗产协调委员会"的组织下，先后召开了多次丝绸之路跨国联合申遗国际协调会、丝绸之路价值与申报世界遗产工作研讨会等。其中，"国际协调会"旨在了解各方申遗进度，制定具体申遗计划，明确阶段目标；"工作研讨会"则聚焦某阶段工作的进展情况、明确工作内容、制定相应方案等。此外，联合国教科文组织还不定期召开联合国教科文组织丝绸之路联合申遗分区研讨会，从宏观角度把握丝绸之路申遗的相关策略。2015 年 11 月 24—26 日，"丝绸之路跨国系列申报世界遗产协调委员会"召开了第四次会议，强调针对丝绸之路首个世界遗产项目——"丝绸之路：长安—天山廊道的路网"的保护管理状况报告，建议中国、吉尔吉斯斯坦和哈萨克斯坦三国要加强在有效监测方面的合作，表明在"后申遗时代"，联合申遗成功并不是三国持续合作的终点，而是丝路遗产传承的起点。"保护共有遗产、传承丝路精神、开发丝路资源"成为中吉哈三国的共识。为做好丝绸之路的相关保护管理工作，中吉哈三国共同参与建设了"丝绸之路档案信息管理系统（Silk Roads AIMS）"项目，具体包括：丝绸之路档案信息管理系统的运营、"丝绸之路：长安—天山廊道的路网"33 处遗产频道网站的开发，以及丝绸之路在线图书馆、跨国协调管理系统（BBS）开发等。①

可见，此次申遗已形成由"丝绸之路跨国系列申报世界遗产协调委员会"统筹，以丝绸之路跨国联合申遗国际协调会为主线，联合国教科文组织丝绸之路联合申遗分区研讨会为驱动，各工作研讨会为节点，联合国教科文组织牵头，中、吉、哈及其他相关国共同参与的丝绸之路联合申遗机制。该机制密切了申遗各国间的联系、加深了各国的合作、提高了各方工作效率，使得申遗工作得以有条不紊地展开，为世界范围内的跨国联合申遗创建了可供借鉴的长效合作模式。可以说，中、吉、哈三国在共有世界遗产的保护方面已经走出了一条

---

① 国际古迹遗址理事会西安国际保护中心编制：《丝绸之路跨国系列申遗简报》，2015 年第 16 期，第 55 页。

从相互协作到共同传承的坚实道路。作为联合申遗主导方的中国，应进一步加强跨国申遗合作机制建设，为丝路文化遗产保护与传承提供有力的支撑。

第三，以联合申遗项目为抓手，进一步深化中国与丝路沿线国家的人文交流与合作。

丝绸之路属于沿线的每个国家，是由不同文明行为体在历史变迁中共同组成的不可分割的整体。中国在与吉尔吉斯斯坦、哈萨克斯坦联合申遗的过程中，始终秉持"共商共建共享"的理念，积极展开与其他两国的协商与合作。中、吉、哈借助"丝绸之路"的联合申遗，不仅深化了彼此的人文交流与合作，也为国际社会跨国联合申遗做出了典范。其中，自丝绸之路联合申遗以来，中国与吉尔吉斯斯坦的人文交流得到了明显的加强，具体体现在跨国旅游、丝路遗产保护与传承、民间社会团体人文交流等方面。

中国与吉尔吉斯斯坦是"丝绸之路：长安—天山廊道的路网"申请国，作为世界文化遗产的共有者，两国在旅游方面具有巨大的合作潜力，如何利用好共有文化遗产，推动旅游产业发展，打造丝路旅游新平台越来越受到两国政府的重视。如 2014 年 3 月 5 日，在第四届丝绸之路国家部长级会议上，汇集了 21 名丝路沿线各国旅游部部长及副部长，多位欧洲委员会、世界旅游业理事会（WTTC）、联合国教科文组织等机构代表，共同探讨签证便利化工作经验与策略，中国与吉尔吉斯斯坦代表也出席了此次会议。据会上所公布的《丝绸之路国家旅游签证开放度报告》显示，尽管签证壁垒依然存在，但全球的签证便利化大趋势也出现在了丝绸之路沿线国家。2008 年初，世界上 87% 的人口需要在出国旅行前获得签证，而在 2013 年这一数字下降到了 73%。2010—2013 年间，丝路沿线国家在签证便利化中采取的措施占国际总数的 14%，其中最主要的措施是用落地签证取代传统的预签证。① 作为丝路沿线国家，中吉两国正在积极推动签证便利化政策的落地生效。

由于申遗过程中吉两国学者间交流往来不断，对于签证便利的需求不断增加，而世界遗产申报的成功，也使得丝路遗迹成为两国间旅游项目的新热点。2015 年，第七届联合国世界旅游组织丝绸之路旅游国际大会在中国西安召开。会议强调，要打造海上、陆上丝绸之路的综合性旅游市场。参加该会议的各国旅游部长共同倡议：应提升旅游便利化水平，开展联合推广，推进"畅游丝绸之路活动"，深化区域内合作，借增加旅游线路以及促进旅游院校、研究机构交流等方式扩大旅游产品供应。②

联合申遗成功后，中吉两国民众的相互认知日趋客观全面，也促进了双方民间社会团体的人文交流与合作。如 2014 年 9 月 11—12 日，以"艺苑撷英，翰墨传情"为主题的中国书画展在吉尔吉斯斯坦国家历史博物馆开幕，来自丝路大国中国的书法艺术与山水画作，吸引了吉尔吉斯斯坦众多参观者。2015 年 7—8 月，"中国文化日"活动在比什凯克成功举行，得益于两国民间社会团体的参与，该活动在吉尔吉斯斯坦引起社会各界热烈反响，吉国家卡巴尔通讯社、国家电视台等全国性主流媒体对活动进行了广泛深入的报道。③ 2016 年 8 月 18 日，由吉尔吉斯斯坦中国新疆企业社团联合会承办的"中国·丝绸之路文化之旅"从中国启程前往吉尔吉斯斯坦，参与者沿着吉尔吉斯斯坦境内的古丝绸之路路线行进，贯穿五个州（楚河州、伊

---

① 《世界旅游经济趋势报告（2017）》，搜狐旅游网，2017 年 1 月 14 日，http://www.sohu.com/a/124378135_126204。登录时间：2018 年 1 月 2 日。

② 《第七届联合国世界旅游组织丝绸之路旅游国际大会专家组会议在西安举办》，人民网，2015 年 6 月 18 日，http://travel.people.com.cn/n/2015/0618/c41570-27177224.html。登录时间：2018 年 1 月 3 日。

③ 《"中国文化日"活动在吉尔吉斯斯坦成功举行》，中国驻吉尔吉斯共和国大使馆网站，2015 年 8 月 5 日，http://kg.china-embassy.org/chn/jywh/xghd/t1286362.htm。登录时间2018 年 1 月 3 日。

塞克湖州、娜仁州、贾拉拉巴德州和奥什州），共 3 000 余公里，并在比什凯克市、伊塞克湖州、托克马克市三地以"丝绸之路"为主题进行了大型的文化与经贸交流。①

吉尔吉斯斯坦与中国等联合申遗的成功以及成为世界遗产后的人文效应，也推动了其他中亚国家主动参与丝绸之路跨国申遗进程。2016 年，受乌兹别克斯坦政府邀请，该国位于丝路沿线的花剌子模州历史文化遗迹修复项目成为中国在中亚地区开展的首个文化遗产保护合作项目。2019 年 12 月 25 日，为期三年的中国援助乌兹别克斯坦花剌子模州历史文化遗迹修复项目通过内部竣工验收。在该项目实施过程中，通过开展"一带一路"文物保护技术国际研讨会，促进了中国与中亚国家丝路遗产保护领域的交流，也为乌方培养了一批文物保护技术人员。② 2020 年 12 月 17 日，由中国国家文物局指导、国际古迹遗址理事会西安国际保护中心主办的"费尔干纳—锡尔河廊道"申遗塔吉克斯坦段遗产点保护管理规划合作会议在线上召开，应塔吉克斯坦的邀请，中方与塔方合作，为塔方申遗工作提供技术支持。在全球疫情的大背景下，中国国家文物局指导中方承办单位积极探索文化遗产国际合作新模式，通过协助塔方建立遗产点数据库、设置申遗能力建设线上课程、召开线上技术会议等方式，实现疫情期间中塔文化遗产合作不间断、任务不停顿、成效无折扣，成为习近平主席在亚洲文明对话大会上提出的"亚洲文化遗产保护行动"框架下的阶段性务实合作的新成果。③

---

① 《"中国·丝绸之路文化之旅"启程奔赴吉尔吉斯斯坦》，丝路中国网，2016 年 8 月 18 日，http://sl.china.com.cn/2016/0818/11685.shtml。登录时间：2018 年 1 月 3 日。

② 《中国援助乌兹别克斯坦历史文化遗迹修复项目通过验收》，人民网，2019 年 12 月 30 日，http://world.people.com.cn/n1/2019/1230/c1002-31527961.html。登录时间：2021 年 5 月 30 日。

③ 《中塔召开"费尔干纳—锡尔河廊道"申遗塔吉克斯坦段遗产点保护管理规划合作线上会议》，国家文物局，2020 年 12 月 18 日，http://www.ncha.gov.cn/art/2020/12/18/art_722_164983.html。登录时间：2021 年 4 月 20 日。

第五章
中国与塔吉克斯坦战略合作现状及对策

　　历史上，塔吉克斯坦是丝绸之路上的必经之地，被誉为"丝绸之路上的明珠"，"其中索戈帝安、卡纳特哥姆、帕米尔等 3 条主要的丝绸古道横贯整个塔吉克斯坦，这些古道连接了当时的波斯、希腊、中国和阿拉伯国家"①，为丝绸之路贯穿欧亚大陆做出了重大贡献。塔吉克斯坦总统拉赫蒙②说："丝绸之路曾穿过塔吉克人居住区，不仅带来物质财富，也带来伟大的文化和精神财富。"③ 同时，丝绸之路也成为中国与塔吉克斯坦共享的历史记忆与文化遗产，使中塔两国不仅山水相连，缘起于丝路的友好交往也历史悠久。

　　塔吉克斯坦位于帕米尔高原西部，被称为"高山之国"，毗邻新疆，与中国有着长达 477 公里的边境线。塔吉克斯坦在中亚五国中，整体发展水平相对比较落后，经济基础比较薄弱，突出表现为基础设施建设滞后。中塔两国存在着广泛的共同利益，现实合作空间是极为广阔的。

　　在"一带一路"建设的大背景下，中国与中亚国家合作发展迅

---

①　刘启芸：《列国志：塔吉克斯坦》，北京：社会科学文献出版社，2006 年，第 2 页。
②　同上。
③　同上。

速，中亚国家对我国的重要性正不断提升：习近平主席于 2013 年 9 月出访中亚，并在访问哈萨克斯坦期间首次提出共建"丝绸之路经济带"的宏伟构想。中国与中亚合作面临着历史机遇，党的十九大报告指出："中国坚持对外开放的基本国策，坚持打开国门搞建设，积极促进'一带一路'国际合作，努力实现政策沟通、设施联通、贸易畅通、资金融通、民心相通，打造国际合作新平台，增添共同发展新动力。加大对发展中国家特别是最不发达国家援助力度，促进缩小南北发展差距。中国支持多边贸易体制，促进自由贸易区建设，推动建设开放型世界经济。"其中，"互联互通"，既是中国与塔吉克斯坦开展务实性战略合作的切入点，也是进一步深化中国与塔吉克斯坦战略合作的突破口。

第一节 中国与塔吉克斯坦战略合作现状

1924 年，塔吉克斯坦以民族共和国的身份加入苏联。苏联时期，塔吉克斯坦作为苏联的一部分，和中国没有独立的外交关系，中塔关系的波动总体上从属于中苏关系变化的范畴。1991 年，塔吉克斯坦独立成为主权国家，中国是最早承认塔吉克斯坦主权的国家之一。中塔建交以来，交流频繁，保持了及时有效的政策沟通。针对历史遗留的边界问题，中塔双方通过全方位、多层次的政策沟通，先后签署了《中华人民共和国和塔吉克斯坦共和国关于中塔国界的协定》（1999 年 8 月 13 日）、《中华人民共和国和塔吉克斯坦共和国关于中塔国界的补充协定》（2002 年 5 月 17 日）和《中华人民共和国政府和塔吉克斯坦共和国政府关于中塔国界线的勘界议定书》（2010 年 4 月 27 日），以和平方式解决了边界争端，实现了永久和平、世代友好的目标，并把中塔边界建设成了睦邻友好与相互信任的桥梁。此外，双方高层互访频繁，先后签署了一系列重要协议，主要包括：《中华人民共和国和塔吉克斯坦共和国睦邻友好合作条约》（2007 年 1 月 15 日）、《中华人民共和国和塔吉克斯坦共和国关于建立战略伙伴关系的联合宣言》（2013 年 5 月 20 日）、《中华人民共和国和塔吉克斯坦共和国关于进一步深化全面战略伙伴关系的联合声明》（2019 年 6 月 15 日）等。可以说，政治互信为中塔战略合作奠定了坚实的基础。

塔吉克斯坦是一个内陆国家，经济发展相对落后，截至 2021 年底，塔国 GDP 总量为 87.46 亿美元①。塔吉克斯坦自然资源丰富，其中以有色金属和稀有金属等矿产资源尤为突出，所以塔吉克斯坦过于倚重原材料加工和矿产资源出口，经济基础薄弱，经济结构单一。近年来，塔吉克斯坦政治上虽小有波动，但是总体局势比较平稳，经济重建与社会发展得以有序进行。塔总统拉赫蒙在其发表的年度国情咨文中指出，过去 20 年，塔年均经济增长率为 7.5%，国家预算收入从 2.52 亿索莫尼（约合 2 230.1 万美元）增长到 280 亿索莫尼（约合 24.78 亿美元），增长了 111 倍；GDP 从 2000 年的 18 亿索莫尼（约合 1.59 亿美元）增长到 2021 年的 950 亿索莫尼（约合 84.07 亿美元），增长了近 53 倍，人均 GDP 增长了 30 多倍。② 在国际大宗商品价格大幅下跌和俄罗斯经济持续低迷的影响下，塔吉克斯坦受到了较大的经济下行压力，国家进入增长性周期。近年来，中国对塔贸易保持稳步增长势头，双边贸易总额从 1992 年的 275 万美元发展到 2021 年的 18.6 亿美元的水平。卡拉苏口岸的开通，为双边的经贸发展提供了充足的动力。中国工程建设企业在中国政府政策资金的支持下，经过数年开拓，相继在塔承揽大型工程项目，成为当地工程承包市场的重要力量。截至 2021 年 9 月，中国已经是塔吉克斯坦的第一大贸易伙伴与重要投资来源国。

塔吉克斯坦是"一带一路"倡议的积极响应者与坚定支持者，

---

① 数据来源：中华人民共和国外交部官网与世界银行相关数据。

② 同上。

不仅与中方相继签署《中华人民共和国和塔吉克斯坦共和国关于进一步发展和深化战略伙伴关系的联合宣言》（2014 年 9 月 13 日）与《中华人民共和国和塔吉克斯坦共和国关于建立全面战略伙伴关系的联合声明》（2017 年 8 月 31 日）等，而且于 2017 年通过了旨在重点发展交通、能源、农业、旅游等领域，并加强地区间合作的《塔吉克斯坦共和国至 2030 年国家发展战略》。塔吉克斯坦主动参与共建"一带一路"，将有力推动与其"实现能源独立、摆脱交通困境、保障粮食安全"的三大发展战略的深入对接：1. 在设施联通方面，双方通过制定《中塔 2015—2020 年战略伙伴关系合作纲要》，积极推进中国—中亚天然气管道工程以及塔方输变电线路改造、交通和边境口岸基础设施建设、工业园建设、农业技术示范园区建设等合作项目，通过加强交通、能源、口岸、网络基础设施建设合作，构建全方位互联互通格局，同时推动国际公路、铁路、航空运输方面的完善，加强卡苏拉口岸的基础设施建设，构建双边长期稳定的口岸管理合作机制，切实提高口岸通行能力。艾尼-彭基肯特高速公路和瓦亚铁路项目分别于 2015 年 10 月 21 日和 2016 年 8 月 24 日由中方参与完成，有力改善了塔吉克斯坦交通基础设施落后的状况。其中，瓦亚铁路是"丝绸之路经济带"建设框架内首个开工并建成的铁路项目，连接塔国中段与南段铁路，让塔国内首次实现了铁路的互联互通。此外，中方承建的中塔公路二期项目工程也正在加紧建设，一旦全线贯通，将进一步加快中国与中亚地区的互联互通。2. 在能源基础设施建设方面，如新疆特变电工承建的 500 千伏南北高压输变电工程得到了塔工商会主席萨义德·沙立夫的高度赞赏，他表示："非常感谢中国企业的工作，他们架设的电网，给塔吉克人民带来了光明。"① 3. 在贸易畅通方面，中塔双方形成了丰富有效的合作机制，如中塔政府间经贸

---

① 《（丝路新语）塔吉克斯坦的"中国印记"》，中国新闻网，2014 年 7 月 20 日，http://www.chinanews.com/gn/2014/07-20/6404748.shtml。登录时间：2018 年 4 月 18 日。

合作委员会新疆–塔吉克斯坦经贸合作分委会、中国–亚欧博览会等机制平台，对切实推进双边经贸务实合作发挥了重要作用。双边经贸合作在贸易结构、合作形式与合作渠道方面空间广阔。在双边政府的努力推动下，塔吉克斯坦的贸易和投资环境不断得到优化，贸易自由化和投资便利化得到了官方法律层面的支持与保障。其中，矿产资源与油气资源开放等是双方贸易发展的重点。2014 年 9 月 13 日，在习近平主席与塔吉克斯坦总统拉赫蒙的见证下，由新疆塔城国际资源有限公司与塔吉克斯坦共和国工业和新技术部在塔国首都杜尚别签署了"中塔工业园区"的合作备忘录，双方深入开展矿业领域的合作发展。该项目于 2015 年得到塔吉克斯坦国家议会批准，已成为中塔共建"一带一路"的标志性项目。此外，紫金矿业、塔中国际、华新水泥、海力公司、中国特变电工、中国重机等众多的中资企业均在塔吉克斯坦的矿业、农业、电信、水泥、火电站等行业发挥着重要作用。2015 年成立的中泰集团控股和兵团建工集团参股的"新疆中泰新建新丝路农业投资有限公司"，在塔吉克斯坦投资建设农业纺织产业园项目，该项目是塔国独立 25 年以来最大的农业纺织投资项目，受到塔国政府的高度重视，被列入国家及中塔合作重点项目。截至 2020 年 7 月底，塔吉克斯坦纺织产业园累计完成投资总额 11.62 亿元，其中纺织板块累计投资 7.12 亿元，农业板块累计投资 4.5 亿元。累计实现收入 11.2 亿元，上缴塔国政府各种税费 1.21 亿元。创造固定就业岗位 1 600 个，提供年临时用工 30 万人次，形成了良好的合作示范效应。① 4. 在资金融通方面，双方在深化金融领域合作、推动双边贸易本币结算、扩大银行间合作等方面达成了广泛共识。中塔双方通过灵活多样的融资方式为"一带一路"建设的重点项目提供了充足的资金支持。此外，通过加强中塔在丝路基金与亚投行框架内的

---

① 《塔吉克斯坦农业纺织产业园》，中国一带一路网，2021 年 7 月 20 日，https://www.yidaiyilu. gov. cn/xwzx/swxx/hwwg/181086. htm。登录时间：2018 年 4 月 18 日。

合作，实施重大民生项目，使塔吉克斯坦人民的生活水平得以提高。

5. 在"民心相通"方面，中塔同为丝绸之路沿线的文明古国，在历史文化上有着天然的亲近感。中塔人文交流基础深厚，尤其在科技、教育、文化、卫生、体育和旅游等领域合作成效显著，如双方科研机构交流不断增多、上海合作组织大学等交流框架不断成熟等。中国通过提供政府奖学金来帮助塔方培养各领域的专业人才，共同探讨联合办学，并根据实际需要在塔吉克斯坦增设孔子学院，稳步扩大汉语教学规模。此外，中塔民间友好组织、文艺团体和青年组织间的友好交往与合作不断增强，增进了两国人民间的相互了解和友谊，如中国陕西省与塔吉克斯坦哈特隆州、中国山西省太原市与塔吉克斯坦索格特州胡占德市等结成友好省州与友好城市，等等。

中亚与中国新疆，都是"一带一路"建设的重点地区，"一带一路"建设旨在建立一个贯通整个欧亚大陆的大通道，其必经之路就是位于古代丝绸之路上的中亚国家。塔吉克斯坦位于中亚东南部，作为一个"陆锁国"，因受地形限制而在传统商贸中"朝北看"。"一带一路"作为一个贯通亚欧大陆的东西走向的大通道，有助于发挥塔吉克斯坦在东西交通上的重要作用。同时，塔吉克斯坦也是中亚与伊朗、阿富汗、巴基斯坦等国的南北通道上的支点之一，塔国经济的进一步发展则离不开基础设施建设。

总之，"一带一路"建设带来了一种全新的区域合作模式，这将为中国和塔吉克斯坦在互联互通战略合作上提供重要的历史新机遇。

第二节　中国与塔吉克斯坦的
"五通"合作案例分析

（一）中塔的"道路联通"合作

塔吉克斯坦位于中亚东南部，在中亚地区独联体国家中位置最为偏远。1991 年前，塔吉克斯坦基础设施建设主要依赖苏联政府的拨款，其主要交通设施都较为陈旧，大部分建于 20 世纪 60 年代。苏联解体后，获得独立不久的塔吉克斯坦很快又陷入长期内战，政治、宗教与地方势力斗争激烈，直到近年，拉赫蒙担任总统后，其国内政治才趋于稳定。塔吉克斯坦经济受到俄罗斯"休克式"经济政策的影响，陷入停滞乃至倒退的境地。在内战结束、国家经济建设稍有起色之际，又遭遇 2008 年全球金融危机的重大打击，随后俄罗斯经济长期低迷与国际大宗商品价格下滑等也波及塔吉克斯坦，其政府更是无力支付基础设施建设所需要的大笔国家公共投资。此外，塔吉克斯坦位于亚欧大陆中央的地震带，仅 2017 年 6 月至 12 月就爆发了 10 余次大小规模不等的地震。同时，塔吉克斯坦作为多山地国家，春季泥石流、山地滑坡等自然灾害也屡有发生。诸多因素导致了塔吉克斯坦的基础设施建设发展滞后，交通"不通"直接造成了塔吉克斯坦在经济发展过程中需要承担高昂的交通运输成本，进一步制约了塔吉克斯坦的经济发展。

塔吉克斯坦东接中国，南邻阿富汗，西北方向毗邻吉尔吉斯斯坦与乌兹别克斯坦。作为一个内陆国，塔吉克斯坦的邻国中，只有中国拥有出海口，因此其通过中国出海较为便捷。中国交通运输网络高效有序，对迫切需求出海口进行国际贸易与合作的塔吉克斯坦有着巨大的市场吸引力，中国与塔吉克斯坦在交通运输领域的合作将大有可为。

塔吉克斯坦被誉为"高山之国""云间之国"，其 93% 的国土面积为山地，大部分地区的海拔为 3 000 米以上。这种地形地貌条件决定了塔国的公路运输因其灵活性而具有铁路、空运所无法比拟的巨大优势。目前，塔国 90% 的客货运输都是通过公路来完成的。截至 2013 年 8 月，塔吉克斯坦国内公路总长 3.3 万公里，其中 1.4 万公里由塔吉克斯坦运输部负责管理和养护，其余主要为乡村道路或者专门的工业通道。另有部分道路处于无人管理的状态。道路网主要向俄罗斯和东欧方向延伸，向中国与向南亚方向延伸的则十分有限。① 由于公路建造年代久远和缺乏后期维护，作为塔吉克斯坦交通运输主力的公路状况并不尽如人意，长达七年内战的破坏，更是让许多公路的通行能力雪上加霜。据塔吉克斯坦全国公路桥勘察调查结果显示，全国60%～80%的道路需要大修，接近一半的道路行驶速度低于35公里/小时。塔吉克斯坦在基础设施建设方面高度依赖国际金融机构的赠款和贷款，这也为中塔在基础设施建设，特别是在道路联通领域合作提供了重要契机。中国作为全球外汇储备最多的国家，可为塔吉克斯坦公共基础设施建设提供充沛的资金支持。同时，中国经过改革开放多年的发展，也已进入工业化成熟阶段，积累了大量优势产业与富余产能，尤其在基础设施建设上积累了丰富的经验，并在公路基建等领域达到了世界先进水平。中塔在该领域的合作，将有效解决塔国所面临的资金短缺和工程能力落后等问题，有利于改善塔国民生、创造就业并优化经济发展结构。

2015 年 1 月，塔吉克斯坦总统拉赫蒙在国情咨文中表示，"将发展交通作为政府工作的头等大事和优先方向"②。拉赫蒙总统也表示"成为当代过境道路的主人，完全摆脱交通困境"将作为塔吉克斯坦当前的主要工作方向。③ 塔吉克斯坦安排了价值 6 亿美元的基础建设投资项目。同时，中国也先后投资了 7.2 亿美元，修复了塔乌公路等多条道路，改善了塔吉克斯坦的基础设施。

塔吉克斯坦国内公路网络，是以杜尚别为中心通向周边国家的，

---

① 张真真：《塔吉克斯坦独立后的政治经济发展》，上海：上海大学出版社，2016 年，第 23 页。

② 《对外投资合作国别（地区）指南：塔吉克斯坦（2018 年版）》，中华人民共和国商务部 "走出去"公共服务平台，http://fec.mofcom.gov.cn/article/gbdqzn/upload/tajikesitan.pdf，登录时间：2019 年 3 月 5 日。

③ 同上。

杜尚别至霍罗格之间 500 公里的公路正在进行分段修复。塔吉克斯坦利用中国政府优惠贷款对杜尚别—丹加拉之间的 100 公里路段进行修复，项目由中国路桥公司承建。该项目于 2009 年 8 月开工，现已经大部分完成并交付使用。塔吉克斯坦—吉尔吉斯斯坦公路全长 368 公里，由杜尚别开始到东北边境城市卡拉梅克，并在吉尔吉斯斯坦境内南部城市奥什与中吉乌公路对接。其中项目一期由中国水利水电公司承建，2005 年 8 月正式开工，2008 年 6 月竣工。二期由中国水利水电公司承建，2009 年底完工。三期由中铁工程公司和中国路桥公司分段承建，2008 年 10 月开工，现已交付使用。塔吉克斯坦—乌兹别克斯坦公路北段南起杜尚别，北至边境小镇恰纳克；西段东起杜尚别，西至边境城市图尔松扎德。该道路包括沙赫里斯坦隧道的主体部分都是由中国路桥承建。① 除大型国家道路网络外，中国企业在塔吉克斯坦国内城际公路的修建上也发挥了重要作用，如连接塔吉克斯坦首都杜尚别和哈特隆州首府库尔干秋别的公路，由来自中国新疆的北新路桥集团公司承建。杜库公路连接着塔吉克斯坦的两大城市，这两个城市的人口总和超过了 150 万，在塔国社会经济发展中扮演着重要角色。通过修建杜库公路，塔吉克斯坦打通了本国与阿富汗之间的交通运输通道，使得中亚和南亚联通不畅的局面得到了一定的改善。

塔吉克斯坦在国内运输上重度依赖公路运输，但在货品出入境方面更倚重铁路运输。塔吉克斯坦在铁路运输方面长期受限于乌兹别克斯坦，塔乌两国长期因修建罗贡水电站等原因存在一定冲突。2011 年，乌兹别克斯坦拆除了塔乌铁路，2012 年出台了新的铁路修建计划，绕开了塔吉克斯坦北部的索格特州，使得塔吉克斯坦在铁路运输上进一步被边缘化。因此，寻求铁路运输上困局的突破，是塔吉克斯坦发展的主要策略之一。在铁路建设方面，中国对于塔吉克斯坦也发

---

① 张真真：《塔吉克斯坦独立后的政治经济发展》，上海：上海大学出版社，2016 年，第 23 页。

挥着重要作用。塔吉克斯坦总统拉赫蒙出席了由中国中铁十九局集团公司承建的"亚湾—瓦赫达特"铁路项目的开工仪式，并高度肯定该项目"对塔吉克铁路网络与沿线经济的发展意义重大"①。

（二）中塔的"贸易畅通"合作

中国与塔吉克斯坦互为友好邻邦和全面战略伙伴。自 1992 年建交以来，双方在经贸领域的合作得到了飞速发展。截至 2021 年 12 月，中国已经成为塔吉克斯坦第一大投资来源国和第四大贸易伙伴国（见表 5 - 1）。

表 5 - 1   2012—2021 年中塔贸易情况② （单位：亿美元）

年份	进出口	出口	进口
2012	18.57	17.48	1.09
2013	19.58	18.69	0.89
2014	25.17	24.69	0.48
2015	18.49	17.97	0.52
2016	17.56	17.25	0.31
2017	13.7	13.2	0.47
2018	15.0	14.2	0.76
2019	16.7	15.9	0.84
2020	10.6	10.2	0.40
2021	18.6	16.8	1.8

如表 5 - 1 所示，2012 年以来，中国与塔吉克斯坦贸易有较大的

---

① 《驻塔吉克斯坦大使范先荣与拉赫蒙总统共同出席"亚湾—瓦赫达特"铁路项目开工典礼仪式》，东方新闻网，2015 年 5 月 18 日，http://news.eastday.com/eastday/13news/auto/news/china/u7ai3967912_ K4.html。登录时间：2018 年 4 月 20 日。
② 该表由作者根据中国海关相关数据整理。

波动，这主要是因为塔吉克斯坦作为一个小规模的经济体，经济走向受外界因素影响比较大。具体而言，其经济容易受国际大宗商品，特别是棉花价格下跌与俄罗斯经济低迷的双重影响。需要注意的是，塔吉克斯坦本国经济规模因受到高通胀率影响，而呈不断下降趋势。

中塔在完善贸易和投资环境等重要领域不断努力，已形成一系列富有成效的合作机制，如中塔政府间经贸合作委员会自成立以来已召开了九次会议，为中塔总结近年双边经贸关系发展情况、研究解决双边经贸合作中存在的问题，以及探讨进一步深化务实合作新领域和新途径提供了重要平台。中塔经贸合作的发展，对推动"一带一路"倡议与塔吉克斯坦《2030 年前社会经济发展规划》的全面对接至关重要。2014 年 9 月 11 日，习近平主席在塔吉克斯坦《人民报》和"霍瓦尔"国家通讯社同时发表题为《让中塔友好像雄鹰展翅》的署名文章，指出："我们将致力于促进贸易畅通，发挥好中塔政府间经贸合作委员会协调和指导作用，积极引导两国贸易均衡发展，不断扩大贸易规模，丰富贸易种类，优化贸易结构"，再次强调了中塔政府间合作委员会的重要作用。此外，双方还针对具体的合作领域设立了专门委员会，如中塔农业合作委员会就对两国农业合作以及未来共建农业科技示范园等工作起着指导与协调的作用。在推动两国毗邻地区合作方面，中塔政府间经贸合作委员会特设中国新疆-塔吉克斯坦经贸合作分委会，以推动相关工作的有序开展。此外，双方还签署相关条例，并利用前身为乌鲁木齐对外经济贸易洽谈会的中国-欧亚博览会作为沟通商贸往来的重要平台。对外，中塔通过新疆加强合作以加快将新疆建设成为我国向西开放的"桥头堡"，做好"一带一路"建设的西向出口。对内，中国-亚欧博览会有利于推进国内相关部门与相关省区的交流与向西开放的进程，以助力中国新疆与塔吉克斯坦合作水平的提升。卡拉苏口岸是中塔边境唯一的陆路口岸，是新疆喀什地区"五口通八国"的重要口岸之一，其所在地海拔达 4 100 多米，是中国海拔最高的海关。塔中"阔勒买—卡拉苏"口岸自 2004 年开始试运营，迄今已实现了常年开放。

中国新疆和塔吉克斯坦边境的"卡拉苏—阔勒买"口岸农产品快速通关"绿色通道"从 2015 年 11 月 25 日起开始运营。类似的关口"绿色通道"的开通，有效地减少了进出口农产品的损耗，提高了企业竞争力，并扩大了新疆农产品出口、开拓了农产品海外市场，因而促进了中塔贸易的发展。

在境外经贸合作园区建设方面，"中塔工业园"已成为两国共建"一带一路"的标志性项目，是 2014 年 9 月中国国家主席习近平在访问塔国期间与塔国总统拉赫蒙共同见证，由上海海成集团与塔国工业和新技术部签署合作备忘录而确定的建设项目。随着双方在矿业资源开发领域的合作不断深化，"中塔工业园"已升级为"塔吉克斯坦北部有色金属产业园区"，并在原有 69 公顷园区面积的基础上进一步扩大，致力于打造一园多区，范围覆盖塔国北部地区，并引进有实力的中资企业来共同开发综合资源。该园区以塔中矿业集团的矿山为依托，向矿山上下游延伸形成产业链。作为"中塔工业园"的首个入园项目，塔中矿业冶炼厂的竣工，将使塔方精炼铅、锌、铜的水平提高 20 倍，并填补塔有色金属冶炼领域的多项空白。作为一个综合型产业园区，"中塔工业园"将形成 600 万吨的年采选处理能力，年产铜、铅、锌等金属 35 万吨，形成矿山资源开发、矿山服务配套、上下游企业及其他相关企业集群，园区将吸纳塔国近万人就业，有效推动塔吉克斯坦的工业现代化，促进中塔两国的经贸合作，加速推动"一带一路"倡议在中亚地区的落地。[①] 2022 年 6 月 29 日，塔中矿业有限公司在塔吉克斯坦共和国成立 15 周年之际，其母公司西藏珠峰资源股份有限公司首次提出塔中矿业将在塔国打造"世界级有色金

---

① 《中塔共建最大合作项目"中塔工业园"扩建升级》，中国一带一路网，2017 年 9 月 23 日，https://www.yidaiyilu.gov.cn/xwzx/hwxw/28958.htm。登录时间：2018 年 4 月 18 日。

属产业园区",启动在当地的新一轮产业投资大开发。塔中矿业将构建与周边国家相关企业优势互补的产业链协同发展生态圈,奠定塔中矿业在铅锌行业的竞争地位,并辐射到中亚地区,成为全球基本有色金属重要的上游原料供应商。未来,塔中矿业的世界级园区建成后,将提供近万个就业岗位,带动塔国数万人就业,实现销售收入 10 亿美元,将能够有效推动塔国的工业现代化进程,加速推动"一带一路"倡议在塔国及周边中亚地区的落地。事实上,作为塔吉克斯坦首家外商独资企业,2021 年塔中矿业产值已占塔国采掘业总产值的50%,占塔国工业总产值的 10% 和塔国 GDP 的 3.5%;贡献的利税达到塔国总额的 5%,连续 5 年位列塔国第一,是塔国的支柱企业之一。截至 2022 年 6 月底,塔中矿业已向塔国政府上缴利税超过 43 亿索莫尼,多次被授予"年度最佳纳税人"的荣誉称号。其 15 年来还在卫生、交通、文化和教育等领域为塔国提供了 1.65 亿索莫尼的援助,为中塔民心相通合作奠定了基础。①

(三) 中塔的"民心相通"合作

由于传统的政治文化背景,塔吉克斯坦受到俄罗斯文化影响深厚。但近年来,受俄罗斯经济颓势的影响,塔吉克斯坦独立发展的倾向日益增强,塔国年轻学生去俄罗斯学习的热情有所下降。根据欧亚开发银行一体化研究中心主任叶夫根尼·维诺库罗夫援引该中心最新调查结果指出,塔吉克斯坦年轻人正在失去赴俄罗斯高校学习的兴趣。② 俄罗斯大幅降低了对塔吉克斯坦学生的奖学金资助幅度,而中国则与塔吉克斯坦在政府层面达成了协议,为塔吉克斯坦优秀学生赴

---

① 《15 年荣耀,西藏珠峰推动塔中矿业开启新征程》,中国经济新闻网,2022 年 7 月 1 日,https://www.cet.com.cn/wzsy/cyzx/3201847.shtml。登陆时间:2022 年 7 月 1 日。

② 《塔吉克斯坦青年人对在俄罗斯高校求学兴趣下降》,丝路新观察,2017 年 12 月 29 日,http://www.siluxgc.com/tjk/20171229/10950.html。登陆时间:2018 年 4 月 18 日。

中国留学提供了多项奖学金，中国对塔吉克年轻学生的吸引力正在增强，如在富有浓郁塔吉克风情的著名餐厅布拉哈，驻店演出的开场舞曲竟然是中国民歌《茉莉花》，塔吉克斯坦小伙也会用汉语演唱《莫斯科郊外的晚上》。在杜尚别的绿巴扎（农贸市场），摊主们不时会用汉语"你好"来招徕生意。① 此外，双方在共同培养专业领域人才和联合办学方面也取得了重大进展。

塔吉克斯坦是全球第一个与中国签署《共同推进"丝绸之路"经济带建设的谅解备忘录》的国家，在经贸合作的推动下，双方人文交流也在不断深化，中国已在塔吉克斯坦设立了两所孔子学院与一所汉语课堂：新疆师范大学与塔吉克斯坦国立民族大学共建的孔子学院，发挥了中国新疆与塔吉克斯坦合作的地缘优势；中国石油大学与塔吉克斯坦冶金学院共建的孔子学院，充分发挥了双方在能源开发领域的合作潜能。此外，塔吉克斯坦国际大学、斯拉夫大学、国际语言大学、莫斯科大学杜尚别分校等高校，乃至中小学都已设立了汉语课程，汉语专业已成为塔吉克斯坦最受欢迎的专业之一。与之相应的是，位于中国新疆的石河子大学等高校，也增设了波斯语与塔吉克语专业，类似举措有助于全面推动中国与塔吉克斯坦各领域的深入交流与合作。

2020 年 5 月，塔吉克斯坦新冠疫情大规模暴发后，中国政府即于该月 25 日派出联合工作组抵达塔吉克斯坦开展抗疫合作。2020 年至 2021 年间，中国持续向塔吉克斯坦运送抗击新冠疫情医疗物资。在抗击突如其来的新冠疫情过程中，中塔两国守望相助，并肩作战，生动诠释了构建"全面战略伙伴关系"的核心内涵，进一步密切了坚如磐石的传统友谊。在新的历史起点上，正如习近平主席在 2021 年 3 月 1 日同拉赫蒙总统通电话时所强调的，双方要统筹推进经贸、

① 《"一带一路"上的港商》，新华网，2017 年 7 月 16 日，http://news.xinhuanet.com/gangao/2017-07/16/c_ 1121326997. htm。登录时间：2018 年 4 月 18 日。

投资、农业、互联互通、数字经济等领域合作，优先推动"一带一路"重点项目建设。中方愿进口更多符合市场需求的塔方优质农产品，愿向塔方再提供一批疫苗和医疗援助，以推动构建中吉"卫生健康共同体"。①

第三节　中国与塔吉克斯坦战略合作中存在的问题及对策

自中国提出"一带一路"倡议以来，中国与塔吉克斯坦在以互联互通为重要特点的双边战略合作中取得了巨大成就，塔国内基础设施状况得到了一定程度的改善。近年来，塔吉克斯坦政治趋于稳定，中塔高层互访频繁，双边合作进入了全新阶段。2019 年 6 月，习近平在访问塔吉克斯坦期间表示，塔吉克斯坦始终积极支持和参与共建"一带一路"，中塔在"一带一路"框架内的合作已取得丰硕成果。在此基础上，中塔双边战略合作将进一步深入，其中也存在着一些亟待解决的挑战。

（一）当前存在的主要问题及其原因

1. 塔吉克斯坦国内存在的主要问题

在政治上，稳中有忧。塔吉克斯坦总统拉赫蒙于 2013 年第三次连任总统，国内政治基本稳定，社会经济建设行动有序开展。但是政府依然面临着社会期望不断上升与发展现状之间不契合的非稳定因素，拉赫蒙家族把持了政府各部门，家族政治现象日趋严重，塔吉克斯坦并没有任何一个政党可以对执政党的统治造成挑战与威胁。国家

① 《中国政府再次援助塔吉克斯坦政府一批抗疫物资》，中华人民共和国驻塔吉克斯坦共和国大使馆网站，2021 年 3 月 5 日，http://tj.china-embassy.org/chn/sbgx/t1858749.htm。登录日期：2021 年 7 月 8 日。

政治稳定过于依赖单一政治强人，长期下去，塔吉克斯坦也难免落入"老人政治"的陷阱。一旦发生政治权力交接，则有可能引发一系列的政治不稳定。能否实现权力平稳过渡依然是其政治发展的隐忧。

在经济上，近年虽有发展，但依然困难重重。塔吉克斯坦在独立前就是地处最偏远且经济发展水平最差的苏联加盟共和国家之一。1991 年苏联解体，塔吉克斯坦宣布独立，失去苏联政府拨款令塔吉克斯坦政府面临巨大的财政压力。1992 年全面放开价格管控之后，高通胀又带来了一系列社会民生问题。此外，中亚五国之间经济联系也被阻断，彼此之间贸易受到了各国关税的影响。作为曾经的苏联加盟成员国，塔吉克斯坦与俄罗斯在经济上有着历史合作传统。但因受近年国际市场大宗商品价格持续走低的影响，俄罗斯经济发展速度放缓，对塔吉克斯坦经济发展也造成了重创。在此背景下，加强与中国的经贸合作则成为塔吉克斯坦的迫切需求。此外，塔吉克斯坦外汇收入的重要来源——来自俄罗斯的侨汇收入也大幅下跌。在银行货币政策上，塔银行系统薄弱，本国居民对本地银行的信任程度并不高，这也导致了该国贷款利率高达 24% ~ 36%，[①] 获取信贷的成本在本地区无出其右，极大地增加了外资企业在塔筹措资金的成本，成为了企业投资创业发展的不利因素。由于塔国 GDP 总量及人均指标均较低，获取融资的难度和成本较大。塔政府因财力限制及近年举债过多，使政府主导的大型基础设施建设项目的开工受到限制，也使经营项目无法筹措到足够资金。上述这些不利因素均使在塔中资企业工程项目的获取难度相应增大，使投资类项目营利困难，也使中塔贸易产品结构的层次较低。

此外，宗教极端势力与暴恐组织合流已成为塔吉克斯坦的重要社会隐患。作为中亚唯一一个曾经允许伊斯兰政党合法存在的国家，塔

① 张春敏主编：《中亚四国经济》，北京：中国经济出版社，2016 年，第 72 页。

国在 2007 年取缔了国内伊斯兰复兴党。但是，作为一个伊斯兰教国家，其国内宗教势力的意愿没有合理的表达途径，也成为一种社会隐患。同时，塔吉克斯坦也面临着来自南部阿富汗宗教极端势力的渗透。美国从阿富汗撤军后，留下的是一个内部失序的混乱国家。阿富汗与塔吉克斯坦边境线长达 1 344 公里，大部分地区地形复杂并处无人管控状态，使得包括"塔利班"武装、"基地"组织在内的阿富汗武装势力得以借此通道北上，对塔吉克斯坦国内政治稳定与边境安全造成了重大威胁。

2. 中塔互联互通合作中面临的主要挑战

塔吉克斯坦地理位置十分重要，是中国实现向西开放与"一带一路"建设的必经之地。但是，塔吉克斯坦正处在农业国向工业国家转型阶段的初期，国家发展水平相对滞后，这给双方经济合作带来了诸多困难。

在能源方面，塔吉克斯坦水电资源丰富，但开发难度大，且缺乏资金技术支持，利用率不高。在水电供应充足的季节，塔吉克斯坦拥有富余的电力可向周边国家出口，但在冬李水电站却无法运作，国家电力短缺，不能保证其基本供电需求，如中亚最大的罗贡水电站就因缺乏资金、技术以及下游国家抵制而被搁置多年。[①] 与乌兹别克斯坦等国不和，又导致其不能及时获取电力支援。因此，季节性电力短缺给在塔吉克斯坦投资的中国企业带来了极大困扰。

在交通方面，虽然近年中国与塔吉克斯坦在道路设施等基础建设上合作颇多，但并未能从根本上改变塔吉克斯坦国内交通设施落后的状况。交通不便易导致企业在原材料供求方面的运营成本增大、产品市场竞争力下降等一系列现实问题。

在法制与行政效率方面，塔吉克斯坦法制建设尚不成熟；因塔政

---

① 张春敏主编：《中亚四国经济》，北京：中国经济出版社，2016 年，第 96 页。

府在执法过程中随意性较大，索贿等腐败现象较为严重，使企业容易受到执法人员摆布，这又加大了在塔中资企业，尤其是中小型中资企业的经营风险。塔政府部门办事效率较低，增加了中国企业在经营活动中的时间和金钱的损耗，也使项目启动阶段的期限较长。

（二）进一步深化中国—塔吉克斯坦互联互通战略合作的对策

第一，应进一步发掘"丝路天然伙伴关系"的历史优势，以密切中塔民间交往。

丝绸之路的衰败伴随着西方现代文明的兴起，原本在丝绸之路上繁华昌盛的欧亚大陆"中央区"，开始让位于海权时代的"边缘区"。丝绸之路所代表的传统欧亚大陆秩序，是有别于现代治理体系的一种历史传承。当下，"丝绸之路"再度吸引了世界眼光，本质是西方主导的全球治理秩序未能在真正意义上激活欧亚大陆的内部，相关国家才转而从历史出发试图在丝绸之路这条横贯亚欧大陆的古老通道中寻求新的突破点。丝绸之路全盛之时，中国亦从未对"丝绸之路"主张过所有权。丝绸之路一直是一条自由往来、贸易通畅之路，使中国在提出"一带一路"倡议上具有历史道义的合理性。中国"一带一路"倡议的提出，之所以能赢得沿线国家的积极回应，本质上是因为中国在"丝绸之路"这个历史视野中拥有天然的道义感与号召力。在新一轮的"丝绸之路"复兴浪潮中，美国提出了"新丝绸之路"计划，俄罗斯、日本等国也对丝绸之路复兴计划兴致勃勃，但在这些大国中，唯有中国与丝路沿线诸国拥有天然的丝路伙伴关系与共同的丝路交往认知。

塔吉克斯坦受俄罗斯影响较深，对中国有着文化上的陌生感。要消除这种陌生感，必须进一步拓展中塔历史视野、深挖中塔丝路共有认知，讲好中塔古今丝路故事，进一步盘活中塔"丝路天然伙伴关系"的历史资源以密切中塔丝路情谊，这是加强互联互通的基础与前提，更是推进中塔"民心相通"的根本途径。

第二，应进一步发挥新疆的区位优势，以发挥其作为中塔战略合作"核心区"的重要作用。

中亚在俄国"十月革命"前未曾出现过现实意义上的民族国家，一直到 1924 年，苏共中央委员会决定对中亚进行民族划界，中亚才首次出现了以民族名称命名的自治共和国。① 自塔吉克斯坦独立以来，中国与塔吉克斯坦的双边贸易飞速发展。在中国与塔吉克斯坦的进出口贸易中，新疆占据了绝大部分。中国新疆与塔吉克斯坦具有较为广泛的经贸互补性，双方合作领域较多、拓展空间较大。随着"一带一路"建设的深入推进，新疆已成为中国扩大对外开放的前沿和门户。

"一带一路"倡议旨在打通贯通欧亚的大动脉，从而实现"丝绸之路经济带"沿线国家间的互惠共赢，因此，新疆的长治久安与向西开放是至关重要的。中国新疆与塔吉克斯坦直接毗邻，喀什不仅是古代丝绸之路上的重要支点，更是现代"五口通八国"的西部明珠。新疆也积极对接国家战略，2017 年 1 月 15 日的新疆政府工作报告指出，要"紧紧抓住国家实施'一带一路'战略这一千载难逢的历史机遇，用好推进丝绸之路经济带核心区建设这一重要抓手，紧紧围绕'五大中心'建设，大力推进向西开放，为实现经济转型升级和产业结构调整，促进经济可持续发展，提供强劲动力、拓展广阔空间"②。因此，新疆把加快"丝绸之路经济带"核心区建设作为其发展的新机遇，以推进交通枢纽中心建设为突破口，加快公路、铁路、民航和信息网络建设，以构建联通区内外、四通八达的立体交通运输体系，为核心

① 李淑云：《中亚转型研究》，北京：经济科学出版社，2013 年，第 6 页。
② 《新疆维吾尔自治区人民政府 2017 年〈政府工作报告〉》，人民网，2017 年 1 月 15 日，http://leaders.people.com.cn/n1/2017/0115/c58278-29023869.html。登录时间：2018 年 4 月 18 日。

区建设奠定基础、创造条件，加快推进商贸物流中心建设。为此，在中塔政府间经贸合作委员会框架下，又特设了中国新疆-塔吉克斯坦经济贸易合作分委员会，作为双边沟通贸易与磋商合作的常设机制。2011年，中国将乌鲁木齐对外经济贸易洽谈会升级为中国-亚欧博览会，每年在乌鲁木齐举办，这为中国与包括塔吉克斯坦在内的中亚国家提供了一个常设的制度化的交流与合作新的平台，助力中塔高层次、大规模贸易交流合作常态化。2014年9月13日，中塔两国关系提升为"战略合作伙伴关系"，双方政府的联合宣言中明确指出，"要发挥中塔政府间经贸合作委员会之间的重要作用"。在此基础上，我们可以以点带面，通过推动中国新疆与塔吉克斯坦的合作来推动整个中国西北其他省区与中亚的合作，从而更好地提升毗邻地区战略合作水平。

第三，应进一步加强安全合作，为中塔互联互通提供有力保障。

回顾历史，我们不难发现：丝绸之路兴于治而衰于乱，丝路沿线国家地区的安全是丝绸之路通畅的重要基础。目前，"一带一路"沿线地区多为发展中国家，政治不稳定因素较多，经济发展水平相对滞后。其中，塔吉克斯坦北接乌兹别克斯坦与吉尔吉斯斯坦，南临阿富汗，地区安全形势不容乐观。美军撤离之后，阿富汗面临着巴基斯坦"塔利班"与"基地"组织等诸多挑战，安全环境极为恶劣，也使得地区安全形势日趋紧张并充满变数。2014年以来，塔吉克斯坦已逮捕约150名境外接受恐怖主义行动训练的塔吉克斯坦人。据塔国家安全委员会公布的数据称，约有400多名塔国公民参与"伊斯兰国"组织的作战行动。① 此外，还有大量"三股势力"在阿富汗接受培训后又回到塔吉克斯坦，恐怖分子回潮又为塔吉克斯坦社会稳定增添了新的隐患。此外，阿富汗、伊朗、巴基斯坦交界处的"金新月"，是

① 《"一带一路"沿线国家安全风险评估》编委会：《"一带一路"沿线国家安全风险评估》，北京：中国发展出版社，2015年，第25页。

世界上规模最大的毒品生产基地，阿富汗则是世界上最大鸦片生产国与海洛因输出国，该地区"三股势力"通过毒品走私与跨境犯罪来换取资金，如"乌伊运"在 20 世纪 90 年代就通过阿富汗—塔吉克斯坦—吉尔吉斯斯坦—乌兹别克斯坦的路线进行毒品贩运，获得了巨额活动经费。塔吉克斯坦应对安全风险的能力相对比较薄弱，实现其国内政治平稳尚且不易，遑论有能力抵御跨境非宗教极端势力与恐怖组织的渗透。塔吉克斯坦与中国新疆接壤，这些不安定因素通过塔吉克斯坦渗透至中国境内的可能性极高。因此，中塔安全合作，对优化"一带一路"安全环境、保障沿线国家和地区的和平与发展，以及维护中国新疆的长治久安均具有重大现实意义。因此，中国一方面应加强与塔吉克斯坦在边境安全防务上的务实性合作，另一方面也应加强在上合组织框架下的传统与非传统安全合作，从双多边开展安全合作。

第六章
中国建设性参与阿富汗
社会重建的现状及对策

　　2001 年 12 月 22 日，阿富汗临时政府成立并正式行使职权。2002 年 1 月，阿富汗临时政府主席卡尔扎伊访华，中国政府宣布将在 2003—2007 年间向阿富汗战后重建提供援助，双方签署了中国向阿富汗提供紧急物资援助的换文。2002 年 2 月 6 日，中国驻阿富汗使馆正式复馆，中国建设性参与阿富汗战后重建的工作全面展开。在政治领域，中国积极支持国际社会解决阿富汗问题的共识和多边努力，避免通过双边渠道干预阿富汗内部事务；在社会领域，中国开展了卓有成效的重建工作。因此，中国在阿富汗社会重建中的建设性参与，既体现了中国积极推动解决周边地区热点问题的负责任立场，也彰显了中国构建"人类命运共同体"理念的重要实践与切实努力。

第一节　中国建设性参与阿富汗重建的历史与现状

　　2002 年 1 月，阿富汗临时政府主席卡尔扎伊访华，中国承诺向阿富汗提供 3 000 万元人民币紧急物资援助，100 万美元现汇，并宣布于 2002—2007 年间向阿富汗提供重建援助 1.5 亿美元。1.5 亿美元在最初的协议中分为两部分，一半为无偿援助，另一半则为优惠贷款，后来优惠贷款也转变为无偿援助，并以这笔资金修复了帕尔万水利工程、援建了喀布尔共和国医院等。2002 年 5 月，时任中国外交部长唐家璇访问阿富汗，签署了中国向阿提供 3 000 万美元无偿援助的经济技术合作协定。2002 年 11 月，阿富汗临时政府外长阿卜杜拉访华，中国向阿提供 100 万美元物资援助。2003 年，卡尔扎伊总统两次过境访问中国，中阿签署了三个合作文件，其中包括中国向阿富汗提供 1 500 万美元无偿援助的经济技术合作协定。① 2004 年，在阿富汗问题柏林国际会议上，中国宣布当年向阿提供 1 500 万美元无偿援助，另为阿富汗大选提供 100 万美元物资援助，并免除阿富汗 960 万英镑债务。②

2006 年 6 月，卡尔扎伊总统访华，双方签署《中华人民共和国阿富汗伊斯兰共和国睦邻友好合作条约》，并发表联合声明，宣布建立"全面合作伙伴关系"，中方愿与阿方加强教育、文化交流和人力资源开发等领域的合作，为阿富汗经济社会重建提供智力支持和帮助。两国政府还签署了贸易和经济合作协定，中方给予阿方 278 种对华出口商品零关税待遇。2006 年 11 月，中阿双方又签署了《禁毒合作协议》。2006—2007 年间，中国向阿提供了 1.6 亿元人民币无偿援助。2008 年，喀布尔大学成立了阿富汗首个孔子学院。2008 年 6 月，在法国巴黎"支持阿富汗国际会议"上，中国宣布向阿提供 5 000 万元人民币的无偿援助。③ 2009 年，中国向阿赠送价值 178.75 万美元

---

① 钱雪梅：《国家智库报告：阿富汗的大国政治》，北京：中国社会科学出版社，2017 年，第 142 页。

② 胡森：《中阿经贸合作的现状、问题及前景研究》，山东大学国际贸易学硕士学位论文，2006 年，第 2 页。

③ 《外交部长杨洁篪在"支持阿富汗国际会议"上的讲话》，中国政府网，2008 年 6 月 13 日，http://www.gov.cn/gzdt/2008-06/13/content_ 1015458.htm。登录时间：2018 年 6 月 11 日。

的清淤设备，提供价值 3 000 万元人民币的小麦（8 000 多吨）无偿援助，喀布尔共和国医院建设完成并移交阿富汗。2010 年 3 月，卡尔扎伊总统访华，中国向阿提供 1.6 亿元人民币的无偿援助，双方签署换文约定：从 2010 年 7 月 1 日起，中国给阿 60% 的产品提供零关税待遇；2011 年起，每年为阿提供 100 名政府奖学金名额，同时为阿开设农业、卫生、教育、经贸、通信和禁毒 6 个培训班。2010 年 6 月，第一次中阿经贸联委会在昆明举行。2011 年，中阿签署若干援助协定，包括中国援建阿富汗科教中心项目、喀布尔大学中文系教学楼和招待所项目；援赠救护车、教学物资、办公设备和总统府物资等。2011 年 12 月，在阿富汗问题波恩会议上，中国宣布向阿提供 1.5 亿元人民币无偿援助。①

2012 年 6 月，卡尔扎伊总统访华，中阿发表联合宣言，同意建立 "战略合作伙伴关系"；在同期举行的上海合作组织北京峰会上，阿富汗被上海合作组织接收为 "观察员国"，给阿富汗政府带来了与包括中国在内的其他成员国进一步发展关系的新机遇。2012 年 9 月，中阿双方签署了《中阿关于落实建立战略合作伙伴关系联合宣言的共同行动计划》以及经贸、文教卫生、安全合作协定。2012 年，中国完成了帕尔万水利项目二期增项工程援建任务，赠送阿富汗卫生部 100 辆救护车，同时，阿对华出口产品的零关税优惠扩大到 95%。

2013 年 9 月，卡尔扎伊再次访华，在双方发表的《中华人民共和国和阿富汗伊斯兰共和国关于深化战略合作伙伴关系的联合声明》中指出，中方欢迎阿方于 2013 年 11 月派遣艺术团及文化专家赴昆明参加第十三届亚洲艺术节，中方在 2013 年已为阿方举办经贸、财政、农业等培训班，年内还为阿开办了教育、水利等领域的培训班。同时，中方将为阿富汗青年来华留学提供包括政府奖学金在内的便利，

---

① 《中国将再向阿富汗提供 1.5 亿元人民币援助》，中新网，2011 年 12 月 20 日，http://www.chinanews.com/gn/2011/12-20/3543730.shtml。登录时间：2018 年 6 月 8 日。

支持在阿汉语教学，鼓励两国高校开展校际交流，中方将积极致力于利用双边及多边渠道加强与阿方在传统医药、灾难医学、新发传染病等领域的实质性合作。此外，2013 年，中国政府向阿方提供了 2 亿元人民币无偿援助，并签署了《中华人民共和国政府与阿富汗伊斯兰共和国政府经济技术合作协定》。2014 年 7 月，中国外交部首次就阿富汗事务设立特使机制，表明中国对阿富汗局势及中阿关系的高度重视。2014 年 8 月，中方主办了"伊斯坦布尔进程"第四次外交部长会议，该会议是阿富汗政府发起的旨在促进亚洲 14 个中心国家区域合作的重要进程之一。① 2014 年 10 月，阿富汗新任总统加尼访华，中阿双方发表了《中华人民共和国和阿富汗伊斯兰共和国关于深化战略合作伙伴关系的联合声明》，并宣布 2015 年为"中阿友好合作年"。根据中阿签署的经济技术合作协定，在 2015—2017 年间，中国向阿提供 15 亿元人民币无偿援助；2015—2019 年间，中国积极支持阿方加强能力建设，为阿富汗培训各领域专业人员 3 000 名，并提供了 500 个政府奖学金名额。② 此外，两国还签署了一系列经贸合作文件，包括援阿农业机械设备项目、共和国医院技术合作项目、共和国医院医护人员培训项目等。2018 年 6 月，国家主席习近平在青岛会见来华参加上合组织峰会的阿富汗总统加尼时指出，中方愿继续为阿富汗经济社会发展提供力所能及的帮助，支持阿富汗参与"一带一路"建设，加快实现同地区国家间的互联互通，促进人文交流，增进两国人民相互了解和友谊。加尼表示，阿富汗钦佩中国经济社会发展成就，感谢中方长期以来对阿富汗的大力帮助，阿富汗支持中方"一带一路"倡议和加强区域合作的重要主张，愿深化阿中双边各领

---

① ［阿］古尔·侯赛因·艾哈迈迪：《中国与阿富汗双边关系》，《南亚研究季刊》，2014 年第 1 期，第 108 页。

② 《中国与阿富汗关于深化战略合作伙伴关系的联合声明》，人民网，2014 年 10 月 29 日，http://politics.people.com.cn/n/2014/1029/c70731-25931466.html。登录时间：2018 年 6 月 2 日。

域及地区事务中合作。①

新冠疫情暴发后，中国向阿富汗提供了疫苗和防疫物资援助，帮助阿富汗抗击新冠疫情。2021 年 6 月 10 日，中国援助的新冠疫苗运抵喀布尔。加尼在交接仪式上表示，中方向阿方援助新冠疫苗是阿中友谊的充分体现，更是中国人民对阿人民支持的有力证明。② 截至 2021 年 7 月，中国已向阿富汗捐赠了六批抗疫物资，包括防护服、检测试剂、口罩和手套等。

可见，中国政府一贯积极参与阿富汗重建进程，并通过加强双边交流与合作、提供力所能及的援助、开展人力资源培训，以及医疗与教育等交流合作，力求发挥建设性作用。

第二节　中国参与阿富汗社会重建的案例分析

2001 年塔利班政权垮台之初，阿富汗是世界上医疗条件最差的国家之一。据联合国世界卫生组织透露，截至 2002 年 1 月，阿富汗共有 600 万人处于医疗条件恶劣的状态中。在塔利班执政时期，禁止培训医疗卫生人员，特别是女性，导致该国极度缺少医生，致使男子平均寿命仅有 43 岁，女子平均寿命为 47 岁。③ 世界卫生组织官员在结束对阿富汗的访问后对外界表示，重建医院和恢复医疗中心的正常运转是阿富汗卫生部门面临的首要问题，培训医务人员以及控制传染性疾病是解决问题的关键。

中国政府积极参与阿富汗医疗卫生领域的社会重建。2003 年 8

---

① 《习近平会见阿富汗总统加尼》，新华网，2019 年 3 月 27 日，http://www.xinhuanet.com/world/2018-06/10/c_ 1122964716. htm. 登录时间：2019 年 1 月 5 日。
② 《中国政府援助阿富汗新冠疫苗运抵喀布尔（患难见真情 共同抗疫情）》，《人民日报》，2021 年 6 月 14 日，03 版。
③ 四川大学南亚研究所课题组：《阿富汗：后冲突时期的稳定与重建》，北京：时事出版社，2015 年，第 156 页。

月，中国政府援助阿富汗战后重建的第一个项目就是喀布尔共和国医院重建工程。共和国医院是阿富汗规模最大的医院，拥有 250 张床位和许多训练有素的医生，在阿富汗国内极具影响力。但经过 20 多年的战乱，该医院不仅缺乏基本的医疗物资，更缺少常用的医疗设备，已难以正常运转。共和国医院重建项目是中国政府承诺为阿富汗战后重建所提供的 1.5 亿美元援助的一部分，是阿富汗战后金额最大的医疗机构建设项目。中国驻阿富汗大使孙玉玺曾指出，中国政府对阿富汗民生项目非常重视，重建后的共和国医院将成为阿富汗国内医疗条件最先进的医院。① 喀布尔共和国医院工程内容主要包括：全面维修医院主楼，重建三层辅助楼及门卫、道路、围墙等辅助设施，以及安装调试中国提供的发电机组和医疗设备等。阿卫生部官员对中国的援助极为赞许，认为待全部项目完工后，该医院定会成为阿富汗最好的医院。

　　在援建过程中，阿富汗国内形势仍较为严峻，恐袭事件时有发生。2004 年 6 月 10 日，中国中铁十四局集团公司援建阿富汗的公路建设项目盖劳盖尔工地遭到一伙武装分子的袭击，造成 11 名中国工人死亡，另有 4 名工人受伤。② 尽管如此，中国援建的喀布尔共和国医院依然正常推进。为了使喀布尔共和国医院能够在阿富汗社会重建中发挥更加显著的作用，在已有援建内容的基础上，2006 年 11 月，中国政府援建的医院新主楼工程开工，新主楼高 10 层，共有 350 个床位，总建筑面积约 1.7 万平方米。阿富汗总统卡尔扎伊出席了奠基仪式，并表示新主楼落成后，将给阿富汗民众就医带来极大便利。

　　喀布尔共和国医院工程于 2009 年全部竣工后，因为阿方的原因，

---

① 《中国援助的阿富汗医院项目开工》，中国驻阿富汗经商处网站，2003 年 8 月 4 日，http://af.mofcom.gov.cn/aarticle/jmxw/200308/20030800114822.html。登录时间：2018 年 6 月 5 日。

② 王凤：《列国志·阿富汗》，北京：社会科学文献出版社，2007 年，第 397 页。

长时间没有得到有效使用。2013 年 3 月，阿富汗内阁会议决定全面启用共和国医院，并要求将其建成喀布尔乃至阿富汗国内管理最完善、技术最雄厚、设备最先进的示范性医院，阿卫生部将逐步开展入迁工作。2013 年 10 月，应阿富汗公共卫生部长苏拉亚·达利勒邀请，中国驻阿富汗大使邓锡军考察了援阿共和国医院项目，并就支持阿方尽早启用医院事宜与苏拉亚部长交换了意见。① 苏拉亚部长对中国政府长期以来对阿提供大量无私帮助表示衷心感谢，肯定了中方援建的共和国医院是阿目前最先进的综合性医院，其本身就是两国政府和人民深厚友谊的最好见证，但由于阿方缺少必要运营资金和医护人员，医院移交后一直闲置。邓锡军大使则表示，共和国医院是中方援建的具有较高水平的综合性医院，中方将同阿方一道，共同推动医院尽快重启，推进阿富汗社会重建。

在中阿双方的共同努力下，2014 年 1 月，中国援建的喀布尔共和国医院正式开业，阿富汗第二副总统穆罕默德·哈利利在出席仪式时对中国的援助表示感谢，认为阿富汗每年有大量患者花巨资去邻国就医，中国援建的先进医院方便了阿富汗人民的就近就医。邓锡军大使表示，中方将继续与阿方密切合作，为共和国医院的运营维护和医护人员能力建设提供援助，推动共和国医院平稳运行，造福更多阿富汗人民。他同时也指出，中国在阿富汗的援建侧重于医院、教育和水利工程等能够让民众直接受益的民生项目。②

为了使援建共和国医院项目真正落到实处，2015 年，在中阿两国建交 60 周年暨"中阿友好合作年"期间，中国政府援助阿富汗共和国医院技术合作项目正式启动。该项目为期两年，总援助额 1 641

---

① 《驻阿富汗大使邓锡军考察我援阿共和国医院》，中华人民共和国驻阿富汗伊斯兰共和国大使馆网站，2013 年 10 月 9 日，http://af.china-embassy.org/chn/sgxx/sghd/t1086382.htm。登录时间：2018 年 5 月 30 日。

② 《中国援建的阿富汗共和国医院开业》，人民网，2014 年 1 月 21 日，http://world.peo-ple.com.cn/n/2014/0121/c157278-24187317.html。登录时间：2018 年 6 月 10 日。

万元人民币，内容包括对医院的土建装饰、通风空调、给排水、暖气供水、发电照明、电梯、弱电信号等系统及医疗设备进行维修维护，以及培训医院相关技术人员，提供部分设备、材料及零配件等。中国驻阿参赞指出，该医院的技术合作是民生窗口项目，中方专家组帮助阿方完善医院功能，将使阿富汗民众受益。喀布尔共和国医院院长帕尔迪斯认为，多年来中国对阿富汗的无偿援助，已在加快阿富汗文化、医疗、教育事业发展中发挥了巨大作用。①

　　此外，喀布尔大学孔子学院也是值得研究的成功案例。2001 年 9 月，英国《泰晤士报》记者玛丽·科尔汶在美国大兵压境时欲采访塔利班领导人奥马尔，但奥马尔拒绝了她的采访，并送来一封桃红色的亲笔信："我真的非常忙，我只接受那些非常重要人物的来访。在我们这个社会里，妇女几乎没什么事可做，所以我觉得没有必要接见像你这样的妇女。"奥马尔的回信折射出塔利班时期阿富汗妇女的地位。② 阿富汗重建后，教育事业尤其是女性教育得到了一定的重视。2004 年宪法明确规定，接受教育是阿富汗所有公民的权力，阿富汗致力于推动全国各地教育事业的平衡发展，其中包括促进女性教育水平的提高。尽管如此，阿富汗教育事业的持续发展仍是摆在阿富汗与国际社会面前的一项任重而道远的艰巨任务。基于此，中国在参与阿富汗社会重建中，高度重视对阿富汗教育、尤其是女性教育领域的援助。其中，喀布尔大学孔子学院已逐渐成为中阿在教育领域长期稳定的品牌合作项目。2008 年 3 月，喀布尔大学孔子学院启动，由中国太原理工大学与阿富汗喀布尔大学共同建设。喀大孔院建立之初，办学条件较为简陋，最初校舍只有一间很小的不足 30 平方米的教室、

----

① 《我国援助阿富汗共和国医院技术合作项目正式启动》，新华网，2015 年 1 月 22 日，http://www.xinhuanet.com/world/2015-01/22/c_ 127411287.htm。登录时间：2018 年 6 月 8 日。

② 蒲瑶：《国际妇女 NGO 在阿富汗：作用与挑战》，《当代世界与社会主义》，2007 年第 4 期，第 98 页。

一间 15 平方米的办公室和一间 15 平方米的汉语图书室。除办学条件差外，还缺乏师资力量和汉语教材，甚至中方和阿方都没有同时会说两种语言的老师。尽管如此，在该孔子学院的基础上，太原理工大学协助喀布尔大学筹建了阿富汗第一个汉语系，并于同年开始招收汉语专业本科生。在创办初期，喀大孔院的发展也受到阿富汗安全形势的严重制约。2011 年 10 月，中方人员甚至因安全原因撤离了阿富汗。之后，喀布尔大学向中国国家汉办提出复课申请。2013 年 4 月，中方决定恢复喀布尔大学孔子学院的运营工作。在复课仪式上，喀布尔大学校长哈比卜充分肯定了孔子学院在阿重建中的积极作用，中国驻阿富汗大使徐飞洪则重申了中国政府对教育援阿的重视，使馆也将尽全力支持阿富汗孔子学院和援阿项目建设。①

为进一步推动喀布尔大学孔子学院建设，中阿两国政府于 2011 年签订了援建阿富汗喀布尔大学中文系教学楼和招待所项目的换文。该项目属于中国成套援外项目、精装修交钥匙工程，是中国政府支持阿富汗战后重建的重要援助项目，也是传播中华文化的一座新桥梁。中国援建阿富汗喀尔大学项目包含中文系教学楼和招待所两部分，中文系教学楼为地上三层，总建筑面积 2 053.5 平方米，可容纳至少 200 名学生同时上课。招待所为地上四层、局部地下一层，总建筑面积 4 588 平方米，主要为喀布尔大学的外籍教师提供 48 套教师宿舍及配套设施。该项目于 2012 年 10 月开工，2014 年 12 月 23 日正式移交阿富汗，被称为"阿富汗最坚固、最漂亮的建筑"②。

基础设施的改善为孔子学院发展创造了新空间。2012 年以前，喀大中文系每届学生的规模都控制在 25 人左右；但从 2013 年开始，在阿富汗高教部的推荐下，该系年招生规模达到了 50 名左右。2013

---

① 《阿富汗喀布尔大学孔子学院举办复课仪式》，2013 年 4 月 8 日，中国新闻网，http://www.chinanews.com/hwjy/2013/04-08/4709175.shtml。登录时间：2018 年 6 月 8 日。

② 徐伟：《中企工程扮靓喀布尔大学》，《人民日报》，2015 年 1 月 23 日，22 版。

年，喀大孔院成功申办阿富汗首个汉语水平考试（HSK）考点；同年4月，HSK首次在阿富汗举行。之后，孔子学院相继开设了涵盖初级、中级、高级的各阶段汉语课程，同时包含了旨在培养听、说、读、写各种技能在内的所有汉语课程。2015年5月3日，喀布尔大学孔子学院为喀布尔大学非汉语专业学生开设了首期汉语培训班。2016年5月，阿富汗首次举行了"汉语桥"世界大学生中文比赛。此外，喀大孔院还从2016年起开设文化技能课程，对中国文化的传播和推广也起到了重要作用。文化技能课程包括定期组织开设相关课程，介绍和推广中国各项传统文化技能，如书法、中国画、剪纸、太极拳、中医、茶艺等。同时，还教授一些与阿富汗文化相关的技能，如阿富汗的武术、书法等。

随着汉语教学内容的丰富，喀布尔大学孔子学院在师资队伍建设及学生培养等方面均取得了显著进步。至2020年，喀布尔大学孔子学院培养并吸收了9名阿富汗本土汉语教师。① 在学生培养方面，喀布尔大学孔子学院（中文系）自2008年3月底开始招生后招生规模稳步增长，其中第一届学生15人（3名女生，11名男生）、第二届学生16人（2名女生，14位男生）、第三届学生24人（2名女生，22名男生）、第四届学生29人（6名女生，23名男生）、第五届学生50人（22名女生，28名男生）、第六届45人（10名女生，35名男生）、第七届学生63人（10名女生，53名男生）、第八届50人（15名女生、35名男生）。之后，逐年扩大招生规模，2013—2020年，招生人数达到每年50—70名。由历届优秀毕业生留校而充实起来的本土专职教师队伍也随之壮大，从1名扩大到现在的9名。②

---

① 刘颖、王西：《阿富汗中文教育的现状、挑战与发展建议》，《国际中文教育》，2022年第1期，第81页。

② 同上。

　　以此为基础，2016 年 10 月，阿富汗喀布尔大学孔子学院在马里法特学校开设了中文教学点。马里法特是喀布尔市基础教育最为著名的学校，集小学、初中、高中于一体，全校有 3 000 多名师生。中国驻阿大使姚敬高度认可喀大孔院和马里法特学校在推进阿富汗中文教学、促进中阿文化交流方面所作的贡献，鼓励学生认真学习中文，将来做增进中阿两国文化交流的友好使者，并表示中国驻阿富汗使馆将继续大力支持阿富汗中文教学事业。马里法特校长罗耶什则表示该校将积极推动中文教学工作，不断提升教学规模和质量，并欢迎中国师生来校访问、交流。中文教学点的开设，标志着马里法特学校在英语、法语之后，首次开设汉语课程，成为阿富汗全国第一所开设中文课程的中小学。继马里法特学校建立阿富汗首个汉语教学点后，2016年 11 月 20 日，第二个汉语教学点在阿维森纳大学开办。该汉语教学点也是与喀布尔大学孔子学院合作建立的。阿维森纳大学地处阿富汗首都喀布尔，是阿国内一流的私立大学。阿维森纳大学设立有外语学院，中文教学点就设在该学院。在合作中，喀布尔大学孔子学院不仅为阿维森纳大学提供了师资支持，也在汉语书籍方面提供了帮助。至此，喀布尔大学孔子学院形成了"一院两点"，从小学到大学的全覆盖教学模式。

　　喀布尔大学孔子学院之所以能在战乱频仍的阿富汗重建时期取得突出成就，与中方教师的奉献精神息息相关。喀布尔大学副校长拉赫纳·波帕尔扎伊就曾评价该校孔子学院是喀布尔大学最好的学院之一，并亲切地称孔院中方院长赵京武为"自己的阿富汗同事"。新疆财经大学的古丽尼沙·加马力老师于 2017 年 3 月到喀布尔大学孔子学院执教，与其结婚 35 年的丈夫吐尔逊提前办了退休手续来阿富汗陪伴妻子，却不幸在阿因病去世。古丽尼沙老师回国办理其丈夫后事时，很多人都劝她留在乌鲁木齐安享晚年，但她仅仅一周后就强忍悲痛回到喀布尔重执教鞭，因为她放不下阿富汗的学生，希望与阿富汗的同事和学生同甘共苦，用自己的教学成绩告慰丈夫。① 她的事迹在喀布尔大学广为传颂，为阿富汗教育重建注入了来自中国女性的精神力量。

2017 年 9 月，姚敬大使、阿高教部副部长卡尔扎伊、喀大校长法鲁奇参加了喀布尔大学孔子学院举办的"孔子学院日"系列活动，姚大使积极评价了喀大孔子学院在推广汉语教学、传播中华文化和促进中阿人文交流等方面的贡献。卡尔扎伊副部长感谢了中国政府对阿教育事业的帮助和支持，并认为当前阿正处于和平重建的关键时期，孔子学院为阿经济社会发展提供了重要的人才支撑。阿方愿与中方共同努力，推动两国教育合作再上新台阶。法鲁奇校长则指出，当前阿中关系蓬勃发展，汉语人才需求不断上升，孔子学院为阿富汗培养的大量毕业生，已在推动两国务实合作与友好事业发展中作用巨大。②

2017 年 12 月，在第 12 届全球孔子学院大会召开期间，也召开了阿富汗喀布尔大学孔子学院 2017 年度理事会。中国太原理工大学与阿富汗喀布尔大学校长，以及相关事务负责人参加了此次会议。中阿双方一致认为，阿富汗喀布尔大学孔子学院经过近 10 年的发展，目前运转顺利。汉语推广在阿富汗地区反响良好，受到孔子学院总部的认可和肯定，2017 年在校阿富汗学生已经达到 129 名，这些学生通过学习汉语国际教育课程，促进了中阿教育和文化交流，加深了中阿友谊，双方计划在学生互访和文化活动外，进一步推动科研、教育研究等方面的深度交流和全方位合作。③ 会议还围绕"太原理工大学-喀布尔大学孔子学院

① 《驻阿富汗大使刘劲松：中阿两国女性各顶半边天》，中华人民共和国外交部网站，2018 年 3 月 9 日，http://www.fmprc.gov.cn/web/dszlsjt_ 673036/t1540738.shtml。登录时间：2018 年 6 月 11 日。

② 《驻阿富汗大使姚敬出席喀布尔大学"孔子学院日"活动》，中华人民共和国外交部网站，2017 年 9 月 30 日，http://www.fmprc.gov.cn/web/wjdt_ 674879/zwbd_ 674895/t1498582.shtml。登录时间：2018 年 6 月 2 日。

③ 《我校召开阿富汗喀布尔大学孔子学院 2017 年度理事会》，太原理工大学官网，2017 年 12 月 12 日，http://ciee.tyut.edu.cn/info/1007/2385.htm。登录时间：2018 年 6 月 2 日。

运行协议的修订"和"汉语教师、志愿者派出及喀布尔大学孔子学院发展相关事宜"两个主题进行了深入讨论,并签署了会议纪要。

2018 年 5 月,在阿富汗外交学院、中国驻阿富汗大使馆和喀布尔大学孔子学院多次沟通磋商后,举行了喀布尔大学孔子学院阿富汗外交学院汉语培训班开班典礼,阿富汗外交学院院长莫海博·斯宾哈尔等出席仪式。该培训班是阿富汗政府部门与孔子学院的首次合作,第一期培训班招收外交官学员 10 人,为期 6 个月,每周 4 课时,共计 96 课时。由阿富汗外交学院提供教学场所,喀布尔大学孔子学院提供教学材料和教师。通过学习,使受训官员能够用汉语进行简单的表达和交流。[①] 2018 年 9 月,阿富汗喀布尔大学孔子学院青年领袖访华团成行,此次访问为期 13 天,有 11 位代表团成员来自阿富汗总统府、议会、外交部和国家安全委员会等政府部门。17 日,代表团访问了孔子学院总部,代表团成员感谢孔子学院总部提供的资助和访问机会,并希望未来将为两国人员、教育、商务往来和交流做出更大努力。18 日,代表团访问了外交部,与中国外交官就中阿关系、南亚和平与安全局势开展讨论,并对进一步加强双边合作、保持地区的安全和稳定达成共识。19 日,代表团与中国国际广播电台西亚非洲地区广播中心普什图语部进行了座谈交流活动,并希望未来能够在更多领域开展深层次合作。此外,阿富汗青年领袖代表团在华期间访问了中铁十四局。因为,中铁十四局集团在阿富汗的影响甚广。据喀布尔大学孔子学院中方院长李慧阳介绍,"孔子学院不少学生毕业后到中铁十四局阿富汗项目部工作,在那里学习成长进步,很多已成为项目管理的中坚力量"[②]。

---

① 《我校喀布尔大学孔子学院阿富汗外交学院汉语培训班开课》,太原理工大学官网,2018 年 5 月 3 日,http://www2017.tyut.edu.cn/info/1028/8431.htm。登录时间:2018 年 12 月 5 日,

② 《中铁十四局集团公司:筑牢中阿友好的基石》,环球网,2018 年 9 月 27 日,http://world.huanqiu.com/article/2018-09/13125789.html?agt=15438。登录时间:2018 年 11 月 15 日。

2019 年 2 月，中国驻阿富汗大使刘劲松到访喀布尔大学孔子学院，专程向孔院老师拜年，感谢他们的努力和奉献，并致以春节最美好的祝福。刘劲松指出，"需要更多懂中文、爱中国的外国朋友，需要国人有更多国际主义和人道主义的情怀，需要更多有战乱之地工作经验的人才。因此，阿富汗这块土地需要也值得中国人来耕耘"[①]。

此外，喀布尔大学孔子学院的发展也在整体上推动了中国建设性参与阿富汗教育重建的不断深化。2014 年 4 月 15 日，中国出资援建的阿富汗国家科教中心正式落成，阿富汗教育部长法鲁克·瓦尔达克在项目交接仪式上称，该中心设计独特、设施先进，是双方在教育领域合作的典范，也是阿富汗现代教育的里程碑式的建筑。2017 年 4 月，中国援助阿富汗国家职业技术学院项目正式开工，工程主要包括新建教学楼、综合楼、宿舍楼、汽修车间技术升级改造。2017 年 10 月，中国援阿富汗喀布尔大学综合教学楼和礼堂项目开工典礼举行，该项目总建筑面积约 14 100 平方米，其中综合教学楼 8 350 平方米，礼堂 5 200 平方米，设备用房 550 平方米，主要包括建筑物的主体结构、建筑装饰装修、强弱电系统、给排水系统、空调通风系统、教学办公设备安置、室内家具器具、室外工程等，建成后将成为喀布尔大学最大的建筑综合体。阿富汗首席执行官阿卜杜拉代表阿富汗政府阐释了中国政府援助的阿富汗喀布尔大学综合教学楼和礼堂项目，以及其他的教育援助项目对阿富汗社会重建的重大意义，肯定了中方对阿富汗教育领域的贡献与合作意义，并指出阿富汗目前处于战后重建的关键时期，人才需求量巨大，该项目将成为促进阿富汗高等人才培养及阿中两国人文交流的巨大助力。[②] 2018 年 12 月，由中国十九冶集团承建的

---

① 《驻阿富汗使馆：驻阿富汗大使刘劲松慰问春节期间留守工友和孔院老师》，中华人民共和国外交部网站，2019 年 2 月 8 日，https：//www.fmprc.gov.cn/web/zwbd_ 673032/jghd_ 673046/t1636196.shtml。登录时间：2019 年 2 月 15 日。

② 《中国援阿富汗喀布尔建筑物项目开工典礼举行》，新华网，2017 年 10 月 10 日，http：// www.xinhuanet.com/world/2017-10/11/c_ 1121782692.htm。登录时间：2018 年 5 月 25 日。

援阿富汗喀布尔大学综合教学楼和礼堂项目顺利通过中国商务部经济合作事务局组织的中期验收检查，工程质量评定为最高等级"优良"。

在中国等国际社会的多方帮助下，阿富汗的教育重建成效渐显。2013 年 5 月 18 日，教科文组织总干事伊琳娜·博科娃在阿富汗教育部长法鲁克·瓦尔达克的陪同下参观了喀布尔的爱莎·杜兰妮学校。该校以首位创办阿富汗女子学校的女性名字命名，它曾在战争中受到重创。博科娃指出："在这所学校里，我看到了阿富汗取得的巨大教育成就，2001 年时还没有一个女生能够进入学校学习。阿富汗具有悠久的历史，现在又拥有世界上最年轻的人口，你们可以通过下一代的共同努力将国家的命运掌握在自己的手中。"①

教育重建是一个漫长的过程，当前阿富汗依然有约 370 万失学儿童，其中 70% 是女童。面对国内政治及经济领域重建的压力，阿富汗政府仍宣布将 2018 年命名为"教育年"，将教育事业置于优先地位。时任该国教育部长米尔韦斯·巴尔希认为，"教育是对抗战争、贫穷和失业的利器"②，并明确表示，阿富汗政府正着力加大投入、创造条件以发展国民教育。

总之，中国通过医疗、教育等关键性民生项目援建来参与阿富汗社会重建，与美西方的行径形成鲜明对比，并对中阿关系发展、阿富汗战后重建乃至阿富汗和平进程等均产生了深远影响。

第三节 "一带一路"下深化推进
中国参与阿富汗重建的对策

第一，应仍以民生为抓手进一步改善阿富汗民生状况。

---

① 陶媛：《阿富汗致力于保护女童的受教育权》，《世界教育信息》，2013 年第 12 期，第 74 页。

② 丁雪真：《阿富汗儿童教育困局难解》，《人民日报》，2018 年 6 月 6 日，21 版。

医疗卫生建设是民生建设的重要组成部分，中国政府对喀布尔共和国医院的援助，改善了阿国内的医疗卫生状况，有助于阿富汗重建工作的顺利进行。教育也是国家民生建设中不可缺少的重要组成部分，在社会和经济持续稳定发展中的影响力和作用日益凸显。2014年10月29日，阿富汗财长阿什拉夫·加尼在首都喀布尔宣誓就任阿富汗总统。加尼在就职讲话中表示，打击腐败、进行革新、减少贫困并改善阿富汗人民的生活水平是阿富汗政府近期的第一要务。① 通过阿富汗10余年来的重建历程，阿政府已意识到民生在国家重建中的重要性，中国政府以喀布尔大学孔子学院为抓手，一定程度地提升了阿富汗国内高校及中小学学生、尤其是女性的文化素质，并深化了两国高校间各学科领域的交流，从而为阿富汗青年创造更多就业机会提供了必要条件。中国在民生等社会重建领域积累的经验为中阿进一步深化社会重建项目合作奠定了基础，尤其是中国对阿富汗的教育基础设施援助，不仅在阿富汗产生了良好的社会效益，还向世界展现了一个切实帮助朋友、关心对方社会发展和民生问题的负责任大国形象。因此，中国今后应仍以民生为抓手进一步改善阿富汗社会发展状况，切实推进阿富汗重建进程。

第二，应进一步加强阿富汗重建人才合作培育机制建设。

中国参与阿富汗社会重建以来，以培养阿富汗医疗人才、教育人才为抓手，有力地推动了阿专业技术人才的培养。从2004年至今，中国政府已相继针对阿富汗重建开设了阿富汗护理人员培训班、阿富汗公共卫生高级官员研修班、阿富汗农业研修班、阿富汗教育研修班、阿富汗种植业管理研修班、阿富汗防洪经验研修班、阿富汗灾害管理研修班、阿富汗经贸研修班、阿富汗新闻媒体管理研修班、阿富汗铁路规划与管理研修班、阿富汗高级邮政官员研修班、阿富汗农业

---

① 《阿富汗新总统加尼宣誓就职　前总统卡尔扎伊祝贺》，中新网，2014年9月29日，http://www.chinanews.com/gj/2014/09-29/6644137.shtml。登录时间：2018年6月11日。

发展政策与经验研修班、阿富汗财政研修班、阿富汗国家公共管理研修班、阿富汗禁毒反恐研修班、阿富汗矿产开发与管理研修班、阿富汗电信研修班等，从社会领域的人才培养逐渐扩展至阿富汗重建的各个领域，从根本上提升了阿富汗自身的长期重建能力。因此，今后应更加有步骤、成机制地为阿富汗重建培养人才，中阿更应加强机制建设，开展人力资源合作，从根本上提升阿富汗的重建能力。

第三，应进一步提振阿富汗重建的社会信心

尽管阿富汗战争结束至今已近20年，但阿富汗国内的安全形势依然堪忧，频繁发生的恐怖袭击依然困扰着阿富汗民众的发展信心。受阿富汗形势的影响，巴基斯坦、塔吉克斯坦、吉尔吉斯斯坦等中国西部周边国家及克什米尔等地区安全形势也不稳定，民众的发展信心面临诸多挑战。在社会重建领域，中方承诺加大对阿和平重建的支持力度，包括帮助阿方制订国家经济社会发展规划、培训各类人才、发展农业、水电和基础设施建设，推动中方在阿矿产和能源投资项目取得实际进展，促进阿国内经济发展和民生改善。中方重申支持阿富汗融入地区合作，欢迎阿方积极参与"丝绸之路经济带"与中巴经济走廊建设。[①] 从具体社会重建项目的运作来看，不少项目的内核建设仍有较大提升空间，如喀布尔大学的孔子学院应进一步加强中国文化传播，通过开设相关文化课程及活动，让阿方学生了解中国传统文化与当代中国，并从中国民众对国家发展的热情与信心中汲取借鉴经验，以提振阿富汗民众对国家重建的信心。这类活动如能走进喀布尔社区，则可吸引更多的阿富汗民众了解中国文化与当代中国。在此基础上，应通过在阿国内主要大城市增设汉语教学点或新建孔子学院，使阿富汗的汉语教学机构形成整体布局，为更多阿富汗青年和民众了

---

① 《王毅：中巴经济走廊将以适当方式向阿富汗延伸》，人民网，2017年12月27日，http://world.people.com.cn/n1/2017/1227/c1002-29731923.html。登录时间：2018年5月25日。

解中国，进而为提振阿富汗社会重建信心提供强有力的支持。

目前，阿富汗社会重建面临美军撤离所致的诸多新挑战，中国正通过劝和促谈、邻国外交及人道主义援助等方式，继续参与阿富汗社会重建并积极应对困难时期的严峻挑战，彰显出一个负责任大国建设性参与阿富汗社会重建的应有风范。

第七章
中巴经济走廊建设的进程、挑战及其对策

　　1950 年 1 月 4 日，巴基斯坦宣布承认中华人民共和国中央人民政府为中国合法政府。1951 年中巴正式建交，巴基斯坦成为与我国建交的第一个伊斯兰国家。20 世纪 50 年代以来，中巴两国高层互访极大地推动了双边友好合作的进程。20 世纪 60 年代，中巴战略互信关系进一步深化。1963 年 3 月，中巴签订了《中华人民共和国政府和巴基斯坦政府关于中国新疆和由巴基斯坦实际控制其防务的各个地区相接壤的边界的协定》（简称《中巴边界协定》），使两国历史遗留边界问题得到了解决，为中巴战略互信奠定了基础。1991 年，随着世界格局的变化，以及印度外交战略的调整与中印关系的改善，中巴战略互信未受冲击且得以加强。20 世纪末，时任国家主席的江泽民在访问巴基斯坦时提出"中巴两国将构筑面向 21 世纪全面合作伙伴关系"的理念，得到了巴方领导人的赞同。此后，"全天候全方位"在两国领导人共同发表的多份《联合宣言》中反复出现，并进入各自政府的正式文件。[1] 2005 年 4 月，两国签署了《中华人民共和

---

① 　张蕴岭主编：《中国与周边国家：构建新型伙伴关系》，北京：社会科学文献出版社，2008 年，第 274—275 页。

国和巴基斯坦共和国睦邻友好合作条约》，致力于发展更加紧密的战略合作伙伴关系。2015 年 4 月 20 日，国家主席习近平出访巴基斯坦时，中巴发表了《中华人民共和国和巴基斯坦伊斯兰共和国关于建立全天候战略合作伙伴关系的联合声明》，双方领导人一致同意将中巴关系提升为"全天候战略合作伙伴关系"，以深化中巴命运共同体内涵。同时提出要"深化战略合作、实现共同发展、坚持世代友好、共对安全挑战与加强国际协作"，以中巴经济走廊为引领，以瓜达尔港、能源、交通基础设施和产业合作为重点，形成"1+4"经济合作布局。① 因此，双方共建中巴经济走廊，是打造"全天候战略合作伙伴关系"的重要抓手，也是"一带一路"建设的关键。

第一节　"一带一路"下中巴经济走廊的建设进程

中巴经济走廊，北起中国新疆喀什，南至巴基斯坦瓜达尔港，连接着"丝绸之路经济带"与"21 世纪海上丝绸之路"，打通了中国至印度洋沿岸国家的陆地交通线。2015 年 3 月发布的《推动共建丝绸之路经济带和 21 世纪海上丝绸之路的愿景与行动》明确指出，中巴经济走廊与推进"一带一路"建设关联紧密，要进一步推动合作，取得更大进展。目前，中巴经济走廊建设正在有序推进当中，且成效初显。

一是瓜达尔港口建设。瓜达尔港三面环海，是天然良港。它位于阿拉伯海的北端，紧邻扼守着全球石油运输的霍尔木兹海峡，是波斯湾通往东亚与太平洋地区的沿线重要港口。2013 年，巴基斯坦政府决定将瓜达尔港 40 年的经营权从新加坡国际港务局移交至中国海外

---

① 《习近平同巴基斯坦总理谢里夫举行会谈 双方决定将中巴关系提升为全天候战略合作伙伴关系》，新华网，2015 年 04 月 21 日，http://www.xinhuanet.com/world/2015-04/21/c_1115031072.htm。登录时间：2018 年 5 月 27 日。

港口控股有限公司。① 随后，瓜达尔港得到了迅速发展，如 2016 年 11 月 13 日，中远海运"克斯克·威灵顿"号满载从新疆喀什运到巴基斯坦的货物从瓜达尔港起锚前往西亚、非洲地区，这不仅标志着中巴经济走廊正式贯通，也表明瓜达尔港正式开航启用，力争使"一走廊、多通道"的理念变为现实。巴基斯坦总理谢里夫在开航仪式上称，巴基斯坦位于南亚、中亚和中国三个增长引擎的交叉点，中巴经济走廊将帮助这些地区融入经济区，为该地区的民众以及来自世界各地的投资者提供巨大的机遇。② 2020 年 1 月 14 日，瓜达尔港根据《阿富汗-巴基斯坦过境贸易协定》首次系统性开展阿富汗中转货物，为当地创造了近千个工作岗位，再次完成了一项历史性举措。新冠疫情暴发以来，港口已处理了 10 万余吨阿富汗转运货物。2022 年初，占地超过 2 220 英亩的二期项目，已处于紧张建设阶段。③ 此外，瓜达尔自由区已于 2018 年 1 月正式投入实际运营，现已建设成集道路交通、水电通讯、安全防护、垃圾处理等功能于一体的现代化园区。仅自由区一期的起步区就吸引了涉及酒店、银行、保险、金融租赁、物流、海外仓储、粮油加工、渔业加工、家电组装等行业的 30 余家中巴两国企业，直接投资额超 30 亿人民币，全部入驻后将为当地创造 2 000 多个就业岗位。④ 可以预见，自由区建设将助力瓜达尔港成为亚非地区的商业枢纽，进而改善周边的经济状况。

二是电力基础设施建设。能源供给紧张，尤其是电力短缺是巴基

---

① 《瓜达尔港部分土地使用权移交中方 中巴互利共赢》，新华网，2015 年 11 月 13 日，http://www.xinhuanet.com/world/2015-11/13/c_ 128423778. htm。登录时间：2018 年 6 月 14 日。

② "First Large Chinese Shipment to Gwadar, Pakistan", The Maritime-Executive, 2016-11-13, https://maritime-executive.com/article/first-large-chinese-shipment-to-gwadar-pakistan # gs. L8PhvgU。登录时间：2018 年 5 月 29 日。

③ 《2022，瓜达尔港扬帆再起航》，中国经济网，2022 年 1 月 10 日，http://cen.ce.cn/more/202201/10/t20220110_ 37242045. shtml。登录日期：2022 年 7 月 25 日。

④ 《巴基斯坦瓜达尔自由区举行开园仪式》，新华网，2018 年 1 月 30 日，http://www.xinhuanet.com/world/2018-01/30/c_ 1122336952. htm。登录时间：2018 年 5 月 29 日。

斯坦在国家安全、经济发展及民众生活等领域面临的突出问题。由于资金缺乏、技术水平低、电力进口可能性低等因素，巴基斯坦要在短时期内解决其电力危机必须从其他国家引进资金、技术及建设经验。而在当前中巴经济走廊的建设中，提升巴基斯坦电力供给能力也成为了中巴双方最为关切的领域之一。基于此，在习近平主席于 2015 年访巴期间确定的 460 亿美元的项目中，就包含了 18 个能源项目，总装机容量为 1 388 万千瓦，总投资额则达到了 270 亿美元。[①] 而在当前中巴经济走廊具体实施框架下，则有 16 个优先实施的能源项目，装机容量达 1 040 万千瓦，这些项目的建设将极大地帮助巴基斯坦缓解其电力短缺问题，最值得注意的是对于生态环保的重视。如总投资约 18 亿美元的中巴经济走廊"优先实施"项目之一的萨希瓦尔燃煤电站，是中国华能在"一带一路"框架下于海外建设的第一个大型高效清洁煤电项目，项目的两台机组已于 2017 年 6 月全面建成并实现投产发电，全部投产年发电量可达 90 亿千瓦时，将能满足巴基斯坦 1 000 万人口的用电需求，有望填补巴基斯坦四分之一用电缺口。[②] 同时，1 320 兆瓦卡西姆港燃煤电站已于 2017 年 11 月 29 日并网发电；[③] 660 兆瓦胡布燃煤电站的一号机组已于 2018 年 12 月 29 日成功并网发电，后续将再建 660 兆瓦二号机组；[④] 信德省塔尔煤田 ii 区块二期坑口燃煤电站已于 2018 年 12 月 17 日开建，2021 年 12 月 24 日

---

① 《中巴经济走廊 18 个能源项目总装机容量达 1388 万千瓦》，中华人民共和国商务部官网，2015 年 7 月 21 日，http://www.mofcom.gov.cn/article/i/jyjl/j/201507/20150701052079.shtml。登录时间：2018 年 6 月 14 日。

② 冯粒、常红：《萨希瓦尔电站有望填补巴基斯坦 1/4 用电缺口》，《人民日报》，2017 年 7 月 4 日，3 版。

③ 《"中巴经济走廊"首个落地能源项目：巴基斯坦卡西姆燃煤电站首机投产发电》，中国能源网，2017 年 11 月 30 日，http://www.cnenergy.org/tt/201711/t20171130_448731.html。登录时间：2019 年 3 月 29 日。

④ 《中巴经济走廊中电胡布电厂一号机组成功并网》，新华网，2019 年 1 月 2 日，http://www.xinhuanet.com/power/2019-01/02/c_1123935380.htm。登录时间：2019 年 3 月 29 日。

完工，① 2022 年 7 月首次并网成功。

值得关注的是，大量的电力项目采用清洁能源。其中，884 兆瓦苏基·克纳里水电站 2016 年 12 月开建，2022 年 9 月 10 日实现引水隧洞顺利贯通，预计年发电量为 32.21 亿度，占巴基斯坦水电发电量的7.5%，建成后将解决巴基斯坦五分之一的电力缺口；② 720 兆瓦卡洛特水电站 2015 年开建，2022 年 6 月 29 日全面投入商业运营后，卡洛特水电站成为巴基斯坦第五大水电站，每年将提供 32 亿度廉价清洁电能，可满足约 500 万人口用电需求，将有效缓解巴基斯坦电力供需矛盾。③中兴能源巴哈瓦尔普尔光伏电站 300 兆瓦机组已于 2016 年 6 月竣工，年发电量达 4.8 亿度，可满足 20 万个巴基斯坦家庭的日常用电需求④；100 兆瓦联合新能源巴基斯坦吉姆普尔风电 1 期项目于 2017 年 6 月竣工并投入商用，每年发电量可惠及当地 50 万户家庭；⑤ 100 兆瓦三峡风电二期和三期项目于 2018 年 6 月投入商用；位于卡拉奇沿海的 50 兆瓦大沃风力发电项目于 2017 年 4 月 3 日投入商用；⑥ 50 兆瓦萨察尔（SA-CHAL）风电项目于 2017 年 4 月竣工并投入商用。⑦ 核能项目也是电力

① 《塔尔煤田 ii 区块二期 tel1×330 兆瓦坑口电站正式开工》，凤凰网，2018 年 12 月 18 日，http://wemedia.ifeng.com/93581757/wemedia.shtml。登陆时间：2019 年 3 月 29 日。
② 《中国葛洲坝集团在巴基斯坦修建的苏基·克纳里水电站即将迎来施工高峰期》，中央广电总台国际在线网，2018 年 9 月 5 日，http://news.cri.cn/20180905/fa64e759-aeb5-4724-e66c-711a860999d0.html。登录时间：2019 年 3 月 29 日。
③ 《巴基斯坦水电站里的中国智慧》，光明网，2022 年 7 月 2 日，https://m.gmw.cn/baijia/2022-07/02/1303024608.html。登录时间：2022 年 7 月 23 日
④ 《专访：中巴经济走廊总体进展顺利——访中国驻巴基斯坦大使孙卫东》，新华网，2016 年 6 月 24 日，http://www.xinhuanet.com/world/2016-06/24/c_1119108622.htm。登录时间：2018 年 5 月 30 日。
⑤ 《中巴经济走廊最大风电项目竣工投产》，中国一带一路网，2017 年 9 月 1 日，https://www.yidaiyilu.gov.cn/xwzx/hwxw/25728.htm。登录时间：2019 年 3 月 29 日。
⑥ 《三峡巴基斯坦风电二期项目第三风场倒送电成功》，三峡国际能源投资集团有限公司官网，2018 年 5 月 21 日，http://www.ctgi.cn/sxgjzwz/xwzx90/gsyw7/730176/index.html。登录时间：2019 年 3 月 29 日。
⑦ 《中国电建巴基斯坦 SACHAL 风电项目正式竣工》，国际新能源网，2017 年 8 月 17 日，http://newenergy.in-en.com/html/newenergy-2301507.shtml。登录时间：2019 年 3 月 29 日。

基础设施建设的亮点。2017 年 9 月 8 日，中国核建集团承建的恰希玛核电 4 号机组竣工，这标志着恰希玛核电一期工程 4 台机组全面建成。该项目将进一步缓解巴基斯坦电力紧缺的困境，缩短巴基斯坦城市和农村的停电时间，推动国家经济建设，提升巴国内民众的生活质量。①

此外，在电网建设方面巴基斯坦同样处于滞后状态，不仅存在输电设备与线路老化的问题，而且贫、富电地区的电力供应也很难通过地区间输电得到有效调剂。为改变这一状况，2015 年 4 月，中国国家电网与巴基斯坦水电部和国家输电公司签订了《默蒂亚里—拉合尔和默蒂亚里/卡西姆港—费萨拉巴德输变电项目合作协议》，这是巴基斯坦首个向境外投资者开放的输变电项目。国家电网公司通过该项目为巴基斯坦提供整体性电力解决方案，已缓解了巴基斯坦中北部地区缺电严重的情况，同时也为"中巴经济走廊"建设框架中的项目提供电力配给。

三是陆上交通建设。巴基斯坦公路基础设施薄弱，截至 2016 年，其公路密度仅为 0.32 公里/平方公里，在南亚处于最低水平；运输能力较高的铁路运输建设长期停滞不前，其铁路电气化运营里程仅为 293 公里，不到铁路总运营里程的 3.8%。其中，作为中巴交通基础设施合作典范的喀喇昆仑公路，则是巴基斯坦与中国之间仅有的陆上通道，该公路北起中国新疆喀什，南至巴基斯坦北部重镇塔科特，全长 1 224 公里，一期升级改造工程于 2016 年 10 月建成，② 二期项目路段于 2020 年 8 月全线贯通。③ 在中巴经济走廊的建设中，喀喇昆仑

① 《恰希玛核电一期工程全面建成 中国核建持续为核电"走出去"发力》，国务院国有资产监督管理委员会官网，2017 年 9 月 11，http://www.sasac.gov.cn/n2588025/n2588124/c7853516/content.html。登录时间：2018 年 6 月 1 日。

② 《中巴经济走廊重点建设项目巡礼：交通基础设施篇》，新华网，2016 年 7 月 28 日，http://www.xinhuanet.com/world/2016-07/28/c_ 129183293.htm。登录时间：2018 年 6 月 14 日。

③ 《巴基斯坦喀喇昆仑公路二期项目全线通车 中国交建承建》，国务院国有资产监督管理委员会网站，2020 年 8 月 14 日，http://www.sasac.gov.cn/n2588025/n2588124/c15365339/content.html。登录时间：2021 年 7 月 26 日。

公路将成为连接中巴的重要贸易通道。

此外，白沙瓦至卡拉奇高速公路项目（苏库尔至木尔坦段）于2016年5月开工，该高速公路全长1 152公里，其中的苏库尔至木尔坦段392公里，全线按照双向6车道、时速120公里标准设计，工期36个月，总合同金额折合人民币约184.6亿元。白沙瓦至卡拉奇高速公路沿线地区的国内生产总值占巴总量的90%以上，人口达1.38亿，该项目建成后将成为连接巴基斯坦南北的经济动脉。[①] 2018年5月，该项目的拉合尔至木尔坦段已经完工通车，以此为主干的中巴经济走廊交通网络正在形成。2020年10月25日，由中国企业承建的巴基斯坦拉合尔轨道交通橙线项目，在中国北京和巴基斯坦旁遮普省拉合尔市以视频连线的方式举行了运营开通仪式。该项目位于巴基斯坦第二大城市拉合尔，全长27公里，设车站26座，于2015年4月20日在中国国家主席习近平见证下签约，合同总金额达16亿美元。该线路的开通开启了巴基斯坦的地铁时代，成为新时代中巴友谊的新象征。[②] 随着巴基斯坦陆海交通基础设施的逐渐完善，不仅会促进中国新疆与巴基斯坦的交流与合作，也会对"一带一路"建设产生示范与辐射的作用。

四是瓜达尔机场的建设。2019年3月29日，中巴经济走廊框架下的重点项目巴基斯坦瓜达尔新国际机场奠基仪式在瓜达尔港区内举行。瓜达尔港新国际机场建立后，将彻底解决当前机场只能供小飞机短途飞行的缺陷，促进瓜达尔的经济发展与外界的联通，并带动瓜达尔自由区和港口的发展。据瓜达尔新国际机场项目管理公司中国民航机场建设集团有限公司介绍，瓜达尔新国际机场是中巴经济走廊的重点项目，投资额约为17亿元人民币。新机场位于瓜达尔市东北26公

---

① 《中巴经济走廊最大交通基础设施项目在巴开工》，新华网，2016年5月7日，http://www.xinhuanet.com/2016-05/07/c_ 1118822193.htm。登录时间：2018年6月1日。

② 《中巴经济走廊建设进入重要阶段》，《经济》杂志-经济网，2021年4月13日，https://www.jingji.com.cn/gjzx/203181。登录时间：2021年7月27日。

里处，占地约 18 平方公里，拥有 1 条 4F 等级的跑道、5 个 C 类停机位，同时建造一座 1.4 万平方米的现代化航站楼，项目建成后，将成为该地区的现代化标志性建筑。瓜达尔机场的建设方案充分考虑到了持续发展的可能性，在一期建设的基础上，也为之后预留了充足的发展空间。瓜达尔新国际机场预计将于 2026 年达到 50 万人次的吞吐量，届时将显著改善瓜达尔地区的基础设施和对外交通条件，并为港口及城市未来发展打下更好的基础。①

五是中巴经济走廊巴方相关专业人才的培训。巴基斯坦全国人口为 2.1 亿，35 岁以下青年占总人口的 63%，文化程度普遍较低，有技术、技能的劳动力匮乏。中巴经济走廊很多项目的技术和管理对从业人员的要求很高，例如水电站、火电站、光伏电站、核电站、大型国际机场、绕城轨道交通、高等级铁路、通信光缆、油气管道、高速公路等，这些岗位需要培养大批职业技术工人。近年来，巴基斯坦联邦政府已尝试以拨款、直接投资等形式促进青年培训教育。如 2016 年，联邦政府就拨款 2.2 亿美元设立"总理青年培训计划"，并明确指出，巴国内职业技能培训领域市场需求巨大。② 在巴方的推动下，中方也已开始积极参与探索解决巴基斯坦职业技术培训能力不足及技术、技能型劳动力匮乏问题的有效方法。如 2017 年 8 月，国家发改委国际合作中心成功举办了"巴基斯坦—中国职业技术教育国际合作交流会"③；2018 年 11 月巴基斯坦总理访华时，中巴两国在联合声明中，确认"中方同意在技术和职业培训领域向巴方提供支持，包括职业培训机构升级、职业培训人员交流和职教人员能力建设，为中巴经济走

---

① 《巴基斯坦新瓜达尔国际机场举行奠基仪式》，人民网，2019 年 3 月 30 日，http://world. people. com. cn/n1/2019/0330/c1002-31004150. html。登录时间：2019 年 3 月 30 日。

② 《"一带一路"为中巴职业教育合作创造巨大机遇》，中国网，2017 年 8 月 10 日，http://m. china. com. cn/wm/doc_ 1_ 12_ 459353. html。登录时间：2019 年 3 月 29 日。

③ 《发改委国际合作中心举办"巴基斯坦—中国职业技术教育国际合作交流会"》，中国一带一路网，2017 年 8 月 10 日，https://www. yidaiyilu. gov. cn/xwzx/bwdt/22900. htm。登录时间：2019 年 3 月 29 日。

廊建设培养熟练劳动力"。2018 年 12 月召开的中巴经济走廊联委会第八次会议，中巴双方就建立职业技术培训中心及友谊医院等走廊项目融资安排进行磋商；① 2019 年 3 月，中巴双方签署了援巴瓜达尔职业技术学校项目实施协议和援巴瓜达尔医院项目实施协议。② 2021 年 10月 1 日，瓜达尔职业技术学校举行竣工仪式。该项目是瓜达尔地区首个完工的走廊社会民生项目，职业技术学校每年可培养超过 1 000 名技术人才，为瓜达尔乃至俾路支省发展提供巨大助力。③

可见，中巴经济走廊这一"一带一路"的"旗舰项目"建设成效已初步显现，前景值得期待。

第二节　中巴经济走廊建设面临的主要挑战

中巴经济走廊建设面临诸多挑战，就外部挑战而言，主要包括：

一是由阿富汗安全局势不断恶化所造成的负面影响。近年来，由于美国趋于收缩的反恐战略、"塔利班"势力的重新崛起以及阿富汗政府内部的争斗等，使得阿富汗的安全形势日益恶化。巴基斯坦与阿富汗之间有 2 430 公里的边界线④，巴阿边境线是英印政府外交大臣杜兰在 1893 年划分的，因此也称为"杜兰线"。但是历届阿富汗政府都不承认"杜兰线"的合法性，认为这是大国强加给小国的边境线。由于阿富汗政府强烈反对"杜兰线"，故在 1947 年巴基斯坦申

① 《中巴经济走廊联委会第八次会议在北京召开》，中国经济网，2018 年 12 月 20 日，http://www.ce.cn/xwzx/gnsz/gdxw/201812/20/t20181220_ 31080099.shtml。登录时间：2019年 3 月 29 日。

② 《巴基斯坦新瓜达尔国际机场举行奠基仪式》，人民网，2019 年 3 月 30 日，http://world.people.com.cn/n1/2019/0330/c1002-31004150.html。登录时间：2019 年 3 月 30 日。

③ 《中国援助巴基斯坦瓜达尔职业技术学校举行竣工仪式》，中华人民共和国商务部网站，2021 年 10 月 8 日，http://karachi.mofcom.gov.cn/article/c/202110/20211003204752.shtml。登录时间：2022 年 7 月 25 日。

④ 胡仕胜：《巴基斯坦与阿富汗关系轨迹》，《国际资料信息》，2002 年第 3 期，第 12 页。

请加入联合国时，阿富汗投了唯一的反对票。2001 年美国入侵阿富汗，导致了巴基斯坦境内的难民尤其是普什图族难民数量的急剧增多。以阿巴边境最大城市白沙瓦为例，该城本国居民约有 100 万，而阿富汗难民则有 300 万左右。整体来看，阿富汗难民分散于 80 个建在巴基斯坦西部与阿富汗交界地带的难民营，这些难民营对跨境武装网络、巴国内各种武装派别，以及难民学校产生了复杂的影响，其中一些难民营甚至成了武装组织的兵源地。① 2018 年初，美国总统特朗普宣布终止对巴基斯坦的军事援助，直到巴基斯坦政府采取 "决定性的行动" 打击激进分子。② 2021 年 4 月，美国总统拜登宣布撤出在阿富汗的所有美军部队。2021 年 8 月后，塔利班加大了对阿政府军的攻势，阿富汗安全形势急转直下，且外溢风险急剧上升。巴基斯坦塔利班武装活跃在阿巴边境地区，不时制造暴恐事件，威胁巴国内安全稳定。2021 年 7 月 14 日，中方企业承建的巴基斯坦开伯尔–普什图省达苏水电站项目出勤班车遭遇爆炸，造成 9 名中方人员遇难，另有 28 名中国公民受伤。因此，阿富汗不断恶化的安全局势已成为中巴经济走廊建设的重要干扰因素，且后患无穷。

二是由印度的战略疑虑所造成的政治干扰。随着中巴经济走廊建设的不断深入，印度感受到中国的战略触角正在伸向南亚，进而挑战和威胁其在南亚的传统优势地位。③ 印度主流舆论认为，中巴经济走廊是中国进军印度洋的前期准备，瓜达尔港则是中国连接中东和进入印度洋的重要一环，虽然中国明确表示中巴经济走廊用作经济用途，但印度仍担忧该港日后可能成为中国军队的停靠港和补给港。④

---

① 李希光、孙力舟：《中巴经济走廊的战略价值与安全形势》，《人民论坛·学术前沿》，2015 年第 12 期，第 39—40 页。

② 《美叫停对巴基斯坦安全援助恐适得其反》，新华网，2018 年 1 月 6 日，http://www.xinhuanet.com/world/2018-01/06/c_ 129784515. htm。登录时间：2018 年 6 月 14 日。

③ 刘艳峰：《印度对中巴经济走廊建设的认知与反应》，《国际研究参考》，2017 年第 9 期，第 24 页。

④ 梅冠群：《印度对 "一带一路" 的态度研究》，《亚太经济》，2018 年第 2 期，第 79 页。

由于印度和巴基斯坦长期处于"战略对抗"的状态，故印度不愿意看到巴基斯坦借中巴经济走廊建设而使其综合国力得到全面提升，进而威胁到印度自身的地区霸权地位，如瓜达尔港就被印度视为巴基斯坦试图打破印度海军围堵的最重要港口，受到印度军方的密切关注。此外，自巴基斯坦遭到印度肢解后，克什米尔就成了印巴对抗的前沿，印度认为更完善的交通基础设施将意味着巴基斯坦的军事武器、战略物资可以迅速运至克什米尔，使得印度收回巴控克什米尔地区更无希望。因此，印度对中巴经济走廊和"一带一路"建设长期持抵制态度。莫迪在 2016 年 8 月 15 日的印度独立日 70 周年活动上提及印巴存在争端的克什米尔地区，意指"一带一路"在没有印度的支持下将面临极大的困境。2018 年 6 月，在上合组织青岛峰会上，印度是上合组织中唯一没有在新闻公报中支持"一带一路"倡议的成员国。① 近年来，中印两国军队在边境地区时有对峙并偶发冲突。使中印关系不断波动，印方可能会通过各种手段继续阻挠中巴经济走廊建设。

三是由伊朗地缘优势所致的商业竞争。在中国通过瓜达尔港建设中巴经济走廊的同时，伊朗与印度在距瓜达尔港约 100 公里的海岸合作建设恰巴哈尔港，并计划建设通过阿富汗和中亚到达俄罗斯的经济走廊，这在一定程度上与中巴经济走廊形成了竞争关系。伊朗作为石油等能源的重要生产国，在港口和经济走廊的建设上具备天然的地缘优势，有可能在未来会争夺部分物流，从而降低中巴经济走廊的预期经济效益，不利于投资成本的回收和项目的国际融资。2018 年 3 月，巴基斯坦总理访问伊朗时，伊朗总统表示欢迎巴基斯坦和中国参与恰巴哈尔港及其走廊的建设。② 由此可见，如何协调伊朗的作用，已成

① 《上海合作组织成员国元首理事会青岛宣言（全文）》，新华网，2018 年 6 月 11 日，ht-tp://www.xinhuanet.com/2018-06/11/c_1122964988.htm。登录时间：2018 年 6 月 18 日。
② 《伊朗邀请中国和巴基斯坦共建恰巴哈尔港，印度紧张》，观察者网，2018 年 3 月 15 日，ht-tps://www.guancha.cn/Third-World/2018_03_15_450273.shtml。登录时间：2019 年 3 月 29 日。

为中巴经济走廊建设的重要外部挑战。

就内部挑战而言，主要包括：

一是巴基斯坦党派利益纷争造成的现实掣肘。中巴经济走廊建设涉及巴基斯坦国内重大利益分配，党派间如何达成共识至关重要。巴基斯坦有军人与民主政党轮流执政的传统，且国内不同党派之间竞争激烈。各党派基于家族、民族或地区利益而在规划中巴经济走廊运输路线上分歧巨大，少数地方党派甚至认为，中巴经济走廊冲击了巴基斯坦本土工业的发展，激化了地区间的矛盾。① 当前，巴基斯坦中央政府在与中国合作方面具有普遍共识，但其中央政府在控制力与执行力上均存在明显不足，各自为政的党派及地方势力对利益分配尤为看重，未来巴方因内部权力运作而造成的政治波动将很难避免。如果中国不能及时采取合理的策略加以应对，将会影响到巴方政策的连续性和稳定性，导致很多项目的建设不得不一再拖延，影响中巴经济走廊的建设进程。

二是巴基斯坦国内少数误解中巴经济走廊的声音造成了一定的舆论噪音。巴基斯坦社会主流认为，中国寻求长期政策而非短暂权宜，平等对待巴基斯坦并保持尊重，永远不会发号施令或者横加干涉巴国内政。绝大多数民众认可"一带一路"所带来的发展机遇，但仍有少数知识精英和媒体对所谓中巴经济走廊的某些"政治经济风险"表示担忧。在巴国内，有少数媒体指责中巴经济走廊使中国企业与中国商品涌入巴基斯坦，妄论中国摧毁了脆弱的巴基斯坦本土企业，还将控制巴基斯坦政府与军队。巴国内还有一些民众认为，中巴经济走廊会使巴背负巨大的"贷款压力"，中方460亿美元的投资将从巴基斯坦获取高额的报酬，最终受益的"只是中国公司"，而把沉重的债务留给了巴基斯坦，民众也难以通过参与共建中巴经济走廊提升其收

---

① 张杰、徐瑞：《试析巴基斯坦对"中巴经济走廊"的立场及对策》，《当代世界》，2018年第1期，第34页。

入水平。

三是由俾路支分离主义问题所造成的安全风险。自巴基斯坦建国以来，俾路支分离主义问题就长期困扰着该国政府。中巴经济走廊项目公布后，俾路支省首席部长阿卜杜勒·马利克·俾路支明确表示："没有人向我透露关于中巴经济走廊的信息。"[1] 作为瓜达尔港所在省份，同时也是巴基斯坦经济相对落后的地区，俾路支省政府并没有被巴基斯坦中央政府纳入到与中国达成经济走廊项目协议的决策层。因此，俾路支分离主义势力对中巴经济走廊建设便持坚决抵制的态度。在俾路支省利益集团的强烈要求下，中巴经济走廊的不少项目落户该省。尽管如此，在俾路支分离主义主导下针对中资企业与中国公民的恐怖袭击，仍是中方项目建设所面临的主要安全隐患。

四是疫情造成的多重影响。2020 年，受疫情影响，巴基斯坦经济低迷，城市居民收入下降，中低收入阶层生活遭受冲击。因此社会治安开始恶化，违法犯罪和叛乱活动在疫情期间也有所增加。新冠疫情对于中巴经济走廊的推进，还有中国企业、中国项目在巴基斯坦当地的进展也造成了一定阻碍。在巴基斯坦疫情最严重的阶段，交通中断、市场关闭，中巴经济走廊项目下中资企业项目均受到了严重影响甚至停工。2021 年前几个月巴基斯坦疫情有所好转，连续数日确诊人数为个位数，被称为疫情防控有力国家之一。但自从变异新冠病毒德尔塔毒株出现后，2021 年 7 月，巴基斯坦迎来了第四波新冠疫情，部分民众对防疫措施的懈怠和变异毒株的快速传播，或是引发新一轮疫情的主要原因。疫情反复对巴基斯坦的安全局势造成了很大的影响，同时也可能给叛乱分子提供制造混乱的机会。

总之，中巴经济走廊建设面临由内外因素所造成的严峻挑战，不仅使"一带一路"核心区建设受到极大冲击，也使中国企业海外利

---

[1] 谢仁宁：《巴基斯坦俾路支民族主义组织对中巴经济走廊的认知》，北京外国语大学国际关系硕士论文，2017 年，第 19 页。

益保护遭受空前挑战，传统与非传统安全问题仍是影响中巴经济走廊建设进程的关键。

第三节　进一步加强中巴战略互信的主要对策

第一，应进一步完善中巴经济走廊安全保障机制，推动中巴战略合作的不断深入。

为保护中巴经济走廊建设项目，巴基斯坦在陆上成立了"特别安全部队"（SSD），专门负责保护中巴经济走廊在建项目和中国参建者的安全（计划未来分配约 3 万名安保人员）；海军成立了"特别部队-88"，以保卫瓜达尔港及中巴经济走廊的海上安全。[1] 虽然巴基斯坦政府全力保障中巴经济走廊建设的安全环境，但巴方提供的安全保卫机制仍存在不小的隐患：1. 因安保力量不足而无法形成联动性安保成效。现有的安保力量仍未达到中巴经济走廊建设的实际需求，且海上与陆上的安保人员缺乏合作机制，难以应对恐怖分子的多方袭击，无法形成联动性安保成效。2. 巴基斯坦没有为中方项目建设提供足够的安保设施。巴基斯坦国内的主要恐怖组织均配备有重型武器，而中国企业主要的防卫力量是国内安保公司派驻的海外安保人员，当面临巴境内恐怖袭击时，中方现有的安保设施并未达到基本要求，在巴军方做出反应前不具备自卫能力。3. 中巴双方尚未建立情报交换机制。中资企业应与巴政府在反恐情报领域互通有无，及时更新各自的情报信息，从而最大程度地预防恐怖暴力事件的发生。

因此，中巴应进一步完善现有安保设施，并建立严密的反恐情报合作体系，提升中巴经济走廊安全合作机制的成效，从而提高应对恐

---

[1] 《巴海军建两万人特别部队 保卫中巴经济走廊安全》，新华网，2016 年 12 月 15 日，ht-tp://www.xinhuanet.com/world/2016-12/15/c_ 129405256. htm。登录时间：2018 年 6 月 18日。

怖袭击的能力。

第二，应以驻巴基斯坦中资企业为抓手，加强中巴人文交流，为中巴战略互信夯实社会基础。

长期以来，中巴人文关系事实上处于"官强民弱"的状态，巴基斯坦民众对中国的良好印象主要来自巴政府和媒体的影响，即来自外部信息源的施加，对中国的友好感情并非出于与中国民众密切交往而产生的"亲近感"，而是基本上源于数十年来中国对巴政府的坚定支持。巴国民众对中国或中国文化的认知较为模糊，普通民众所熟知的仅限于"功夫"和"李小龙"等，而这些文化符号却是受到了20世纪香港电影和美国电影的影响①，从一个侧面反映了当前中巴民间人文交流的不足，亟待弥补。随着中巴经济走廊建设的深入，巴基斯坦境内中资企业在人文交流中的作用日渐凸显。因此，应从以下几方面努力，进一步发挥驻巴中资企业在民间人文交流中的重要作用：1. 应进一步加强对前往巴基斯坦工作的中资企业的员工培训，使其了解巴基斯坦的宗教风俗和社会规范，帮助他们更好地投入工作。2. 应进一步加强中资企业中两国管理层之间的人员交往，改变巴方精英阶层对中国的负面印象。3. 应在驻巴中资企业注重进一步的人脉建设，通过参与社会公益事业，逐步建立人脉网络，并与当地家族与部落建立联系机制，进而影响巴基斯坦国内不同党派及地方利益集团的对华认知。4. 中资企业可借助雇用巴方工作人员、培养巴方技术骨干的方式，在提高巴国内就业率、改善当地民生状况的同时，进一步促进中巴员工间的相互交流，以人际交往来带动中巴民间人文交流。

第三，应以中巴经济走廊建设为契机，进一步加强中国-巴基斯坦-阿富汗的安全合作，为"一带一路"提供安全保障。

---

① 杜幼康、李坤：《略论中国对巴基斯坦的文化外交》，《苏州大学学报（哲学社会科学版）》，2012年第5期，第187页。

在中巴战略互信的前提下，两国在安全领域合作日益密切。2004年8月，巴基斯坦陆军来华参加军事演习，成为了首支在中华人民共和国领土范围内实施军演的外国军队。中国军队也高度重视与巴基斯坦的伙伴关系：2007年3月，中国海军舰艇编队参加了在巴基斯坦以南阿拉伯海举行的"和平-07"海上多国军事演习，这是中国海军的首次海外军事演习。① 2011年3月，中巴两军在巴基斯坦举行"雄鹰-Ⅰ"联合训练。短短4年，这一联训已走上机制化。中巴空军"雄鹰-Ⅱ"和"雄鹰-Ⅲ"联合训练在两国分别举行。② 此外，在中巴红其拉甫达坂中方7号界碑处，两国也积极开展联合边境巡逻、联合搜索追捕、联合边情处置和联合情报共享等课目演练。③

2016年8月，阿富汗、中国、巴基斯坦、塔吉克斯坦四国军队反恐合作协调机制（简称"四国机制"）建立，旨在就反恐形势研判、线索核查、情报共享、反恐能力建设、反恐联合训练、人员培训方面开展协调并提供相互支持。④

2017年12月，首次中阿巴三方外长对话会在北京举行，王毅外长表示中巴双方愿同阿方一道，本着互利共赢原则开展合作；中巴经济走廊不针对第三方，同时希望惠及第三方，惠及整个地区，成为地区一体化的重要动力。⑤ 在中方的推动下，2018年5月14日，巴基

---

① 《人民海军走向远洋9个惊心动魄的瞬间》，新华网，2017年7月10日，http://ln.people.com.cn/n2/2017/0710/c378394-30445887.html。登录时间：2018年6月18日。

② 《中国空军更加开放自信 开门练兵助力战略转型》，人民网，2014年11月5日，http://military.people.com.cn/n/2014/1105/c1011-25977322.html。登录时间：2018年6月18日。

③ 《中巴联合巡逻：确保边境安全稳定》，中华人民共和国国防部官网，2016年7月20日，http://www.mod.gov.cn/power/2016-07/20/content_4696871.htm。登录时间：2018年6月18日。

④ 《首届"阿中巴塔"四国军队反恐合作协调机制高级领导人会议联合声明》，中华人民共和国国防部官网，2016年8月3日，http://www.mod.gov.cn/topnews/2016-08/03/content_4707052.htm。登录时间：2018年6月17日。

⑤ 《探讨中巴经济走廊以适当方式向阿富汗延伸》，中华人民共和国外交部官网，2017年12月26日，http://www.fmprc.gov.cn/web/wjbzhd/t1522194.shtml。登录时间：2018年6月11日。

斯坦和阿富汗官员在伊斯兰堡举行会议，双方同意落实《阿富汗－巴基斯坦和平与团结行动计划（APAPPS）》，以消除恐怖主义，维护地区和平稳定。① 2018 年 5 月 28 日，第三次中国－阿富汗－巴基斯坦三方务实合作对话会召开，三国同意加强政策沟通和机制建设，加快推进人力资源、人文交流项目，并探讨在民生建设和基础设施领域开展项目试点，推动中巴经济走廊向阿富汗延伸，促进三方互利共赢和区域互联互通。② 2021 年 6 月 3 日，以视频方式举行了第四次中国－阿富汗－巴基斯坦三方外长对话，三方强调愿进一步深化和拓展和平、政治、经济、互联互通、安全反恐等领域合作，共同致力于推进三国及地区和平、稳定与发展。③ 针对美国撤军后阿富汗国内局势恶化，中国与巴基斯坦正加强协调，致力于"阿人主导、阿人所有"的和平和解进程，继续深化三方安全合作。④

总之，中巴经济走廊建设安全环境不容乐观，客观要求中巴阿三国展开密切合作。因此，应以中巴经济走廊建设为契机，进一步加强中国－巴基斯坦－阿富汗安全合作，为"一带一路"提供安全保障。

第四，在中巴经济走廊建设中应稳步引入第三方资本参与投资。

中巴经济走廊作为一个开放、包容的建设项目，中国对第三方参与始终保持开放性的态度。外交部发言人华春莹在答记者问时曾表示："我们一直将中巴经济走廊看作中巴两国着眼于双方各领域合作

① 《中国欢迎阿富汗和平与团结行动计划》，巴基斯坦日报（中文版），2018 年 5 月 16 日，http://cn.dailypakistan.com.pk/story/china/3755/。登录时间：2018 年 6 月 18 日。

② 《中阿巴举行第三次三方务实合作对话》，中华人民共和国外交部官网，2018 年 5 月 29 日，http://www.fmprc.gov.cn/web/wjbxw_ 673019/t1563396.shtml。登录时间：2018 年 6 月 18 日。

③ 《第四次中国－阿富汗－巴基斯坦三方外长对话联合声明》，人民网，2021 年 6 月 5 日，https://baijiahao.baidu.com/s? id=1701673686949446554&wfr=spider&for=pc。登录时间：2021 年 7 月 26 日。

④ 《2021 年 7 月 26 日外交部发言人赵立坚主持例行记者会》，中华人民共和国外交部官网，2021 年 7 月 26 日，https://www.mfa.gov.cn/web/fyrbt_ 673021/t1895085.shtml。登录时间：2021 年 7 月 27 日。

长远发展而搭建的一个合作框架，希望中巴经济走廊不仅有利于中巴两国的经济社会发展，也将促进地区互联互通、和平稳定与繁荣。从这个意义上来讲，我们认为，中巴经济走廊作为中国'一带一路'倡议的重要组成部分，它是一个开放的倡议。中方愿意在同巴方协商一致的基础上，探讨邀请第三方参与走廊建设的可能性。"① 同时，巴基斯坦政府对于第三方的参与也持欢迎态度。2021 年 7 月，在中国驻新加坡大使馆与巴基斯坦驻新加坡高专署共同举办的中巴经济走廊相关经济特区投资机遇网络研讨会上，巴基斯坦驻新加坡高专阿弗扎尔表示，巴方将为新加坡来巴投资提供减免税费等优惠条件，希望通过中巴经济走廊项目同新加坡实现互利共赢。②

中巴走廊建设的快速推进已引发多国关注，伊朗、阿富汗、英国等先后表示愿意参与相关建设。巴基斯坦媒体也披露，俄罗斯同样有意加入。2019 年 2 月，沙特王储穆罕默德·本·萨勒曼到访巴基斯坦期间，两国签署了价值 200 亿美元的投资协议，其中 100 亿美元投资建设瓜达尔港的石油炼化厂。③ 沙特与巴基斯坦签订投资大单，表明沙方对巴经济发展及中巴经济走廊建设的重视。沙特王储表示，200 亿美元代表的仅仅是沙特与巴基斯坦经济合作的开始，沙特的投资也标志着第三方资本进入中巴经济走廊的开始，这将有效提升中巴经济走廊建设的透明度，并进一步增进中巴政治互信，使中巴经济走廊建设行程致远。

---

① 《巴高级将领呼吁印度加入中巴经济走廊建设 中方回应》，中国网，2016 年 12 月 23 日，http://www.china.com.cn/news/world/2016-12/23/content_ 39974286.htm。登录日期：2019 年 3 月 29 日。

② 《中巴经济走廊欢迎第三方合作》，中国经济网，2021 年 7 月 22 日，https://baijiahao.baidu.com/s? id=1705931989858563209&wfr=spider&for=pc。登录时间：2021 年 7 月 27 日。

③ 《沙特与巴基斯坦签署 200 亿美元投资协议》，中华人民共和国商务部官网，2019 年 2 月 24 日，http://www.mofcom.gov.cn/article/i/jyjl/k/201902/20190202837360.shtml。登录时间：2019 年 3 月 29 日。

第八章
中国与印度间的战略互信
不足及其因应对策

    印度是中国的重要邻邦，两国同为世界上最古老的文明国家，有着数千年的交往历史，周恩来总理曾指出，"中国人民一向钦佩印度人民的文化传统和创造天才，中国人民要像自己的先人玄奘那样，虚心地向印度人民学习"①。印度学者泰戈尔则盛赞中国文明具有"耐久的合乎人情的特性，对所有的属于它的事物都产生了生气勃勃的影响。如果这一个文明不是这样突出的合乎人情，不是这样充满了精神的生命，它决不会延续这样久"②。尽管如此，当前中印两国却没有建立起应有的战略互信，两国互不了解，相互误解，心理距离较远。战略互信不足已成为阻碍中印关系健康稳定发展的重要因素。

第一节　中国与印度战略互信不足的主要成因

    造成中国与印度战略互信不足的原因极为复杂，但主要包括以下

① 邱永辉：《全球化背景下的中印文化交流》，《四川大学学报（哲学社会科学版）》，2006年第4期，第114页。
② 赵伯乐：《文化交流在中印关系中的作用》，《当代亚太》，2003年第11期，第56页。

几方面：

　　第一，中印人文交流日渐匮乏，尤其是中印教育交流的广度与深度仍显不足。中国和印度是世界上最大的两个发展中国家，高等教育规模居世界前列，且具有较高的教学水平。近年来，中印教育交流也得到了一定程度的发展，2015 年有 16 694 名印度学生来华留学，比 2012 年增加 6 457 人，增长幅度为 63%；2016 年印度来华留学生人数为 18 717 人，2018 年印度来华留学生进一步上升为 23 198 人。① 从 20 世纪 80 年代起，中国每年也派遣一定数量人员赴印留学，尽管如此，2009 年时中国在印度的留学人数仅为 2 000 人，远小于同年印度来华留学生规模，2015 年中国出国留学人数达 52.37 万，但是赴印度留学人数不足万人。② 中印也多选美国、欧洲为主要留学输出国。从以上数据可以得出，在学生流动方向方面，印度来华留学人数远高于中国赴印度留学人数；而在留学生总数方面，中印教育交流水平远未达到两国现有高等教育的培养能力。此外，中印合作办学项目、汉语和印地语教学研究以及孔子学院的发展也面临着数量不足、内涵建设滞后等严峻挑战。截至 2017 年，中印合作办学项目只有 4 个，仅占"一带一路"沿线国家合作办学项目（200 个）的 2%，③ 主要培养计算机技术及生物科技方面的学生，数量及类型均不能满足"一带一路"建设对国际人才的需求。而中国开设印度语言专业及课程的高校数量，以及印度开设中文专业及课程的高校数量，均在本国高校总数中占比极低；且受师资及教学水平的限制，每所学校每年培养的语言人才非常有限，这造成了通晓两国语言、了解两国文化人才的极度紧缺。

———————

①　向元钧：《"一带一路"背景下中印教育交流合作》，《南亚研究季刊》，2020 年第 4 期，第 75 页。

②　刘婷：《"一带一路"构想下中印高等教育交流与合作新方向》，《大学教育科学》，2017 年第 4 期，第 55 页。

③　同上。

此外，中印文化交流与中印共有文化遗产间仍有脱节。在人类文明史的发展中，中国与印度围绕佛教展开的交流是极为成功的案例。广泛的交流促进了双方文学、艺术、哲学、宗教的发展，也促进了双方科学技术的昌盛。而中印交流之所以成为文明交往的重要符号，不仅在于两国共同推动了人类文明的历史进程，更在于古人在丝绸之路上不畏风餐露宿、筚路蓝缕的开拓精神，季羡林先生也因此总结道："在全部世界史上，要举一个文化交流双方获利的例子，非中印文化交流莫属。中印文化交流是全世界当之无愧的典范。"①

面对这样一个绵延时间长、涵盖范围广、交流程度深的宏大文化遗产时，中印两国却没有展开应有的文化互动，反而使错误的相互认知影响了双边关系。1962 年，中印边境战争的爆发使印度官方和民间重新"认识"了中国，他们戴起意识形态或地缘政治的"有色眼镜"试图重新"发现"新中国"前所未有"的地方。一个被彻底妖魔化的印度版"中国形象"呈现在印度民众面前，中国文化的内涵被人为地"扭曲"了。之后，中印文化交流陷入了历史上的最低潮。同时，来自西方的文化符号则充斥在中印的思想市场，在"文化产品"项目上，中印两个丝路大国与美国相较处于明显的"逆差"状态。因此，从东西方文明交流互鉴的角度看，中印文化间的交流和合作极为必要。

近年来，中印人文交流有了一定的进展。2013 年，中印两国人员往来 82.14 万人次，其中印来华 67.66 万人次，而中国赴印只有 14.48 万人次。② 2014 年 9 月，中国和印度发布了《中华人民共和国和印度共和国关于构建更加紧密的发展伙伴关系的联合声明》。双方

---

① 邱永辉：《全球化背景下的中印文化交流》，《四川大学学报（哲学社会科学版）》，2006年第 4 期，第 78 页。

② 陈水胜、席桂桂：《"一带一路"倡议的战略对接问题：以中国与印度的合作为例》，《南亚研究季刊》，2015 年第 4 期，第 78 页。

肯定了两国间深厚的文明联系，同意启动"中国—印度文化交流计划"，以进一步推动两国文化及人员交往。此外，两国领导人决定，2015 年在中国举办"印度旅游年"，2016 年在印度举办"中国旅游年"，其间，双方将开展一系列推广活动，促进双向游客往来，加强民间纽带。在此基础上，2015 年中印双向交流人数达到了 90 万人次。但这与中印两国 25 亿人口、1.4 亿人次的每年出境旅游总规模相比，未来发展潜力和空间巨大。①

第二，中印政治互信不足，尤其是中印在核议题领域存在外交摩擦。1996 年 9 月，第 51 届联合国大会就《全面禁止核试验条约》投票表决时，印度投了反对票，自此便处于国际核不扩散体制之外。1998 年 5 月，印度进行了公开核试验，引起国际社会普遍关注，其以"中国威胁"作为核试验借口的做法更是激怒了中国。印度领导人在核试验前后的"中国威胁"论调真实反映了中印长期以来政治互信的严重不足。1997—1998 年的印度国防部年度报告声称，"印度清醒地认识到中国是一个核武器国家，并且继续维持着一支世界最大之一的常备军"②。印度第一届国家安全顾问埋事会成员巴拉特·卡纳德则主张印度应发展成为与英、法、中三国同一级别的核国家，并认为只有这样印度才可能享有同中国平等的和平。为此，印度必须发展热核武器，当中印发生冲突时，就可避免中国利用核优势将冲突升级而使印度处于弱势情况的出现。③ 但事实并非如此，中国早在 1992

---

① 秦淑娟、谷永芬：《"一带一路"战略下的中印文化贸易合作问题研究》，《上海师范大学学报（哲学社会科学版）》，2017 年第 5 期，第 124 页。

② Amitabh Mattoo ed., *India's Nuclear Deterrent：Pokhran Ⅱ and Beyond*，Har-Anand Publications Pvt. Ltd，1999，pp. 128 - 142. 转引自章节根：《印度核战略对中国安全环境及南亚政策的影响》，《同济大学学报（社会科学版）》，2011 年第 2 期，第 65 页。

③ Bharat Karnad，"A Thermonuclear Deterrent"，in Amitabh Mattoo ed.，*India's Nuclear Deterrent：Pokhran Ⅱ and Beyond*，Har-Anand Publications Pvt. Ltd，1999，pp. 128 - 142. 转引自章节根：《印度核战略对中国安全环境及南亚政策的影响》，《同济大学学报（社会科学版）》，2011 年第 2 期，第 66—67 页。

年就加入了《不扩散核武器条约》（NPT），并于 2004 年正式加入了核供应国集团（NSG），表明中国对国际防核扩散努力的重要贡献。

2016 年 6 月 23—24 日，核供应国集团在韩国首尔召开年度会议，但会议并未就印度加入该组织做出任何决定。在美国及其他一些国家表态支持印度加入核供应国集团的背景下，印度一些激进的组织和势力将未能如愿以偿的怨气撒在了中国头上。尽管印度媒体承认，除中国外，奥地利、爱尔兰、土耳其、新西兰等至少 10 个国家都对印度加入 NSG 表示疑虑，但《印度时报》仍妄称中国是"最主要的障碍"。① 客观来看，印度加入核供应国受阻是其长期以来的核政策所导致的。印度作为非《不扩散核武器条约》缔约国，并不具有加入 NSG 的资格，但它却以与美国在核技术上的长期合作关系为政治资本，不断申请加入核供应国集团。尽管如此，中方仍积极协调印方的诉求，如中方曾推动核供应国集团以"主席之友"的方式，就"非 NPT 缔约国"这一类国家加入核供应国集团所涉及的问题进行了三次非正式的讨论，虽然分歧仍很明显，但毕竟增进了各方的相互了解。可见，印度加入核供应国受阻与中国没有任何直接关联，但正是由于中印政治互信的不足才加剧了两国的战略互疑。

此外，中印边界的划定是目前中国陆疆划界最大的历史遗留问题，21 世纪以来，尽管中印两国在采取综合措施管控边界地区建立边境冲突解决机制、沟通机制等方面都取得了长足进展，但由于边界线的模糊未定及中印政治互信的不足，双方时常在边境地区发生冲突摩擦。2013 年 4 月中印"帐篷对峙"事件、2014 年 9 月中印军队西段边界对峙事件，以及 2016 年 3 月中印军队班公湖附近对峙事件等，均对中印关系产生了不利影响。2017 年 6 月 18 日，印度边防部队 270 余人携带武器，连同 2 台推土机，在中印边界锡金段多卡拉山口

---

① 胡芳欣：《印度加入 NSG 受挫，NPT 是条"硬杠杠"》，《世界知识》，2016 年第 14 期，第 31 页。

越过边界线 100 多米，进入中国境内阻挠中方的修路活动，由此引发中印两国军队长达两个多月的洞朗对峙，其间双方还发生了互掷石块及其他小规模冲突，直至 8 月 28 日印方将越界人员和设备全部撤回印方边界一侧后，中印边境紧张局势方告一段落。此次洞朗对峙发生在中印边界锡金段上，这段约 200 公里的边界是中印边界线上唯一划定过的一段边界，并得到了中印两国政府的认可。但在中印政治互信严重不足的情况下，为给印军这一行为做出所谓"合理"的解释，印方在没有与中方沟通的前提下单方面认定洞朗地区为中国与不丹争议地区，并强调中方在不丹境内修建道路直接违反了不丹与中国于 1988 年和 1998 年达成的协定，影响了两国划界进程。印方的无端指责完全不顾历史事实。1959 年西藏叛乱平定后，中国政府逐步恢复了对洞朗、查马浦、朗马浦等边境地区的管理。因此，即便不丹对洞朗提出领土主张，也只能是中不双方根据历史习惯线和现实管辖状况进行合理协商，不会改变已划定的中印边界锡金段。而印度政府之所以对中国在洞朗地区的活动极为关注，主要在于洞朗具有非常重要的战略地位，"洞朗同达旺一样，像个楔子插入了印度锡金邦和不丹共和国之间，站在这儿能够俯瞰整个印度东北地区的 7 个邦，且距离连接印度本土和东北地区的西里古里走廊仅数十公里。"① 在中印政治互信不足的情况下，中印边界对峙仍将不时发生，并将进一步加深中印间的战略互疑。

第三，印度对南亚及印度洋区域地缘政治的认知有误。印度地处南亚次大陆中心，北面有喜马拉雅山，东西两侧分别为孟加拉湾和阿拉伯海，南面则是广阔的印度洋，并形成了一个自然的封闭地理空间。特殊的自然环境一直被视为南亚次大陆的天然屏障，也给予了印度政治家心理上的安全感。而且，在南亚次大陆，独立后的印度地处

---

① 朱昭华、杨三奇：《中印洞朗对峙事件的历史考察》，《西藏民族大学学报（哲学社会科学版）》，2018 年第 1 期，第 91 页。

中心位置，其余南亚国家均分布其四周。除阿富汗和巴基斯坦外，印度的南亚邻国之间互不连通，在客观上防止了南亚各国联合对印格局的形成。长期以来，印度自视为南亚次大陆和印度洋地区的"天然领导者"，认为该区域理所当然是印度的势力范围。在该范围内，印度负有特殊的责任和义务维护地区秩序，其他南亚各国不应、也不能挑战印度的主导地位。同时，反对任何外部势力干涉南亚地区事务，奉行本区域内所谓的"门罗主义"，由此形成印度对南亚及印度洋地缘政治的错误认知。

冷战后，印度的传统地缘政治观已不符合经济全球化的客观要求，伴随着中国与南亚其他国家在经济领域合作的增多与深入，印度国内逐渐滋生出了一种完全基于"假想敌"的理论，即将中国视为其南亚地区霸权的"挑战国"。在印方看来，中国援建的缅甸实兑港和皎漂港，已经超出了缅甸海军的使用水平。皎漂港建成之后，将成为缅甸最大的深水港，这些港口有可能是为了停泊中国军舰。一些印度政治精英长期怀疑中国在缅甸的科科群岛建立监听站，该岛距离印度安达曼海军基地仅 18 公里。至于中国援建斯里兰卡的汉班托特港，印度也充满疑虑，该港口距离印度洋中部海上交通线仅 6 海里，可以成为港口访问、燃料补给和监听印度南部海军动向的战略支点，以维持中国海军在这一地区的存在，并最终形成中国在印度洋的中转站。① 瓜达尔港更是被印度视为"心腹之患"。在印度看来，一方面，瓜达尔港可以在战时为中国提供一个重要的海外基地，也可以成为中国监听印度在阿拉伯海海军活动的前哨站。另一方面，瓜达尔港的建设缩短了中国在印度洋的海外航线，致使印度失去了制约中国的一个重要筹码。由此，印度近年来不断扩充军备，并逐渐完善其"印度洋战略"，旨在通过政治、经济、外交等方式增强其在印度洋的影响

---

① 李家胜：《印度洋相遇——印度应对中国进入印度洋的行为逻辑》，《世界经济与政治》，2017 年第 9 期，第 57 页。

力，并建立一支远洋攻击型海军，以实现其"印度洋控制战略"。简而言之，印度的"印度洋战略"实质就是力图控制印度洋，使之变成"印度的印度洋"与"印度之湖"。① 可以说，扩张性与排他性构成了印度"印度洋战略"的基本特征，也正是由于印度扩张性和排他性的地区政策，使得中印两国建立政治互信变得困难重重。

第四，在印巴冲突不断的背景下，中巴关系的亲密导致印度对中国缺乏政治信任。2014 年 11 月，习近平主席接见访华的巴基斯坦总理谢里夫时，称中巴是铁杆朋友和全天候战略合作伙伴，将继续深化中巴战略合作伙伴关系，并打造中巴命运共同体；2015 年巴基斯坦总理谢里夫访华，中国与巴基斯坦发表联合声明，将双方之间的外交关系正式升级为全天候战略合作伙伴关系。第三次印巴战争以后，印巴局部冲突仍然不断，作为严重"战略敌对"的两方，印度对于中巴关系的发展自然保持高度紧张。2019 年 2 月，印度中央警备部队在印控克什米尔地区遇袭，造成 40 余名军警死亡，此事件升级为局部冲突和空战，在巴基斯坦俘虏印度飞行员后，事态一度严重到可能发生全面战争。② 印度政府将此自杀式爆炸袭击事件归咎于巴基斯坦及其境内的"穆罕默德军"组织，称巴为"恐怖组织"提供庇护，向联合国安理会 1267 委员会提交了将该组织领导人马苏德列入恐怖分子制裁名单的提案。中国认为马苏德列名问题涉及因素过于复杂，需要更多时间进行全面深入评估，因此在安理会决议中对此提案作出技术性搁置的决定。③ 尽管中国对安理会决议做出了解释，并在此后

---

① 胡娟：《印度的印度洋战略及其对中国的影响》，《东南亚南亚研究》，2012 年第 2 期，第 7 页。

② 《印度中央储备警察部队车辆遇袭已致 42 人死亡》，中国中央人民广播电台海外在线网，2019 年 2 月 14 日，http://news. cri. cn/20190215/f5d58269-605d-4d26-17e8-9b85b752d3f4. html。登录日期：2019 年 3 月 29 日。

③ 《印媒指责中国搁置马苏德列名　外交部回应：需更多时间评估》，环球网，2019 年 3 月 15 日，http://world. huanqiu. com/exclusive/2019-03/14547291. html？agt = 15435。登录日期：2019 年 3 月 29 日。

的冲突事件中为两国的和解做了大量工作，但中国在联合国的这一决定仍被印度解读为"祖护巴基斯坦"，对中印政治互信造成了深远影响。

第二节 中国与印度战略互信不足的主要表现

首先，印度主流舆论对"一带一路"持有抵触情绪。

2013 年，中国提出了共建"一带一路"倡议，在国际社会引起积极响应。但作为中国的重要邻国，印度至今仍对"一带一路"持抵触态度。2014 年 9 月，习近平主席访问印度，与印度总理莫迪举行了会见，双方没有就"一带一路"倡议达成共识性声明。2015 年 2 月，印度外长苏什玛·斯瓦拉杰访问中国，在公开场合中表示，印度不会对是否加入"21 世纪海上丝绸之路"倡议做出"全盘的承诺"，希望能够与中国在利益汇合的地方进行合作，印度方面对于这一倡议的态度是谨慎但又欢迎，在符合印度国家利益的领域愿意进行合作。① 2017 年 5 月，"一带一路"国际合作高峰论坛在北京举行，作为沿线重要国家的印度并没有派代表团参加，印度外交部发言人巴格拉伊表示，由于中巴经济走廊建设问题，印度认为中国在推进"一带一路"倡议的过程中"侵犯了印度的主权"。② 2018 年 4 月，印度总理莫迪访华，在武汉东湖与习近平主席会晤，同样也未对"一带一路"作出任何表态。但是，为了与中国的"一带一路"开展战略竞争，印度政府提出了"香料之路""棉花之路""佛教之路"等，存在通过丝路历史文化符号，将印度与周边国家及地区串联起

---

① 《外媒：新海上丝绸之路将使参与国双赢》，国务院新闻办公室网站，2015 年 2 月 16 日，http://www.scio.gov.cn/ztk/wh/slxy/31214/Document/1395086/1395086.htm。登录日期：2019 年 3 月 29 日。

② 《指中巴经济走廊有损其主权 印度发声明表达不满》，联合早报，2017 年 5 月 15 日，http://www.zaobao.com/news/china/story20170515-760160。登录日期：2019 年 3 月 29 日。

来，以形成与"一带一路"的竞争态势。

在对待"21 世纪海上丝绸之路"倡议时，印度狭隘的地缘政治思维表现得尤为突出。"一带一路"倡议提出后，随着中国与欧洲、中东、非洲开展越来越多的商品和能源贸易，经马六甲海峡、印度洋、红海、苏伊士运河的印度洋航线已成为中国远洋贸易的主要航线，中国在印度洋地区的经济影响力显著提升。印度基于其一贯的地缘政治认知，在国内炮制了"珍珠链战略"并大肆渲染，即中国正在印度洋的一些重要港口（"珍珠"）如皇京、皎漂、实兑、吉大、汉班托塔、马尔代夫南部、瓜达尔、吉布提乃至东非的蒙巴萨、达累斯萨拉姆、巴加莫约等港口进行战略布局，通过将"珍珠"串联成"链"，对印度进行战略围堵。① 作为对"海上丝绸之路"的围堵，莫迪政府于 2014 年 6 月提出了"季风计划"。该计划涉及 39 个泛印度洋国家，与"一带一路"倡议在范围上形成了大面积的空间重叠。同时"季风计划"以深受印度文化影响的环印度洋地区以及该地区国家间悠久的贸易往来史为依托。② 尽管莫迪政府因尚未提出关于"季风计划"的具体规划和设计方案，遭到印度国内各方质疑和批评，认为该计划较为空洞模糊且没有实际内涵，尚不能起到抗衡"一带一路"的效果，但莫迪政府从战略布局上却坚持认为"季风计划"为印度未来对外战略指明了新方向，即单边加强与环印度洋的南亚、东南亚、阿拉伯半岛、东非地区各国的联通将是印度重大国家利益所在。之后，莫迪政府进一步向国际社会表明了印度对施行其单边区域联通计划的决心。2016 年印度外交秘书苏杰生明确表示区域连通已成为当今地缘政治的舞台，并将成为衡量国家影响力的标尺。

---

① 梅冠群：《印度对"一带一路"的态度变化及其战略应对》，《印度洋经济体研究》，2018 年第 1 期，第 44 页。

② 王媛：《"季风计划"：印度对"一带一路"在文化外交领域的围堵》，《公共外交季刊》，2017 年第 4 期，第 11 页。

虽然印度的经济数据依然落后于中国，但其经济一直在稳步发展。印度经济增长率已持续多年保持在 5% 以上，2014 年和 2015 年更是超过 7% 的门槛，内需也在以每年 6% 的速度增长。印度很快将成为世界人口最多的国家，在 2030 年时将变成世界第三经济大国，因此印度有能力执行其区域联通计划。[①]

印度对"一带一路"的抵触还在于，2015 年以来启动的"一带一路"旗舰项目——中巴经济走廊穿越了克什米尔地区。克什米尔地区是印巴两国的争议领土，尽管划定了停火线，但两国在这一地区仍冲突不断。印方认为，中巴经济走廊穿越巴基斯坦控制区域，对于这一区域的交通、经济及政治安全方面都有巨大促进意义，在客观上帮助巴基斯坦加强了对于这一区域的控制力。因此，2017 年 12 月 21 日，印度外交部发言人库马尔在答记者问时妄称在"一带一路"倡议推进过程中"不应当侵犯国家主权和领土完整"。[②]

其次，中印构建"新型大国关系"的成效有限。

党的十八大以来，"不冲突、不对抗，相互尊重，合作共赢"的新型大国关系成为中国在发展与国际社会有影响力国家关系中的重要准则，并取得了重大进展。尽管如此，由于中印两国战略互疑的存在，使得双边关系的发展受到了极大牵制。在亚太地区，莫迪政府不愿与中国进行有效的大国协调与合作。2014 年 11 月，仅执政 6 个月的印度总理莫迪在第九届东亚峰会上正式宣布将"东向政策"（Look East Policy）升级为"东向行动政策"（Act East Policy），并在此基础上展开"印太外交"，以凸显印度的地缘政治新角色，即从亚洲政治的边缘走向中心，从而在地区秩序构建中发挥关键作用。在南海问题

---

① 李莉：《印度东进战略与印太外交》，《现代国际关系》，2018 年第 1 期，第 43 页。

② 《印度外交部称仍然反对"一带一路"倡议》，俄罗斯卫星通讯社，2017 年 12 月 21 日，http://sputniknews.cn/politics/201712211024334372/。登录日期：2019 年 3 月 29 日。

上，印度频频发声，强调该国在南海拥有的重要利益，并要求争议各方依照国际法和平解决争端，反对单方面采取行动，确保南海航行自由。尽管 2015 年出台的新版《印度海洋安全战略》仍将"南中国海、东中国海、西太平洋及沿岸地区"列为"次要利益区"，但首次提出了印度要在其海上周边做"净安全提供者"，包括反海盗、海上安全、非战斗性疏散行动、人道主义援助和救灾等，为未来印度海军在亚太提供安全保障提供了政策依据。

最后，中印战略互信备受大国干扰。

印度还高度重视日本在其"东向行动政策"中的重要价值，并积极与日本构筑对华的所谓"锁龙"战略，试图从两侧"合围"中国。2017 年 5 月 23 日，印度总理莫迪在第 52 届非洲发展银行年会上提出，"印度正与日本合作，共同支持非洲发展，已就此与安倍首相进行详细讨论"，并表示印度和日本将联手打造"亚非增长走廊"。当前，印度与日本的相关机构已制定并完成了《"亚非增长走廊"愿景文件：致力于可持续与创新发展的伙伴关系》。《愿景文件》提出"亚非增长走廊"包括四大支柱，即发展与合作项目、高质量基础设施建设和制度互联互通、能力与技术提升、民间交往伙伴关系。① 日印两国同时强调"亚非增长走廊"将与日印非洲对话机制、第六届东京非洲发展国际会议和印非峰会所确定的优先措施相一致，将展现日印加强合作的战略意愿和能力，而两国推进各自的印太政策时，都将彼此作为重要伙伴，其战略合作将不断深化。此外，美日印澳四方安全机制的建立，更使中印战略互信备受"美国因素"的干扰。对中印关系健康发展形成较大冲击。因此，中印战略互信不足表现在方方面面，并将长久影响中印关系，增强中印战略互信任重而道远。

---

① 王秋彬、[印] 王西蒙：《日印"亚非增长走廊"计划：进展及挑战》，《现代国际关系》，2018 年第 2 期，第 49 页。

第三节 中国与印度战略互信不足的主要危害

中印战略互信不足的危害，主要体现在两方面：

一方面，将进一步恶化印度的地缘发展空间。印度地缘政治的研究者们在表述其政策主张时，几乎全盘继承了现代西方地缘政治理论中的进攻性、扩张性、强权政治和大国沙文主义倾向。这些曾在殖民主义暴力压迫下痛苦挣扎的印度学者，现在却希望以类似手段为印度谋求地区霸权提供理论帮助，并对印度的发展产生了消极影响。

近代以来，印度经历了屈辱的被殖民史，使得建国后的印度既存在着基于地理上的安全感和自豪感，同时又怀有强烈的不安全感和危机意识。再加上受印度古代历史的影响，"来自北方的威胁"多成为印度政治家论述其国家安全政策时反复强调的重点。在他们看来，"中国一直着意改变 1962 年战争后两国的实际控制线，并始终威胁着印度。巴基斯坦即使是在 1971 年第三次印巴战争中失利并由此被肢解之后，也从未放弃过通过各种方式侵扰印度。而以反印为目的的中巴战略同盟也一直对印度国家领土的完整构成挑战"①。

同时，印度政治家和学者对印度洋霸权也长期抱有幻想。冷战期间，由于国力孱弱、无力支持陆海两线发展以及忙于应付南亚次大陆军事对抗，印度不得不将陆上防务作为当务之急，将印度洋的经营放置一旁。冷战后，随着国内经济的快速发展，印度不断投入大量财力以扩展其海军力量。

近年来，印度国内这种具有强烈地缘政治色彩的政策倾向，不仅没有随着经济全球化而减弱，反而进一步加强，使得作为新兴大国的印度在

---

① Sudeepto Adhikari, Akhouri Radha Krishna Sinha, Mukul Kamle, "India's Changing Geopolitical Code: an Attempt at Analysis", *Geopolitics Quarterly*, No. 4, 2008, p. 19. 转引自：葛汉文：《印度的地缘政治思想》，《世界经济与政治论坛》，2013 年第 5 期，第 30 页。

对外战略思维的体系化建构上出现了重大偏差。因此，如果当前印度仍不能采取一种更为宽广的视野与人文关怀看待中印关系，进而以更加平衡、更加成熟、更加符合时代特点的态度分析理解世界总体政治经济形势的发展变化，印度经济很有可能将会被想象中的"安全困境"及"大国地位"所拖累，并进一步恶化印度的地缘发展空间，危及中印关系。

另一方面，将不利于构建"亚洲命运共同体"。近年来，亚洲命运共同体逐渐被亚洲大部分国家所接受。二战后，亚洲国家先后取得独立并逐步超越意识形态和社会制度差异，"从相互封闭到开放包容，从猜忌隔阂到日益增多的互信认同，越来越成为你中有我、我中有你的命运共同体"①。2014 年 5 月，亚洲相互协作与信任措施会议第四次峰会在上海举行，与会各国决定进一步推动亚信进程，继续落实信任措施，通过全面深入开展政治、安全对话与合作，与其他地区、国际组织和论坛建立和促进合作关系，倡导共同、综合、合作、可持续的亚洲安全观，把亚洲建成持久和平、共同繁荣的地区，并彻底摒弃强权政治的影响，推进国际关系民主化。中方希望建立呈开放性和包容性的安全合作以及政策协调机制，通过多边、多层次、多渠道的互利合作确立持久的地区和平与稳定。作为一种新型安全观，亚洲安全观不同于传统上把安全视为排他的、以牺牲他国安全利益来实现和确保自身安全利益的旧安全观，新安全观的核心是倡导国家之间建立互信、互利、平等、合作的关系。近年来，中国领导人多次提出建设"亚洲命运共同体"的主张，中国承认各国文明的多样化和国际关系的民主化，承认西方价值观在人类文明发展上的地位与作用，但同时认为它并不具有普世性，存在于亚洲的各种文化都是人类文明的精华，都有其生存、发展的理由和权利，各种文明应该和平共处，交流互鉴。

---

① 《迈向命运共同体，开创亚洲新未来》，新华网，2015 年 3 月 28 日，http://www.xinhuanet.com//politics/2015-03/28/c_ 1114794507.htm。登录时间：2018 年 6 月 5日。

作为亚洲最大的经济体和人口最多的国家，以及联合国安理会中亚洲唯一的常任理事国，中国不断以扎实的外交实践力图推动亚洲各国超越冷战思维和地缘政治竞争，并积极承担国际责任、努力提供公共产品、管控地区国家的矛盾和分歧、防止热点问题的恶性发展、约束大国博弈，以实现共同发展和共同安全，使亚洲国家在分享中国发展成果中化解"中国威胁"论。国际货币基金组织2014年4月发布的《亚太地区经济展望报告》指出，中国才是亚洲经济的核心，既是制造业的中心，也越来越成为治理理念的来源地。[1] 尽管如此，印度仍不接受中国在"亚洲命运共同体"中的切实努力，这将不利于亚洲各国的相互协作与彼此信任，进而危及中印关系。

第四节 消除中印战略互信不足的主要对策

第一，应进一步开展文明交流互鉴，以唤起中印"丝路记忆"并强化"丝路共识"。

据不完全统计，印度现有崇拜场所250万个，与此同时，该国仅有150万所学校和7.5万所医院；而宗教朝圣占全国有组织旅行的比例已经超过50%。[2] 谭中先生认为，宗教文化在印度社会中占据着举足轻重的地位，而要理解印度的宗教文明，中国必须要认识到在印度社会占主流地位的自始至终都是印度教文化。从圣雄甘地、《薄伽梵歌》、瑜伽等印度宗教文化名片，我们可以看到，它们都是属于印度教文化范畴内的东西。[3] 此外，印度教文化作为印度占主流地位的文

---

[1] IMF, *Regional Economic Outlook-Asia and Pacific-Sustaining the Momentum：Vigilance and Reforms*，April 14，2014.

[2] 邱永辉：《南亚宗教发展态势研究》，北京：社会科学文献出版社，2014年，第65页。

[3] 邱永辉：《全球化背景下的中印文化交流》，《四川大学学报（哲学社会科学版）》，2006年第4期，第115页。

化，对印度的其他宗教文化，如佛教文化、伊斯兰教文化、基督教文化、锡克教文化产生了重大影响，形成了其独特的多元宗教文明。中印同为亚洲文明的重要代表，而亚洲文明最为典型的特点就体现在亚洲是世界宗教的摇篮，以亚洲宗教原创性和多样性为代表的宗教精神探求是亚洲价值之源，亦是东方智慧的奥妙之所在。① 进入 21 世纪后，中国也在积极倡导宗教间的和平和对话，相继设立了世界佛教论坛、世界儒学大会、国际道教论坛和尼山世界文明论坛等，进行了国际宗教文明对话的有益实践。而针对中印战略互疑的人文现实，中方可以适当开展宗教外交，在扩大宗教文化影响力的具体实践中达到维护国家利益的根本目的。对宗教团体的思想资源、组织资源、人力资源的充分发掘与和平利用，就是对原有的世俗化场景下的外交模式的一种修正和更新。② 因此，中方可利用外交手段为宗教扩展服务、利用宗教手段服务于唤起中印"丝路记忆"的外交使命，通过利用宗教界广泛的国际交流渠道对印度国内有关舆论进行引导，强化中印两国的"丝路共识"。

第二，应进一步推动民间交流与合作，为中印共建"一带一路"夯实社会民意基础。

20 世纪 50 年代印度宪法正式颁布后，中央政府便全面掌控着外交事务的筹划与实施。但从 20 世纪 90 年代起，宪法规定外的一系列因素开始进入印度外交领域，并在外交政策的制定、实施进程中施加影响，其中，地方邦政府的表现尤为显著。随着印度经济全球化水平的不断提升，中央政府对地方邦政府经济活动管控能力不断弱化，特别是"许可证管理制度"取消后，政府对经济的控制力就更加微弱，地方邦政府在经济活动中的自主性越来越强，中央政府已认识到地方

① 卓新平：《亚洲宗教与文明对话》，《国际汉学》，2017 年第 1 期，第 12 页。
② 马丽蓉：《"一带一路"与亚非战略合作中的"宗教因素"》，《西亚非洲》，2015 年第 4 期，第 18 页。

邦在对外经济交流中所发挥的积极作用，肯定了地方邦政府在引进国外资本等方面所作出的贡献，并在制定国家政策时重视地方邦的建议，如印度南部各邦是其软件服务业发展的基地，吸引着来自世界各地的投资，具备雄厚的软件服务外包产业发展基础，且累积了丰富的发展经验，故印度中央政府在制定、推出软件服务业发展战略规划时便考虑了南部各邦政府的需求。2013 年印度大选期间，作为印度人民党的候选人，莫迪抨击"国大党的外交政策是以德里为中心"，"外交不能仅取决于德里的政治家，还需要采纳地方意见"[①]。2014年 5 月，莫迪领导的印度人民党赢得大选胜利后，他便开始着手建立机构来增强中央政府与地方邦政府在对外事务上的联系。2014 年 10月，莫迪政府在印度外交部门内部设立地方事务处，目的是使外交人员更多地了解地方邦的需求，同时也使地方邦能够更好地表达自身诉求。可以说，通过中央政府的授权，印度地方邦政府在引进国外资本、举办国际论坛等方面将会有更大作为。而中国的地方政府在与中央政府协调后，可尝试以经济合作为契机，加强与印度地方政府的政策沟通，进而以文化搭台、经济唱戏为手段，开辟中印地方政府间交流与合作新途径，扎实推进中印人文交流与合作。

2021 年印度新冠疫情大规模暴发后，中国是最早就新冠疫情向印度提出支持和帮助的国家之一，也是最早付诸实际行动的国家之一。许多中国企业和民间机构向印方提供了各种帮助。据不完全统计，仅 2021 年 4 月至 5 月初，中方已累计向印方出口呼吸机和制氧机 26 000 余台，监护仪 15 000 余台，医药材及药品近 3 800 吨。[②] 中方鼓励和支持中国企业加快生产和提供抗疫物资，为印方采购抗疫物

---

① 孙现朴：《地方邦政府对印度外交的影响》，《国际论坛》，2017 年第 3 期，第 77 页。

② 《付诸行动！一批中国抗疫物资运抵印度》，中国青年网，2021 年 5 月 10 日，https://baijiahao. baidu. com/s?id = 1699358520711717347&wfr = spider&for = pc。登录时间：2021 年 8月 13 日。

资提供通关和运输便利，组织两国卫生防疫专家举行抗疫交流，分享抗疫经验，为中印共建"一带一路"夯实社会民意基础。

第三，应加强上合组织平台上的交流与合作，为破解中印战略互信困境探寻新路。

2017 年 6 月，上合组织在阿斯塔纳召开元首峰会，通过了给予印度上合组织成员国地位的决议。尽管如此，上合组织要推动印度转换其地缘战略思想仍是一个长期的过程，如印度在与上合组织进行接触的同时，其与美国的战略伙伴关系也迅速加强，2017 年 6 月，莫迪访美，印美双方就进一步强化战略合作达成一致。特朗普总统宣称，美国与印度之间的关系从未如此牢固。2017 年 7 月，美印举行海军联合军演，美国也向印度出售先进武器装备，强化印度国防力量。两国宣称开展战略合作，具有维护印度洋和太平洋地区和平、稳定与繁荣的重要意义。

在此前提下，要借助上合组织减少中印战略互疑，中国可以通过俄罗斯来做印度的增信释疑工作。俄印之间的相互信任度与安全感高于中印，2017 年 6 月，由俄罗斯主导的欧亚经济联盟和印度启动了自贸区谈判，而"北南运输走廊"本身就由印度、俄罗斯等联合发起。与此相较，印度对中巴经济走廊则存在误解，表现出较强的对华战略疑虑，不利于两国在"一带一路"框架下的合作。尽管如此，由于印度与欧亚经济联盟的合作、"北南运输走廊"等均纳入上合组织框架，且上合组织已在国际道路运输和贸易便利化、标准和政策对接等方面做了大量基础性工作，这意味着中、俄、印三方可通过上合组织平台开展务实合作，以增信释疑。

同时，克服中印战略互疑也需要在寻求印巴关系突破上下功夫，而扩员后的上合组织无疑为印巴关系的改善提供了新机遇。虽然上合组织不能为印巴冲突提出终极解决方案，但它有望提供一个管控风险和斡旋冲突的新平台，如可利用上合组织多层次、多领域的协商机制，为印巴双方提供更多接触机会，使长期敌视的双方在友好的多边气氛下协调分歧、化解矛盾；又如可利用上合组织的多边经济与人文交流渠道，促进印巴两国商界、学界开展交流与合作，以达到"以民促官"的目标。在双方冲突激化时，上合组织则可秉持中立立场展开斡旋，避免印巴任何一方做出情绪化的过激反应，进而为冲突缓解并开启后续谈判创造条件。

此外，扩员后的上海合作组织已有政治体制、经济模式不尽相同的 8 个成员国，其成功的合作实践有力地批判了以西方经验构建的地区主义理论。而上合成员国及丝路沿线地区的历史传统、社会经济环境、政治体制等，将有助于重新建构一种基于亚洲经验的地区意识及地区主义观念。因此，中印两国可与上合组织其他成员国共同挖掘、整理丰富的丝绸之路文化资源，加强沿线民众对丝路历史文化的了解，以增强共建"一带一路"的共有价值观，助力增强中印战略互信。

中　编
周边四国的战略合作
伙伴关系

第九章
中国与土库曼斯坦经贸合作现状及对策

土库曼斯坦是中亚地区领土面积仅次于哈萨克斯坦的第二大国家。1995 年 12 月，第 50 届联大通过决议，承认土库曼斯坦为"永久中立国"。该国北接哈萨克斯坦，南邻伊朗，东连阿富汗、乌兹别克斯坦，西濒里海，与俄罗斯、阿塞拜疆隔海相望，战略地位十分重要。土库曼斯坦天然气资源丰富，天然气探明储量约 19.5 万亿立方米，占世界总储量的 10.1%，远景储量逾 50 万亿立方米、208 亿吨，居世界第四位；石油探明储量约 2.13 亿吨。①

中国是第一个与土库曼斯坦建交的国家，也是第一批支持土方奉行永久中立政策的国家，是土库曼斯坦第一个以政治文件形式确立的战略伙伴国。土库曼斯坦是习近平就任中国国家主席后访问的第一个中亚国家。自 2009 年以来，中国—中亚天然气管道已累计对华输气

---

① 此处数据参见《对外投资合作国别（地区）指南：土库曼斯坦（2021 年版）》，商务部国际贸易经济合作研究院、中国驻土库曼斯坦大使馆经济商务处、商务部对外投资和经济合作司，下载地址：走出去公共服务平台（mofcom. gov. cn），访问时间：2022 年 7 月 20 日。本组数字与土库曼斯坦官方对外宣称的数字有较大出入，特别是天然气储量方面，19.5 万亿立方米是《BP 能源统计年鉴》（2018 年版）提供的数字，但土方对外宣称的天然气储量要远远大于这一数字。

超过 3 340 亿方，两国互为第一大天然气贸易国。双边贸易额从建交初期 450 万美元到 2013 年突破 100 亿美元，增长 2 000 多倍。自 2011 年以来，中国连续 10 年保持土库曼斯坦最大贸易伙伴的地位，土库曼斯坦则是中国在中亚地区的第二大贸易伙伴。2018 年，中土贸易额达到 84.4 亿美元。因此，经贸合作已成为中土关系发展的重要组成部分，且成效显著。

第一节 中国与土库曼斯坦经贸合作现状梳理

2014 年 5 月，别尔德穆哈梅多夫总统对华进行国事访问期间，双方签署《中华人民共和国和土库曼斯坦友好合作条约》，并制定五年战略伙伴关系发展规划。2014 年 8 月，在中土合作委员会第三次会议上，时任副总理的张高丽称中土双方应进一步深化经贸合作，在互联互通、基础设施建设、海陆联运等领域加强合作。随着"一带一路"建设的深入，土库曼斯坦在中国对外经贸合作方面的重要性日益凸显，两国各领域合作互动也日趋频繁，在加工制造业、基础设施建设、高新技术、农业、旅游产业等领域的合作潜力尤为凸显。2021 年中国与土库曼斯坦双边货物进出口额为 735 911 万美元，相比 2020 年同期增长了 84 323.21 万美元，同比增长 13%。①

就加工制造业合作而言，土库曼斯坦主要的工业多建于苏联时期，当时土库曼斯坦更多扮演的是一个原材料输出的角色，且长期与苏联之外的国家缺乏经济联系，使其加工制造业长期以来较为落后。独立后，土库曼斯坦非常重视发展加工制造业，开始利用土耳其、日本等国投资发展加工制造业，并取得了一定的成就。尽管中国与土库

---

① 华经产业研究院：https://www.huaon.com/channel/tradedata/783846.html，访问日期：2022 年 7 月 25 日。

曼斯坦在加工制造业方面的合作规模不大，但近年来的发展较为显著，如 2006 年中国青海省与土库曼斯坦合资兴建了年产 1 000 吨地毯纱和 100 万件羊毛制品的纺纱厂；之后，中国在列巴普州投资的甘草根加工厂和缫丝厂等也相继投入生产。①

当前，中国的通讯设备和固网、移动网服务已在土库曼斯坦占有较大的市场份额。中国的交通和治安监管装备、路灯、景观照明及附属设备、喷泉、各式多媒体显示屏、建材等产品，也在土库曼斯坦市场占据优势地位。② 但以上投入土国内市场的产品均是在中国进行生产，而不是由中方投资在土库曼斯坦本地进行生产制造，这也为中土进一步深化加工制造业合作提供了空间。

就基础设施建设合作而言，1997 年，中国石化集团公司胜利石油管理局提出了"利用国内外两种资源，开辟两个市场"的设想，并以中国石油工程建设公司为合同主体承包了土库曼斯坦修井防砂项目，从而进入了土库曼斯坦修井施工市场，标志着中土在能源基建领域合作的开始。之后，该公司又在土承建了德亚雷克钻井项目等，土库曼斯坦已成为胜利石油管理局五大海外石油工程施工市场之一。③同时，中土在天然气基建领域的合作也逐渐深入，并取得了一系列标志性成果。当前，中土之间基础设施合作规模大、数量较多，且主要集中在能源、交通、通信等领域。中国制造的机车、客车车厢等铁路设备占土库曼斯坦市场保有量 80% 以上，承担着土库曼斯坦 90% 以上的铁路运力；中国的通信设备和固网、移动网服务则占到了土库曼

---

① 郭静利、粟若杨：《中国与土库曼斯坦农业合作前景分析》，《世界农业》，2016 年第 11 期，第 183—187 页。

② 《中国驻土库曼斯坦大使孙炜东：中土正在商签"一带一路"合作文件》，网易财经，2017 年 7 月 20 日，http://money.163.com/17/0720/05/CPP11NVQ002580S6.html。登录日期：2018 年 6 月 2 日。

③ 彭洪军：《探索当地雇员管理 夯实海外发展基础——以土库曼斯坦石油工程市场拓展为例》，《国际石油经济》，2011 年第 6 期。

斯坦 60% ~ 70% 的市场份额。① 此外，中资企业在土库曼斯坦合作的重要基建项目还包括：中信建设有限责任公司向土国出口的铁路客车车厢项目、华为技术有限公司向土国出口的通讯设备项目、中机进出口公司向土国出口的铁路设备项目等。

就高新技术合作而言，土库曼斯坦近年加大了对高新技术产业的重视力度。2015 年 4 月，土库曼斯坦在美国发射了该国第一颗通讯卫星"土库曼宇宙 52°E"，该卫星由法国制造，发射后于 2016 年通过土库曼斯坦的国内测试，现被用于该国国内电视和广播行业。② 2017 年 12 月 2 日，别尔德穆哈梅多夫总统在给土国进口替代产品生产技术国际博览会致信中指出，逐步发展国家经济，创建高新技术产业是土库曼斯坦经济政策的优先方向。为实现经济多元化，土国内正实施大规模改革，通过了一整套关于提高进口替代产品和定向出口产品生产规模的"实施纲要"，积极开展扩大创新生产的基础性工作。《在土库曼斯坦建立各类电子设备生产企业国家纲要》的实施，也将为促进国家经济多样化、优化进口产品清单，扩大出口潜力发挥积极作用。别尔德穆哈梅多夫总统强调，开放政策是土对外经济合作的基本原则，土国为发展经贸合作创造了一切条件，相信此展将有助于创新技术在生产中的应用，促进各方交流，扩大国际经贸合作。③ 当前，尽管中土两国在高新技术领域合作仍较为有限，但已有相当数量的土库曼斯坦学生在北京航空航天大学、中国石油大学等中国高校学习卫星通信技术、石油勘探及冶炼等相关专业。通过对土库曼斯坦工

---

① 《中国驻土库曼斯坦大使孙炜东：中土正在商签"一带一路"合作文件》，网易财经，2017 年 7 月 20 日，http://money.163.com/17/0720/05/CPP11NVQ002580S6.html。登录日期：2018 年 6 月 2 日。

② Lookwe（официальная публикация），Посольство Туркменистана в Китайской Народной Республике，2016.（土库曼斯坦驻中华人民共和国大使馆提供）。

③ 《土库曼斯坦将产业创新作为本国经济发展的优先方向》，中国驻土库曼斯坦大使馆经商处网站，2017 年 12 月 2 日，http://tm.mofcom.gov.cn/article/jmxw/201712/20171202680208.shtml，登录日期：2018 年 6 月 2 日。

业、科技等领域的人才培养，中土两国在科技创新领域的合作潜力值得期待。

就农业合作而言，土库曼斯坦国土面积的 80% 以上都被卡拉库姆沙漠覆盖，天然可耕地面积相对较小，只在绿洲附近有些许种植业。传统上土库曼人以游牧见长，但在苏联时期，随着一系列大型水利工程的建设，土库曼斯坦的农业种植业有了长足发展，其中全长 1 400 公里的卡拉库姆大运河的修建尤为重要。该运河东起靠近阿富汗边境的山区，引来阿姆河上游的水，穿过卡拉库姆沙漠的南部，灌溉土库曼斯坦的棉产区，最终注入里海。运河灌溉惠及 1 500 万亩耕地及 2.25 亿亩牧场，保证了土库曼斯坦农牧业的发展；直通里海，也极大便利了土库曼斯坦南部的交通运输。卡拉库姆大运河使土库曼斯坦成为苏联最大的长纤棉产区，其与石油并称为土库曼斯坦的"白金与黑金"，土库曼斯坦的棉花在世界上享有盛誉。土库曼斯坦作为世界十大产棉国，2021 年棉花产量为 125 万吨。①

此外，由于气候炎热干燥、无霜期长、日照时间长，近些年来土库曼斯坦的葡萄（酒）产业有了快速发展。早在 2 000 多年前，土库曼斯坦就盛产葡萄及葡萄酒，其制酒历史源远流长。独立以来，得益于新技术的使用与新配方的发明，② 土库曼斯坦的葡萄酒在莫斯科的国际饮料展会、雅尔塔"金狮鹫"国际葡萄酒大赛等顶级赛事中都取得了较高国际声誉。

为了推动农业的发展，土库曼斯坦政府制定了 2030 年农业产业发展目标，即在 2010 年棉花和小麦产量基础上，增加主要农作物种植面积，推广并应用先进科技成果，提高粮、棉单产。2015 年 5

---

① https://turkmenportal. com/blog/33768/v-2021-godu-v-turkmenistane-zaplanirovano-sobrat-1-million-250-tysyach-tonn-hlopka? utm_ source＝yxnews&utm_ medium＝desktop。登录日期：2022 年 7 月 25 日。

② 魏启慧、王四海：《浅析土库曼斯坦葡萄产业》，《中亚研究》，2016 年第 1 期，第 61 页。

月，土库曼斯坦总统签署政令，批准扩大出口和生产进口替代产品的国家计划，其中在增加土库曼斯坦产品出口方面，计划实施 33 个项目，包括建设肉奶、果蔬、鱼类等产品的生产和加工企业，形成进口替代产业，促进外贸进出口平衡，并增加国民收入中民营经济份额。[①]

在中土农业合作中，中国从土库曼斯坦主要进口棉花、羊毛和皮张。2013 年中国从土库曼斯坦进口农产品达 1 945 万元，占土库曼斯坦当年农产品出口的 5.28%。中国出口到土库曼斯坦的农产品主要有茶叶、加工蔬菜及罐头蘑菇等，2013 年对土库曼斯坦出口额为 870 万美元，仅占土库曼斯坦当年进口农产品的 1.71%。而土库曼斯坦的主要进口来源国是独联体国家，这与其地理位置、历史渊源以及区域自由贸易协定有关。[②]

尽管如此，中土农业合作仍有较大增长空间，如钾盐短缺正成为制约我国农业安全的一项因素，而加快海外资源占有则是资源保障的重要措施。土库曼斯坦莱巴普州东部地区钾盐储量巨大，目前开发程度不高，故加强同土库曼斯坦钾盐开发合作，符合我国保障粮食安全的国家战略，也有助于深化中土农业合作。

就旅游合作而言，土库曼斯坦旅游资源丰富，无论是自然景观还是人文历史遗产都极有特色。土库曼斯坦政府对旅游产业非常重视，特别是别尔德穆哈梅多夫总统号召进行"新的复兴时代"建设，其中一个重点就是对国家旅游资源进行大规模整合和开发。在里海地区最大的工业、交通枢纽城市——土库曼巴什，土库曼斯坦建设了国家级旅游区"阿瓦扎"，通过三座游乐公园的修建与酒店、新机场、通信及能源等基础设施建设，使其旅游产业在国际竞争力

---

① 郭静利、粟若杨：《中国与土库曼斯坦农业合作前景分析》，《世界农业》，2016 年第 11 期，第 186 页。
② 同上，第 185 页。

上达到了前所未有的高度。此外，阿瓦扎国家旅游区还举办了各种国际创意节和全国性体育赛事来进一步丰富旅游区的服务项目。[①]其中，以疗养院为目的地的跨国旅游是土库曼斯坦国际旅游业的传统形式。除依托雄伟的科佩特山脉与在苏联时期修建的疗养院，土库曼斯坦还利用本土草药进一步完善了以别尔津基、阿尔奇曼、伊厄雷苏夫为代表的矿泉保健疗养院。此外，又在巴依马雷建起了中亚乃至欧亚地区唯一的肾病疗养院，使其改造升级完全保留了 19 世纪的古建筑原貌，且已被列入国家马雷文化历史保护范围。在土库曼西南部，分布着一系列死火山与活火山，不仅是壮观的自然风光，更有储量丰富、成分特殊的火山泥提供泥疗保证。[②]

在自然景观方面，中亚最大的内陆河——阿姆河从土库曼境内奔腾而过，形成了独特的自然景观。占据土库曼大部分国土的卡拉库姆沙漠是世界第四大沙漠，在其腹地的达瓦扎（Derweze），有一个至今熊熊燃烧、40 多年未曾熄灭过的巨大坑洞，是世界探险爱好者理想的旅游目的地[③]。在人文历史遗产方面，土库曼斯坦有"考古学家的天堂"之称，是古代丝绸之路诸多历史名城的所在地。该国境内的历史遗迹大多数都分布在马雷州，1999 年联合国教科文组织将"马雷国家历史和文化公园"作为文化遗产，列入《世界遗产名录》。[④]丝路历史名城库尼亚－乌尔根奇（Kunya-Urgench，古称玉龙杰赤

---

① Lookwe（официальная публикация），Посольство Туркменистана в Китайской Народной Республике，2016.（土库曼斯坦驻中华人民共和国大使馆提供）。

② ［土］库尔班古力·别尔德穆哈梅多夫：《土库曼斯坦——疗养胜地》，北京：外语教学与研究出版社，2011 年。

③ 1971 年苏联勘探队在卡拉库姆沙漠寻找油气资源时，因为钻井事故，意外形成了一个宽70 米，深 20 米的天然气大坑。为防止有害气体外溢，苏联专家点燃了此坑内的气体，熊熊大火至今不灭。2010 年，土库曼斯坦总统别尔德穆哈梅多夫就曾提议扑灭坑中大火，但不了了之。2021 年，别尔德穆哈梅多夫总统再次要求专家设法扑灭大火，目前已经有包括欧洲、中国在内的多个专家团队提供了方案，但仍然没有进入落实阶段。

④ 名录见联合国教科文组织世界遗产官方网站，http://whc.unesco.org/en/list/&order=country#alphaT. 登录日期：2018 年 6 月 2 日。

［Gurganj］），位于土库曼斯坦西北部的达绍古兹州，曾是花剌子模王国的首都，是古丝绸之路在中亚段最重要的贸易枢纽之一，后来在蒙古西征时被夷为平地，2005 年被联合国教科文组织列为世界遗产。① 阿哈尔州则拥有安息帝国第一个首都尼萨的古城遗址，2007 年被联合国教科文组织列为世界遗产。②

虽然土库曼斯坦旅游资源丰富，但中国民众对该国的具体认知还很匮乏。随着"一带一路"的推进，中土旅游交流迎来了重要机遇。中国民众对中亚的旅游热情随着"一带一路"的推进而倍增，且已出现了以中亚为目的地的高端旅游（游学）项目，但因土库曼斯坦的签证手续繁杂，目前这些项目多以乌兹别克斯坦、哈萨克斯坦等地为目的地，一旦土库曼斯坦放宽签证准入，必然会成为中国游客的下一个旅行热点地区。

第二节　中国与土库曼斯坦经贸合作案例分析

自 2000 年 7 月时任国家主席江泽民访问土库曼斯坦后，中石油与土库曼斯坦石油部签署了石油天然气领域合作备忘录。③ 中国开始进入该国天然气领域之后，中土在天然气领域的合作逐渐深入，已成为中土经贸合作的典范之一，是中土双边关系的"压舱石"。截至 2021 年底，土库曼斯坦累计对华供气量为 3 204 亿立方米。

就气田开发合作而言，主要包括：

一、阿姆河右岸天然气勘探开发项目。为了促进天然气出口多元化，2006 年 4 月，土总统尼亚佐夫访华期间，中土签署了《关于实施

---

① 名录见联合国教科文组织世界遗产官方网站，http://whc. unesco. org/en/list/&order＝country#alphaT。登录日期：2018 年 6 月 2 日。
② 同上。
③ 《中国-土库曼斯坦天然气勘探开发合作大事记》，《天然气工业》，2010 年第 5 期，第 5 页。

中土天然气管道项目和土库曼斯坦向中国出售天然气的总协议》。根据协议，土库曼斯坦每年将经过中亚天然气管道，向中国输送 300 亿立方米的天然气。① 然而，尼亚佐夫年底突然逝世，该协议能否落实成为悬念。继任的别尔德穆哈梅多夫继续奉行能源出口多元化政策。2007年 7 月 17 日，别尔德穆哈梅多夫总统访华期间，中石油与土库曼斯坦油气资源利用署、天然气康采恩签署了土库曼斯坦阿姆河右岸天然气产品分成合同和中土天然气购销协议，从而使原协议得到了具体落实。根据协议，从 2009 年起的 30 年内，土将通过中土天然气管道，每年向中国出口 300 亿立方米的天然气。土方对中土天然气合作予以特殊政策照顾，将唯一一个陆上天然气开采权授予中石油公司。② 2007 年 8月 29 日，中石油获得别尔德穆哈梅多夫总统颁发的《阿姆河右岸勘探开发许可证》，阿姆河右岸项目正式启动。阿姆河天然气勘探开发项目是中国规模最大的境外天然气勘探项目，它位于土库曼斯坦阿姆河右岸巴格德雷合同区，分 A、B 两个区块。经过老井修复和新井开发，A区块萨曼杰佩气田储量大幅增加。而 B 区块的勘探也取得了重大进展，南部、东部和中部勘探也获得了重要发现。作为中国石油历史上最大规模的境外天然气勘探开发合作项目，阿姆河右岸项目从正式启动到建成投产仅用了 18 个月。③ 2008 年 8 月 29 日，中石油与土天然气康采恩签订了天然气购销协议，扩大了阿姆河天然气勘探开发项目的合作范围。2011 年 12 月 15 日，阿姆河天然气项目第二天然气处理厂（90亿立方米/年产能）开工，2014 年 6 月，该处理厂正式建成投运。

中石油阿姆河项目在考虑经济效益的同时，还主动承担必要的社

---

① 《中国–土库曼斯坦天然气勘探开发合作大事记》，《天然气工业》，2010 年第 5 期，第 5页。

② 罗欢欢、刘韵珊：《除了天然气，中土合作大有潜力可挖——专访中国驻土库曼斯坦大使孙炜东》，《南方周末》，2017 年 7 月 20 日。

③ 《阿姆河右岸天然气开发项目外输气量超 170 亿立方米》，《天然气技术与经济》，2013 年第 5 期，第 63 页。

会责任。项目为当地提供大量劳动岗位，目前在项目甲乙方单位就业的土库曼斯坦人员超过 7 000 人，累计带动就业超过 2.2 万人，缓解了当地就业压力。此外，项目还积极为土库曼斯坦方人员提供培训，已有近百名当地员工走上管理岗位，一线生产班组长全部由当地员工担任。项目甲方单位中石油阿姆河天然气公司一贯重视社会公益投入，累计投资 300 万美元开展文化、教育、医疗以及残疾救助等公益活动。中石油阿姆河项目通过践行正确的义利观、树立良好大国形象，提高了当地民众对中国传统文化的好感和兴趣，同时也增进了当地民众对项目的亲和力，去该项目就业已成为当地民众热衷的职业选择。[①]

二、"复兴"气田项目。2008 年 8 月 29 日，国家主席胡锦涛访问土库曼斯坦，中土两国签署《扩大 100 亿立方米天然气合作框架协议》。根据协议，土库曼斯坦每年将向中国增供 100 亿立方米天然气，该协议的气源地为南约洛坦气田（后命名为"复兴"气田一期）。[②] 2009 年 12 月，根据中石油授权，川庆钻探与土天然气康采恩签署《南约洛坦（加尔金内什）气田年产 100 亿立方米商品气产能建设 EPC（总承包）合同》，合同总价 31.28 亿美元，建设工期 36 个月。合同包括 22 口气井钻井、内部集输管线建设、年 100 亿立方米产能的天然气处理厂建设、水源站建设及 110 公里直径 1 420 毫米的外输

---

① 《对外投资合作国别（地区）指南：土库曼斯坦（2021 年版）》，第 88 页。
② 《复兴气田 中油设计——CPE 又快完成南约洛坦 100 亿立方米天然气项目纪实》，中国石油新闻中心，2013 年 11 月 11 日，http://center.cnpc.com.cn/zgsyb/system/2013/11/07/001455803.shtml。登录日期：2018 年 6 月 2 日。复兴油气田是世界第二超大单体气田，土库曼语为"Galkynyş"，意思为"复兴"，故有时中方新闻也根据音译称之为"加尔金内什"气田。该气田是土库曼斯坦东南部马雷州大型油气田群的聚集带，是多个气田的总称，并非一个气田。具体概念详见王四海：《土库曼斯坦未来天然气主力产区——复兴气田区开发最新进展》，http://tkmst.lzu.edu.cn/m/detail.php?aid=10682，访问日期：2022 年 7 月 24 日。土政府规划将该气田分为七期来开发，每一期都是 300 亿方产能规模。第一期已开发，一部分供给中国，一部分供土国内和其他方向出口。该期工程土方分了两个标段，中方参与了其中 100 亿方工程，但是以乙方工程建设身份参与的，对气田的气没有所有权。

管线建设等。① 2013 年 9 月 3 日，习近平主席访问土库曼斯坦，同别尔德穆哈梅多夫总统共同出席了土库曼斯坦"复兴"气田一期工程竣工仪式。此外，在习近平主席访问土国期间，中石油与土天然气康采恩又签署了《关于土库曼斯坦加尔金内什气田（"复兴"气田二期）300 亿立方米/年商品气产能建设工程设计、采购、施工（EPC）交钥匙合同》和《关于土库曼斯坦增供 250 亿立方米/年天然气的购销协议》。根据以上文件，中石油将承建加尔金内什气田二期地面工程的钻井、设计、采购、施工（EPC）交钥匙工程，建成年产 300 亿立方米的商品气处理厂。② 该项目是近年全球最大的 EPC 总承包项目之一，已于 2014 年 5 月开工。2021 年，中国和土库曼斯坦签订合同，中方将在未来 2.5 年继续帮助土方在复兴油气田新建 3 口天然气井。

2022 年 6 月 18 日，土库曼斯坦总统谢·别尔德穆哈梅多夫出席中石油阿姆河公司巴格德雷合同区 B 区西部新气田投产仪式。西部气田是阿姆河天然气项目继 B 区东部气田之后开发建设的又一重大区块主力气田，由 6 个气田组成，包括 22 口生产井及相应地面工程设施，设计产能为年产天然气 18 亿立方米，对阿姆河天然气项目保持高产稳产，持续发挥中土能源合作"压舱石"作用具有重要意义。随着此次 B 区 6 个气田建成投产，阿姆河右岸巴格德雷合同区将共有 35 个气田投入开发。③

三、天然气管道建设项目。2007 年 7 月，中国石油天然气集团公司与土库曼斯坦签署协议，计划通过修建中国—中亚天然气管道，每

---

① 《复兴气田 中油设计——CPE 又快完成南约洛坦 100 亿立方米天然气项目纪实》，中国石油新闻中心，2013 年 11 月 11 日，http://center.cnpc.com.cn/zgsyb/system/2013/11/07/001455803.shtml。登录日期：2018 年 6 月 2 日。

② 《中土能源合作实现跨越式发展》，《中国石化》，2013 年第 9 期，第 5 页。

③ 中国石油国际勘探开发有限公司：http://cnodc.cnpc.com.cn/cnodc/gsxw1/202206/b075da33faf24a6eabd4131f9f598e79.shtml，访问日期：2022 年 7 月 25 日。

年引进 300 亿立方米天然气。中国—中亚天然气管道项目起自土库曼斯坦和乌兹别克斯坦边境的格达伊姆，途经乌兹别克斯坦、哈萨克斯坦，最终到达中国新疆的霍尔果斯，并进入西气东输二线管道。管道总长度 1 818 千米，其中乌兹别克斯坦境内 525 千米，哈萨克斯坦境内 1 293 千米。[①] 中国—中亚天然气管道是中国第一条跨国天然气管道，也是世界最长的天然气输送管道。2009 年 12 月 14 日，以中国石油川庆钻探公司承建的土库曼（阿姆河右岸）巴格德雷第一天然气处理厂投产庆典为标志，起自土库曼斯坦萨曼杰佩、止于中国新疆霍尔果斯口岸的全长 1 800 多公里的中亚天然气管道正式投产。中国国家主席胡锦涛与土库曼斯坦、哈萨克斯坦、乌兹别克斯坦三国元首齐聚巴格德雷第一天然气处理厂出席投产庆典，共同开启了土、中、哈、乌国际能源合作的"金阀门"（即天然气管道启动阀门）。[②] 2014 年 9 月，中国—中亚天然气管道 D 线开工，该管道经土库曼斯坦、乌兹别克斯坦、塔吉克斯坦和吉尔吉斯斯坦，止于中国新疆乌恰县，管道全线长 1 000 千米，其中中国境外段长 840 千米，完工后将成为又一条连通中亚与中国的能源大动脉，将使对华年供气量提升至 650 亿立方米，也将有助于进一步夯实中土经贸关系。[③]

可以说，中国与土库曼斯坦的经贸合作前景十分广阔，大有可为，正如土库曼斯坦国内媒体所期待的那样："土库曼斯坦为自己设立了远大的目标，要在国内打造强大的民族工业、加工工业、高新技术产业及具有投资吸引力的经济体，土库曼国家元首……还强调，近年来中华人民共和国已经成为土库曼斯坦最重要的优先合作伙伴。按

---

① 夏丽洪、郝鸿毅、沈学红：《2008 年中国石油工业综述》，《国际石油经济》，2009 年第 4 期，第 31 页。

② 《胡锦涛出席中国——中亚天然气管道通气仪式》，人民网，2009 年 12 月 15 日，http://politics. people. com. cn/GB/1024/10577619. html。登录日期：2018 年 6 月 5 日。

③ 《中国—中亚天然气管道 D 线开工》，中国石油新闻中心，2014 年 9 月 15 日，http://news. cnpc. com. cn/system/2014/09/15/001507088. shtml。登录日期：2018 年 6 月 5 日。

照已经达成的双边协议，中国将为我们国家提供一切必要的支持，也将为我国国民经济的关键领域的发展做出突出贡献，包括对外经济联系的多元化及高科技人才培养等。"①

第三节　中土战略合作面临的主要挑战

中土以"战略对接"为抓手来深化战略合作，但也面临诸多挑战，且主要体现在以下几个方面：在宏观经济层面上，中国是土库曼斯坦的第一大贸易合作伙伴，2012—2017 年中土贸易一直呈上升趋势，且由于中国对土库曼斯坦的天然气出口需求量巨大，因此保持了较大的贸易顺差。但是，土库曼斯坦近年来经济状况不佳，曾经引以为傲的高福利政策（免学费、天然气费等）也开始逐步调整并增加了收费。

2019 年 1—5 月，土库曼斯坦国民经济保持稳定增长，国内生产总值增速 6.2%，其中工业同比增长 4%，交通通讯业同比增长 10.1%，贸易同比增长 11.8%，农业同比增长 3.5%，服务业同比增长 8%，商品零售额同比增长 19.1%。出口增长 14%，进口下降 20%。② 虽然土库曼斯坦的统计数据的真实性屡屡为外界质疑，疫情期间更是不断传出通货膨胀严重的消息，但是在整体上还是可以判断该国的经济形势正在逐渐好转。特别是 2019 年以来，土库曼斯坦倡议并举办了首届里海经济论坛（土库曼巴希），2022 年 6 月 29 日又承办了第六届里海沿岸国家首脑峰会（阿什哈巴德），其在地缘政治

---

① 科马罗娃：《战略伙伴关系》，《中立的土库曼斯坦日报》，2014 年 5 月 2 日。转引自诗琳（土库曼斯坦在华留学生）：《土库曼斯坦对中国"丝绸之路经济带"倡议的认知与应对》，天津师范大学 2016 年国际政治硕士学位论文。

② 中华人民共和国驻土库曼斯坦大使馆：《土库曼斯坦公布 2019 年 1—5 月主要宏观经济数据》，http://tm.mofcom.gov.cn/article/ztdy/201906/20190602872157.shtml。登录日期：2022 年 7 月 25 日。

经济中的重要性不断增强。然而，2022 年土库曼斯坦政权更迭，虽然交接平稳，但新总统是否会逐渐更改土库曼斯坦过去较为封闭的对外政策，其国内政治透明度能否改善，还需要进一步观望。这些因素都会对未来中土合作产生影响。

此外，土库曼斯坦实行固定汇率制度，资本管制较严格。2009年土库曼斯坦实行汇率改革，发行新面值货币马纳特。新币发行后实行固定汇率制度。目前，马纳特兑美元汇率稳定为 3.5：1，但黑市汇率浮动较大，从 2020 年的 19：1 到疫情期间的接近 40：1，现在马纳特价值有所上升。① 在外汇管制上，该国规定所有的进出口合同都必须在土库曼斯坦国家商品和原材料交易所（SCRME）实行登记。在土库曼斯坦注册的外国公司可在土库曼斯坦商业银行开设外汇账户，但不允许提取大额现金，需用美元交费时只能通过银行转账，② 这都将给中土经贸合作带来了一定的挑战。

在国家长期规划层面上，土总统在 2016 年 10 月 21 日的政府工作会议上指出，成为工业发达国家是土现阶段经济发展目标，为了实现该目标，土将推动工业基础设施多元化，计划建设一批现代化的工业基础设施和大型加工厂，采取一切必要措施实施"生产进口替代产品"和"扩大民族产品出口"两个发展重点。其中，包括加强民族电子工业发展、建筑行业本土化程度提高至 80% 以上、纺织业努力打造"土库曼斯坦制造"品牌、加速进行农业改革等具体内容。③ 以上举措均对中土经贸合作的内容与形式形成一定的挑战。

此外，针对本国工业部门对国家自然资源的深入开采和工业应

---

① 此处为作者 2019 年、2020 年的田野调查数据。
② 《朱苏荣：推动中国-土库曼斯坦金融合作》，和讯网，2015 年 2 月 9 日，http://news.hexun.com/2015-02-09/173188616.html。登录日期：2018 年 6 月 4 日。
③ 《土库曼斯坦近期发展规划和任务目标》，中华人民共和国驻土库曼斯坦大使馆商务参赞处网站，2017 年 2 月 17 日，http://tm.mofcom.gov.cn/article/ztdy/201702/20170202517496.shtml。登录日期：2018 年 6 月 4 日。

用，土库曼斯坦总统别尔德穆哈梅多夫于 2017 年 4 月指出，此项工作应更积极吸引本国工业家和企业家联盟参与，并为从事地下资源开发的本国企业提供一定的优惠条件。企业应当以开采有益矿产、生产由本国矿物原料制造的进口替代和定向出口产品为目标。[①] 这就意味着，外国企业参与开发土库曼斯坦自然资源的机会可能受到进一步限制，而在同其本国工业企业的竞争中，将会因为政策倾斜于后者而处于相对不利的境地。

此外，在中土已经合作开发的气田和管道项目中，一些开工前拟定的供应合同，在完工后并未得到土库曼斯坦方的复批，所以最终合同并未执行。[②] 尽管中土在天然气领域的合作成效显著，但两国天然气管线建设仍存在不确定性。土库曼斯坦在天然气输出路线上采取了"实用主义外交政策"，即与各方打交道，提出多种方案，从中选择最有利的为己所用。2010 年 12 月，土库曼斯坦总统别尔德穆哈梅多夫、阿富汗总统卡尔扎伊、巴基斯坦总统扎尔达里和印度石油天然气部长迪欧拉，共同在阿什哈巴德签署了 TAPI 项目实施的政府间协议。根据协议，四方规划建设一条起自土库曼东部气田，途经阿富汗坎大哈和巴基斯坦木尔坦市到达巴印边境法兹拉卡的天然气管道。2012 年 5 月、2013 年 6 月，土库曼斯坦相继与巴基斯坦、印度公司签署了天然气购销合同。上述政府间协议和天然气购销合同的签署，标志着该管道项目进入了实质性实施阶段。此外，自土库曼斯坦独立

---

① 《土总统希工企联盟积极参与开发本国地下资源》，中华人民共和国驻土库曼斯坦大使馆商务参赞处网站，2017 年 4 月 19 日，http://tm.mofcom.gov.cn/article/jmxw/201704/20170402560743.shtml.登录日期：2018 年 6 月 4 日。土库曼斯坦《地下资源法》规定，包括土领属里海范围在内的土库曼斯坦全境自然状态下的地下矿产及其资源是土库曼斯坦全国人民共有的财富和国家独特的财产，仅国家有权决定如何使用。该法还规定，地矿区块不得买卖、赠予、继承、捐献、质押或以其他形式占有。地下矿产及其资源的支配权及使用者的指定权属于土库曼斯坦内阁。

② 如上文提到的《300 亿方 EPC 交钥匙合同》，中方提交了报价申请，土方未批复，该合同未执行；《250 亿方购销协议》，当时双方未商定气价，协议约定双方商定气价后协议方生效。

以来，为维护自身的地缘政治和经济利益，欧盟就提出希望与土库曼斯坦开展天然气合作。欧盟 2007 年出台的《欧盟与中亚：新伙伴关系战略》、2008 年通过的《欧盟能源安全和合作行动计划》以及 2010 年出台的《能源 2020 战略》等文件，从战略层面提出了与中亚国家开展油气合作的必要性。[①] 此外，中亚地区国际关系复杂，而能源管线需要经过多个国家，无论是施工进度，还是开通后的运营问题等，除了土库曼斯坦和中国之外，还要受多个过境国家政策变迁的影响。例如 2014 年开工的中亚 D 线管道，有一段为塔吉克斯坦的过境隧道，虽然当时举行了开工仪式，但现在仍然处于暂停状态。由此可见，中国在深化两国双边关系的同时，也将受到以上诸多因素的制约。

总之，中土战略合作面临诸多挑战，尤其是土库曼斯坦严苛的签证政策更使中土交流与合作变得不易。因为，如果没有基本的人员流动，许多战略层面的合作落实也就无从谈起。

第四节　推进"一带一路"与"复兴古丝绸之路"对接的路径选择

中国和土库曼斯坦都是古代丝绸之路上的重要国家，两国有着深厚的历史渊源，土库曼斯坦早在尼亚佐夫总统时期就将"复兴古丝绸之路"[②] 作为振兴土库曼斯坦的重要战略之一，别尔德穆哈梅多夫自 2006 年执政以来，就非常重视"复兴古丝绸之路"战略，多次在国内外不同场合解释该战略的内涵，强调实践该战略的重要

---

① 王海燕：《土库曼斯坦天然气多元化出口战略（1991—2015）：一项实证主义分析》，《俄罗斯研究》，2015 年第 5 期，第 90 页。

② 王四海、秦屹：《中亚国家在建设丝绸之路经济带中的重要作用——以土库曼斯坦为例》，《俄罗斯东欧中亚研究》，2016 年第 5 期，第 109 页。

意义。2013 年 9 月，习近平主席提出了共建"一带一路"的倡议，这更为土库曼斯坦"复兴古丝绸之路"战略落地提供了重要的外部合作新机遇。2017 年 12 月，别尔德穆哈梅多夫新著《土库曼斯坦：丝绸之路的中枢》在中国北京发布，有力证明了中土两国战略构想高度契合以及共建"一带一路"的必然性与必要性。① 为此，应从以下几方面努力，切实推进"一带一路"与"复兴古丝绸之路"的战略对接：

第一，应制定专项规划，进一步深挖中土经贸合作的潜力。

中土正在共同研究制定两国政府关于深化战略伙伴关系的合作规划，旨在发挥两国经济互补优势，确定优先合作领域，提升贸易投资便利化水平。在规划研究中，双方应通过加强设施联通来降低贸易成本。如共同维护中土天然气管线安全稳定运行，保障中土天然气贸易持续发展；充分利用土区位优势，加强跨境基础设施建设，推进中国—哈萨克斯坦—土库曼斯坦—伊朗铁路集装箱班列线路发展，探索多式联运等新型运输方式，降低贸易成本等。同时，专项规划应重视投资和项目合作的引领作用，鼓励双方企业积极探讨能源、交通基础设施、通信、化工和纺织等领域投资和经济技术合作，带动机电设备等高新技术产品贸易发展，优化贸易结构，促进贸易双向平衡。②

在 2017 年 10 月 9 日土库曼斯坦长老委员会例行会议上，土方讨论并通过了 2018—2024 年社会经济发展规划，为未来 7 年土库曼斯坦的社会经济发展确定了基本目标。中土两国的战略对接可以此发展

---

① 《土库曼斯坦总统新著〈土库曼斯坦——丝绸之路的中枢〉发布会在京举行》，国际在线，2017 年 12 月 6 日，http://news.cri.cn/20171206/f4867ef7-763d-413c-ad1d-275d2c16db44.html。登录日期：2018 年 6 月 4 日。

② 《中国驻土库曼斯坦大使孙炜东：中土正在商签"一带一路"合作文件》，网易财经，2017 年 7 月 20 日，http://money.163.com/17/0720/05/CPP11NVQ002580S6.html。登录日期：2018 年 6 月 6 日。

规划为指导，来寻找着力点，以便有的放矢地开展中土合作。该规划的重点内容如下：

宏观经济领域，未来 7 年，土计划保持国内生产总值 6.2% ~ 8.2% 的高增长率。国民经济中工业占比 33%，服务业占比 21%，建筑业占比 14%，贸易占比 12%，农业占比 10.9%，交通通讯业占比 9.1%。土居民平均工资年增长率将达到 10%。

投资领域，土将实施积极投资政策。未来 7 年，土政府将投资 2 400 亿马纳特。其中流向油气领域的投资将达到 1 599 亿马纳特，创造 6 900 多个新的就业岗位。重点项目包括 TAPI 管道配套工程马莱伊增压站、阿哈尔州阿瓦丹杰别汽油厂等。

化工领域，到 2024 年土矿物肥料年产量将达 382.5 万吨，增长到 2018 年的 1.6 倍，其中 74.5% 将对外出口。土将实施一系列重大项目，包括巴尔坎州基扬雷化工综合体（生产聚丙烯、聚氯乙烯、苛性钠和液氯）、巴尔坎州加拉波加斯尿素厂、巴尔坎州碘溴厂、马雷市化工综合体（生产硝铵和尿素）、土库曼纳巴特聚合磷肥厂等。

交通领域，列巴普州阿塔梅拉特市和巴尔坎州加拉波加斯市将建成现代化机场，旅客运输能力将达 100 人/小时。土库曼巴希市将修建国际海港；电力领域，2024 年前，土年发电量将达 330 亿千瓦时，比 2018 年增长 27.2%；太空领域，未来 7 年，土将在太空领域投入 13 亿马纳特，并再发射一颗人造卫星，用于农业、石油工业和环保等领域的地面监控；互联网领域，土科学院将制定互联网发展和电子工业建设专项规划。

此外，未来 7 年内，土将设立特别经济区，大力推行改革，推进国有企业私有化，组建股份制企业和合资企业，推动证券交易所和证券市场发展，提高非国有经济比重。土还将研究建设合资电动汽车组装厂，以扩大出口潜力。

规划中还包括医疗卫生、教育、文化艺术、住房保障等方面内容。①

以上政策规划为中土经贸合作注入强大动力，也使中土战略合作"大有可为"。

第二，应进一步重视化工领域合作，使其成为中土务实合作的新领域。

土库曼斯坦大部分国土都被沙漠覆盖，土地较为贫瘠，农业的扩大再生产有一定的困难，而该国矿产资源丰富，如何发挥矿产资源转化为改善耕地质量与提高产量的优势，成为土库曼斯坦经济发展的重要考量。土总统别尔德穆哈梅多夫在 2017 年 12 月 8 日召开的内阁扩大会议上提出，要加快本国化学工业发展，提高矿物肥料产量。在他看来，土库曼斯坦矿产资源储量丰富，对投资者具有较大吸引力，故需要加强化工领域建设，新建一批化工企业，包括钾肥加工厂以及尿素和合成氨生产厂。事实上，土方所列举的化工产业的具体项目，相当比例都是与化肥生产有关。中国近年来粮食自给率始终稳定在90% 以上，谷物自给率在 95% 以上。在耕地环境复杂多样的客观条件下，我国所研制的适应严酷水资源限制的海水稻、单位产量极高的"巨人稻"等技术都获得了阶段性成果②。因此，无论是农业生产技术，还是与农业密切相关的化工（化肥）产业设备制造及技术指导，都表明中国与土库曼斯坦的合作潜力巨大，值得期待。

第三，应进一步发掘土库曼斯坦的地缘潜力，深入推进中土互联互通建设。

中国提出的共建"一带一路"倡议，"不像历史上殖民主义者和

---

① 《土库曼斯坦长老会讨论并通过〈土 2018—2024 年社会经济发展规划〉》，中华人民共和国驻土库曼斯坦大使馆商务参赞处网站，2017 年 10 月 10 日，http://tm.mofcom.gov.cn/article/ztdy/201710/20171002655674.shtml。登录日期：2018 年 6 月 6 日。

② 《中国三大谷物自给率高达 98%，重量更重质量》，中国农业网，2017 年 10 月 17 日，http://www.agronet.com.cn/News/1161607.html。登录日期：2018 年 6 月 6 日。

帝国主义者那样，将世界建立为一个以自我为中心、其余地区为依附于这个中心的边缘或亚边缘的等级体系。'路、带、廊、桥'以'互联互通'为中心，也就让不同区域成为相互依存、承认各自独特性、同时又互为中心的体系"①。土库曼斯坦是丝绸之路上中亚段的重要交通枢纽，濒临里海，联通中亚、中东与南亚，虽然其周边局势较为动荡，但因为其一直以"中立""独立"作为基本国策，同时坚决奉行政教分离、严厉打击恐怖主义和外部宗教渗透的政策，故使该国既能保持与周边国家的良好关系，又能保证作为交通枢纽的安全环境。2017 年 11 月 15 日，在阿什哈巴德举行的第七届阿富汗区域经济合作会议（RECCA）期间，土库曼斯坦、阿富汗、阿塞拜疆、格鲁吉亚和土耳其等国代表签署了"青金石走廊"五国协议。② "青金石走廊"是指通过铁路网和公路网将阿富汗、土库曼斯坦、阿塞拜疆、格鲁吉亚和土耳其相联，打通由南亚经中亚和外高加索地区通往欧洲的贸易和运输通道，大幅减少货物运输的时间和费用。该走廊投入使用后，将使阿富汗的进出口货物除借助巴基斯坦和伊朗港口外，还将有新的选择，这是土库曼斯坦为实践"复兴古丝绸之路"战略而推行的重要项目之一。

总体看来，土库曼斯坦的交通运输、通讯基础设施建设等，均围绕"复兴古丝绸之路"战略而有序推进。为发挥过境运输潜力并从国际运输中获得最大经济利益，近 5 年来，土库曼斯坦已对交通运输、通讯项目建设投资超过了 80 亿美元，并建成一批具有重大国际影响力的互联互通项目，如土—中天然气管道（中国—中亚天然气管道在土称"土—中天然气管道"）、国际南北交通货运走廊"金

① 《汪晖："一带一路"走出历史终结论阴影》，环球网，2015 年 4 月 8 日，http://opinion. huanqiu. com/opinion_ world/2015-04/6120239. html。登录日期：2018 年 6 月 6 日。
② 《土库曼斯坦等五国签署"青金石走廊"协议》，中华人民共和国驻土库曼斯坦大使馆，2017 年 11 月 17 日，http://tm. china-embassy. org/chn/tgdt/t1511509. htm。登录日期：2018 年 6 月 6 日。

环"工程（包括"哈萨克斯坦—土库曼斯坦—伊朗"铁路、"土库曼宇宙 52°E"卫星通信系统、阿姆河公铁两用大桥等）。目前，土库曼斯坦正在建设与推进的互联互通项目有："土库曼斯坦—阿富汗—塔吉克斯坦"铁路（联通亚洲国际运输通道的关键性铁路之一）、连接中亚和中东国家的"乌兹别克斯坦—土库曼斯坦—伊朗—阿曼"新货运走廊、"阿富汗—土库曼斯坦—阿塞拜疆—格鲁吉亚"交通走廊等重大国际交通项目。①

　　总之，以中土经贸合作为抓手，切实推进"一带一路"与"复兴古丝绸之路"的战略对接，旨在借助土库曼斯坦的区位优势、国内蓬勃发展的交通网以及安全环境的保障，提升"一带一路"互联互通的能力，推动高加索、南亚地区更好地融入"一带一路"建设，使沿线国家在同中国的经贸合作中互惠互利，进而彰显中土丝路合作伙伴关系发展的重要意义。

---

① 王四海、秦屹：《中亚国家在建设丝绸之路经济带中的重要作用——以土库曼斯坦为例》，《俄罗斯东欧中亚研究》，2016 年第 5 期，第 111 页。

第十章
中国与乌兹别克斯坦非传统
安全合作路径探索

　　冷战结束，特别是"9·11"事件后，非传统安全的概念不断扩展，且传统安全与非传统安全界限模糊并时常相互交叉。非传统安全涉及恐怖主义、粮食问题、气候问题等诸多重要议题。随着全球化及地区一体化进程的不断深入，非传统安全日益影响社会稳定和经济持续发展，与此相应，各国政府则致力于开展各种形式的国际合作与交流，而中国提出的"一带一路"倡议便是在非传统安全领域推进有效治理的重要方案之一。作为中国西部周边地区的重要组成部分，中亚近年来日益受到恐怖主义的威胁，如"乌伊运""东伊运""扎莫阿特"，甚至"伊斯兰国"等都与中国的国家安全密切相关。就中国与乌兹别克斯坦的反恐与去极端化合作而言，乌兹别克斯坦作为中亚地区大国，在去极端化方面积累了较为丰富的经验，但同时也面临严峻的挑战。因此，在"一带一路"与上合组织合作框架下，中乌两国在非传统安全领域的深入合作，将有利于两国增强战略互信，进而助推中乌关系发展。

第一节　乌兹别克斯坦面临严峻的安全挑战

中亚地区的恐怖主义威胁主要来自极端主义组织。[①] 近年来，乌兹别克斯坦国内的极端组织主要有："乌兹别克斯坦伊斯兰运动""扎莫阿特""突厥斯坦伊斯兰党""东突厥斯坦伊斯兰运动""东突厥斯坦解放组织""世界维吾尔青年代表大会""伊扎布特""伊斯兰国"等。

其中，"乌兹别克斯坦伊斯兰运动"（以下简称"乌伊运"）是在乌境内最先出现，并对乌社会稳定产生了极大破坏的极端组织。"乌伊运"的政治目标是通过"圣战"推翻现有的世俗政权，在乌兹别克斯坦、塔吉克斯坦和吉尔吉斯斯坦三国交界的费尔干纳谷地建立政教合一的"哈里发国家"。大批来自阿富汗、巴基斯坦、俄罗斯车臣共和国乃至阿拉伯国家的恐怖分子加入到"乌伊运"中。

此外，"伊扎布特""伊斯兰国"等从中东地区逐步扩散至乌兹别克斯坦的境外极端组织也较活跃，且因已在中东地区积累了大量经验，故其在中亚的暴恐活动更具隐蔽性，尤其是反侦察能力更强，并与乌兹别克斯坦国内极端势力相勾结，给乌国反恐工作带来巨大挑战。

1999 年 2 月 16 日，"乌伊运"在乌兹别克斯坦首都塔什干的国会大厦、国家银行、市交通警察局等多处制造了 6 起爆炸事件，炸死 15 人，炸伤 128 人，且试图暗杀乌前总统卡里莫夫；[②] 2005 年 5 月 12 日，乌兹别克斯坦东部的安集延市发生武装骚乱事件，一伙不明身份的武装分子袭击了安集延市、州部分警察岗哨和军队营地，夺取

---

① 高祖贵：《美国与中亚的关系分析》，《俄罗斯中亚东欧研究》，2005 年第 2 期，第 73 页。

② 《Взрывы 1999 года в Ташкенте: Теракт исламистов или спецслужб?》，费尔干纳新闻网，2012 年 2 月 16 日，http://www.fergananews.com/articles/7280。登录日期：2018 年 6 月 18 日。

了一批武器弹药，冲击了安集延市监狱，并放出了 2 000 多名在押犯，该团伙还试图将骚乱扩散到费尔干纳盆地和整个乌兹别克斯坦，发动骚乱的武装分子既有土匪，也有极端分子，还有从阿富汗来的塔利班人员。① 骚乱平息后，乌兹别克斯坦时任总统卡里莫夫在塔什干举行的记者招待会上称，"安集延骚乱事件"是中亚极端组织"伊扎布特"（伊斯兰解放党，总部设在英国伦敦）的新分支组织"艾克拉米亚"（源自阿拉伯语，意为"至尊"）所为。②

造成中亚尤其是乌兹别克斯坦安全形势恶化的原因是多方面的。其中，1991 年的苏联解体，客观上造成了中亚国家政局动荡以及社会思想的混乱。中亚五国所处的地区属于两极对抗突然消失后出现的"断裂带"或"破碎带"，该地区经济较为落后，民族、文化、社会状况复杂，各种潜在的矛盾很多。③ 乌兹别克斯坦也因为缺乏自主治理经验，且其文化、民族传统和宗教在苏联时期一度受到压抑，故一旦获得独立，该国民众便开始寻求新的身份认同以填补苏联解体所留下的空白。同时，伊斯兰复兴运动在乌兹别克斯坦也开始传播，宗教场所不断得以修建，信教群众数量猛增，宗教活动空前频繁，伊斯兰教逐渐成为乌多数民众的精神寄托。独立 10 年间，乌兹别克斯坦的清真寺由 1989 年的 300 座剧增到 6 000 座之多。④ 在伊斯兰教传播过程中，极端思想有了滋生空间，极端势力利用民众对现实中存在的社会不公、腐败横行、毒品交易，以及政府无力改善现状并对伊斯兰教与伊斯兰活动实行强硬路线的不满⑤等来传播极端思想，并导致由极

① 王小骄：《中亚恐怖主义犯罪与新疆社会稳定研究》，新疆大学 2005 年国际法硕士论文，第 14 页。

② 《乌兹别克斯坦平息安集延骚乱始末》，新浪网，2005 年 5 月 18 日，http://news.sina.com.cn/w/2005-05-18/10166675408.shtml。登录日期：2018 年 6 月 19 日。

③ 孙壮志：《中亚新格局和地区安全》，北京：中国社会科学出版社，2001 年，第 23 页。

④ 李琪：《"东突"分裂主义势力研究》，北京：中国社会科学出版社，2004 年，第 138 页。

⑤ Ihsan Yilmaz, Predicamets and Prospects in Uzbek Islamism: A Critical Comparison with the Turkish Case, USAK Yearbook 2009, Social Science Electronic Publishing, pp. 329.

端主义诱发的恐怖主义犯罪不断出现，主要包括：中东地区持续的动荡为恐怖主义犯罪的产生提供了前提条件、中亚毒品走私活动猖獗助长极端主义组织势力、费尔干纳地区问题导致"三不管"地区的形成等。①

此外，经济因素也使乌兹别克斯坦国内极端主义传播有了可乘之机，失业年轻人成为了极端分子主要的煽动对象。2016 年，该国人均国内生产总值在全球只排在 159 位，2013—2016 年，全球大宗商品价格下跌也使大量就业机会流失，大量乌兹别克斯坦人前往俄罗斯、欧洲和美国等地寻找机会。然而，出国甚至移民寻找机会的乌兹别克斯坦人同样面临着融入问题。在难以融入的情况下，一些人开始通过宗教极端主义寻找归属感，被极端主义蛊惑的乌移民甚至在国外发动恐怖袭击，如 2017 年 10 月乌兹别克斯坦人赛波夫发动的纽约恐袭等；有的则回流到国内，成为社会中的一颗"定时炸弹"，随时有可能发动"独狼"式袭击，潜在危害极大。

尤需强调的是，这些极端组织对中乌两国社会稳定都造成了巨大危害。1997 年 2 月，"东伊运"等组织策划了伊宁打砸抢骚乱事件，导致 7 人死亡，200 多人受伤；1998 年 5 月，"东突"在乌鲁木齐市制造了"5·23"系列纵火事件；2000 年 5 月 25 日，"东突"杀害了新疆克孜勒苏柯尔克孜自治州外办主任；② 2002 年 6 月 29 日，"东突"分子杀害了中国驻吉尔吉斯斯坦大使馆一等秘书王建平。③ 因此，反恐尤其是通过"去极端化"铲除宗教极端主义社会土壤，已成为中国与乌兹别克斯坦需要相互借鉴、共同探讨的重大现实课题，

---

① 李瑞生：《乌兹别克斯坦恐怖主义犯罪及其预防考究》，《四川警察学院学报》，2017 年第 1 期，第 6 页。

② 《公安部公布首批认定的"东突"恐怖组织及成员名单》，人民网，2003 年 12 月 15 日，http://www.people.com.cn/GB/shizheng/1027/2246683.html。登录日期：2018 年 6 月 19 日。

③ 《杀害中国驻吉尔吉斯斯坦外交官的 2 名凶手被枪决》，人民网，2004 年 3 月 31 日，http://unn.people.com.cn/GB/14801/21808/2421365.html。登录日期：2018 年 6 月 19 日。

乌国在"去极端化"方面的经验值得借鉴并付诸实践。

第二节 乌兹别克斯坦的"去极端化" 经验对中国的借鉴意义

首先，乌兹别克斯坦将马哈拉打造成"去极端化"抓手的经验，对我国穆斯林社区治理极具借鉴意义。

"马哈拉"，阿拉伯语意为"公社""城镇社区"等，后指代历史上形成的中亚穆斯林聚居区居民自治组织，其大小和功能类似于中国现代城市中的社区，或农村的村委会。马哈拉拥有三种特征：一是文化功能，即组成地域共同体；二是互助系统功能，即生活共同体，三是群体组织功能，即构建社会网络关系。[①] 以马哈拉命名并由政府赋予一定社会功能的社会组织在中亚其他国家也存在，如塔吉克斯坦等。但乌兹别克斯坦的马哈拉，因其历史悠久、分布广泛、保存完整、作用突出、影响较大而最具代表性。因此，乌兹别克斯坦民众的生活与马哈拉密切相关，"没有人不受马哈拉的影响，即使总统也不例外"[②]。

乌兹别克斯坦马哈拉的产生和发展，与该国独特的地理环境、生产方式、民族结构、宗教文化等息息相关。乌兹别克斯坦位于中亚河中地区（阿姆河、锡尔河流域），传统上以农业种植业和家庭畜牧业为主，绿洲经济发达。同时，由于居于古丝路的交通要道，手工业和商业历史悠久。手工业与商业的发展促进了具备相同手工技能的民众聚集在一起，实行分工合作，从而成为马哈拉的雏型。因此，大部分

---

① 热孜万·阿布里米提：《南疆村落马哈拉的传统社会结构》，《新疆·中亚·文化互鉴》，2017 年第 4 期，第 151、152、154 页。

② 王明昌、吴宏伟：《乌兹别克斯坦传统社会组织马哈拉探析》，《世界民族》，2013 年第 5 期，第 32 页。

马哈拉（尤其是古代的马哈拉）是根据手工业区分和命名的，如"铁匠马哈拉""陶工马哈拉""珠宝商人马哈拉"等。马哈拉规模大小不一，城市马哈拉相对较大，人数从 1 000 人到 3 000 人不等；农村马哈拉则较小，人数大多为 450—800 人。① 传统上一个马哈拉的大小是由清真寺来决定的，穆安津（清真寺内按时呼唤信徒做礼拜的人）在宣礼塔上呼唤民众前来祷告，他的声音能被听到的区域就被认定为一个马哈拉的大致范围。茶馆是人们聚集在一起讨论新闻和邻里生活的地方，也是马哈拉的议事与管理中心，借助茶馆在乌兹别克斯坦社会网络中的核心地位，马哈拉被认为是一个可以自我管理的行政单位。此外，一般情况下，马哈拉都有一个明显的入口，通常入口处比马哈拉内的街道狭窄。除入口外，马哈拉很少有明显的出口，只是在不同的马哈拉之间会有不起眼的连接之处。因此，长期以来，马哈拉对社区进行有效治理依赖的便是其不成文的习惯法，明确将马哈拉内的居民和外来不守规矩的"陌生人"相隔离。② 根据习惯法，若马哈拉内的居民需要卖房，首先应当卖给亲戚；如亲戚不需要，再推介给邻居，之后才能卖给马哈拉内的其他居民。不过随着乌国家治理能力的不断强化，马哈拉一些与国家法律有抵触的习俗已经被逐渐取消。

据不完全统计，目前乌兹别克斯坦境内共有约 1 万个马哈拉，遍布其许多城市和农村。③ 乌兹别克斯坦的马哈拉并不是在 1991 年该国独立后才成为法律允许的社会组织的。早在 1923 年，突厥斯坦苏维埃社会主义自治共和国的内务人民委员会就认定，马哈拉委员会与马拉哈全权代表是"合法且有效的"。马哈拉有权收税和借款，保存

① 王明昌：《乌兹别克斯坦基层组织马哈拉》，《国际研究参考》，2017 年第 2 期，第 8 页。
② 旅行者网：《Makhalla》，Advantour，https://www.advantour.com/rus/uzbekistan/traditions/makhalla.htm。登录日期：2018 年 6 月 19 日。
③ 阿依努尔·艾尼瓦尔：《乌兹别克斯坦"马哈拉"的研究综述——以俄语、乌兹别克语、日语等文献为中心》，《海外民族志研究》，2018 年第 3 期，第 20 页。

居民记录，解决经济纠纷，监督社区秩序。马哈拉委员会属于警察局和市政议会的直接管辖范围，政府将马哈拉视为行政管理的重要辅助工具。

苏联时期，马哈拉的法定社会功能随着政治需要而不断变化。1961 年，乌兹别克斯坦最高苏维埃批准的《关于乌兹别克斯坦共和国城市、乡镇和村的马哈拉（社区）委员会的意见》中规定了马哈拉的性质。该文件撤销了马哈拉的法律裁判权，取消了其经济权利，如收税和其他金融活动，仍保留其促进当地发展、组织居民活动、关心居民需求、观察居民动向、提供居民帮助等职能。1983 年，乌兹别克斯坦共和国修改了 1961 年颁布的"意见"，延长了马哈拉委员会委员的任期，允许妇女进入马哈拉委员会，并重新赋予马哈拉参与案件处理的权利，但金融、买卖交易、租赁、筹款等经济职能依旧除外。

乌兹别克斯坦独立后就面临着重构民族国家意识形态体系的新任务，而从本民族历史与传统中汲取营养、建立新的社会核心价值观和主流文化体系，则成为乌政府取代原苏联意识形态、确立全新社会理念的首选，马哈拉由此得到了政府的高度重视。1992 年，马哈拉自治制度首次出现在宪法中；同年，马哈拉基金会成立，助力马哈拉在乌兹别克斯坦国家治理中的地位日益提升。

传统上，马哈拉的行政机构一般由其内部有威信的长者（аксакал，俄语意为"德高望重的人""老人家""族长"）担任，长者们通常对当地的社会历史极为熟悉，掌控着社区内公共场所的管理权，并能凭借个人威信深入社区的内部。[①] 按照《选举法》规定，马哈拉主席由马哈拉市民大会选举产生，任期两年半，依然由社区内的长者担任。马哈拉主席的主要职责是，利用伊斯兰教的道德约束来管理马哈拉内所有成员，维护集体利益，并保障马哈拉内部成员的权

---

① 《Жизнь в махаллях Узбекистана》，LiveJournal，https://varandej.livejournal.com/757164.html，2015 年 10 月 22 日。登录时间：2018 年 3 月 30 日。

利。具体包括：倡导邻里互助，帮助单亲或孤寡老人家庭；处理家庭纠纷；维持和改善马哈拉内的居住环境；组织马哈拉内成员参与大型节日和家庭婚丧活动；负责马哈拉内孩子的民族和宗教文化教育；帮助处理马哈拉内成员的房屋买卖；组织集体手工劳动等经济活动。可见，马哈拉主席除具有较高威望外，还需拥有一定的工作能力，能够公正、合理、积极地解决问题，以保障马哈拉内部成员的团结。除主席及顾问团外，马哈拉市民大会还有多个下属委员会，包括主要业务委员会、市民大会监察委员会及行政委员会等，且分工不同：主要业务委员会负责处理马哈拉内各方面的具体事务；行政委员会主要负责处理职权范围内的行政违法事件；监察委员会则是为了监察自治机构的经济财政事务设立的。其中，行政和监察委员独立处理内部事务，并只对市民大会负责。

从乌兹别克斯坦独立至今，马哈拉已对该国"去极端化"实践产生了极为重要的影响，且主要体现为以下几个方面：

一是马哈拉可以化解底层矛盾，维护社会稳定。马哈拉通过传播中正、和平的伊斯兰文化来引导居民处理家庭纠纷和邻里关系，及时解决民众的生活和信仰问题，维护了社会稳定。马哈拉组织的经济活动又在很大程度上解决了内部成员的就业问题，降低了社会失业率。马哈拉对困难家庭的帮助降低了贫困率、缩小了收入差距，进而减少了社会矛盾发生的概率。马哈拉对青少年的教育，又使大量辍学儿童返校、青少年犯罪率不断下降。

二是马哈拉可以构筑基层堡垒，抵御"三股势力"侵袭。马哈拉坚决反对恐怖主义势力、宗教极端势力和民族分裂势力等"三股势力"，积极发挥基层堡垒的作用，如专设宗教顾问负责贯彻政府的宗教政策、针对突然出现的陌生人（尤其是传教人员）及时上报政府相关部门，乌国90%的基层派出所都设在马哈拉内，形成反"三股势力"的基层堡垒。

三是马哈拉可以推进基层民主，提升公民自治水平，从根本上阻止宗教极端组织及其思潮的侵入。马哈拉作为乌兹别克斯坦传统的社会组织，具有天然的自治能力。近年来，乌政府逐渐赋予马哈拉建设公民社会的任务，而马哈拉的日益发展则提高了乌民众参与公共事务的积极性。

2013 年，乌兹别克斯坦政府收回了各州议会任命所属区域的马哈拉负责人的权力，表明卡里莫夫政府对此非政府组织的某种不信任。但是，随着乌兹别克斯坦政治民主化和地方自治的推进，马哈拉的社会治理地位日渐提升。2015 年 4 月 10 日，在乌兹别克斯坦总统大选中，伊斯拉姆·卡里莫夫在谈到社会政策决定人民满意度的话题时，提出了"马哈拉"目前在社会中扮演的重要角色：接管了某些政府职能；解释宣传政府政策法令；丰富了慈善、妇女、儿童等方面的工作内容。[①] 在 2016 年米尔济约耶夫执政后，以马哈拉为代表的公民自治组织被认为是处于国家机构系统外、但也属于国家治理体系的一部分，禁止当地政府干涉其活动。但是，这并不代表马哈拉可以脱离于政府之外开展社会治理，故乌政府对马哈拉职能作了细化，试图通过合作、协调、监督、指导等更加温和的方式，利用马哈拉来构建民主、加强基层治理。例如，马哈拉编制内的警察在服务当地一年后，拥有考入乌兹别克斯坦内政部所属学院的优先权，以帮助马哈拉警察获得更好发展。作为补偿，政府对马哈拉进行了更多物质补助，如修复和改善社区环境、社区基础设施现代化改造、修复行政大楼、建立社区移动网络，以及为穷人与残疾人建立救助站，等等。

自 2016 年 10 月起，马哈拉开始参与乌大选的宣传工作，向民众解释《乌兹别克斯坦总统选举法》，鼓励民众履行选举权利。2016 年 12 月，乌总统大选投票率高达 87%，其中马哈拉就发挥了重要作用。

---

① 阿依吐松·苏旦、潘志平：《传统与现代的融合——乌兹别克斯坦独特的社区自治："玛哈利亚"》，《新疆地区与中亚研究》，2018 年第 3 期，第 192 页。

在大选中，马哈拉还是中央选举委员会等部门的重要助手，各个投票点的工作人员均为马哈拉的内部成员。[①] 为此，乌兹别克斯坦在多国召开以"马哈拉与公民社会"为主题的国际会议，并得到了西方学界的高度评价。

2017 年 2 月 3 日，乌兹别克斯坦通过了《关于进一步完善马哈拉机构的举措》（О Мерахпо Дальнейшему Совершенствованию института Махалли）的法令，标志着马哈拉发展新阶段的到来。[②] 根据该法令，进一步改进的马哈拉有五个领域被确认为优先事项：1. 加强公民自治机构在马哈拉中的地位和作用，使其成为一个为民众提供真正帮助和援助的机构；2. 进一步形成马哈拉中的相互尊重、宽容的气氛，增强马哈拉凝聚力，保存和发展不同民族间的普遍价值观；3. 加强公民自治机构与政府和非政府组织在改善青年精神健康和身体健康方面的互动；4. 扩大马哈拉直接参与确保公共秩序和安全的职能；5. 引入有效的权利和合法权益保护机制，协调公民自治机构的活动，确保马哈拉体系内的统一执法。为此，乌兹别克斯坦政府将为马哈拉建设新的公共服务设施。其中，马哈拉中心不仅作为各马哈拉的主席、秘书、顾问和监督人员的办公地点，还将配备民众生活中必需的场所，如茶馆、面包房、理发店、商店、运动场所、儿童游乐场等。同时，马哈拉的具体职能将有所调整和增加，新增职能包括促进邻里和解、增强社会支持、处理有关女性的特殊问题、处理未成年人及青年问题、处理体育问题、处理商业发展和家族企业问题、处理生态和园林绿化问题，以及处理公共管理和消费者保护问题等。

2019 年 4 月 3 日，乌兹别克斯坦总统米尔济约耶夫签署了一项

---

① 王明昌：《乌兹别克斯坦基层组织马哈拉》，《国际研究参考》，2017 年第 2 期，第 12 页。

② О Мерахпо Дальнейшему Совершенствованиюинститута Махалли，2017 年 2 月 3 日，https：//nrm. uz/contentf？doc ＝491377_ ukaz_ prezidenta_ respubliki_ uzbekistan_ ot_ 03_ 02_ 2017_ g_ n_ up-4944_ o_ merah_ po_ dalneyshemu_ sovershenstvovaniyu_ instituta_ mahalli. 登录日期：2018 年 4 月 1 日。

有关马哈拉的最新决议——《关于在处理居民问题方面从根本上提高马哈拉地位的措施》(《O мерах по коренному повышению статуса института махалли в работе с проблемами населения 》)。① 决议共13 条，主要提到了以下几个方面：

1. 加强公共管理，建立有效的控制系统。每季度马哈拉就公共安全和管理问题召开会议，并邀请当地官员参加，且为马哈拉配置电子信息交换系统。

2. 在马哈拉内部建立"长老指导小组"（группа 《Наставления старейшин》），借助老一代丰富的生活经验参与社会治理，尤其要吸收退休的执法人员来维持马哈拉的社会稳定，以改善社会环境。

3. 要求在 3 个月内出台新版"公民自治机构法"的草案，以消除过时机制、更新法律条文。

4. 要求司法部、财政部、国家统计委员会等部门，在 2 个月内对地方公民大会、员工、志愿者等活动进行评估，帮助当地寻找和建立增加财政预算的来源和途径。

5. 地方议会、理事会需在 2 个月内完成向当地马哈拉转交建筑和土地所有权的工作，并对马哈拉中心的建设和修复状况进行收集和调研。

6. 将马哈拉电视广播频道作为国家公民大会报道的合作伙伴，与乌兹别克斯坦国家电子大众传媒协会、国际通讯社俱乐部、国家信息局等部门合作，解决马哈拉媒体传播领域的问题。

7. 要求国家相关部委于 2020 年 1 月前在电子政务系统内启用有关马哈拉的数据库。

为遏制宗教极端主义思潮在乌的传播，乌政府还致力于将马哈拉

---

① Правда Востока：《O мерах по коренному повышению статуса института махалли в работе с проблемами населения》，2019 年 4 月 3 日，https://www.pv.uz/ru/documents/aholi-muammolari-bilan-ishlashda-mahalla-institutining-mavqeini-tubdan-oshirish-chora-tadbirlari-togrisi-da。登录日期：2019 年 7 月 21 日。

建成其国内重要的教育与启蒙中心，故设立了社区委员会"家庭—马哈拉—教育""家长学校"等，乌政府也提出了"为所有马哈拉的孩子负责"的原则，将向各马哈拉中心提供大量藏书，并使其能够借助互联网让居民浏览电子文献。

可见，乌兹别克斯坦将马哈拉打造成"去极端化"抓手的经验，对我国的反恐等去极端化实践也具有切实的借鉴意义。

其次，乌兹别克斯坦也高度重视"去极端化"领域的制度建设。

独立后，乌兹别克斯坦建立了一系列法律法规，将宗教管理纳入其法制轨道。在乌《宪法》的基础上，相继制定了《信仰自由和宗教组织法》（1998 年制定）、《非政府组织管理条例》（2003 年制定）、《宗教活动及宗教团体法》（2011 年修订）等法律法规，对非法宗教活动、不正当宣教等进行了限制。为打击宗教极端主义势力，2000 年 12 月，乌兹别克斯坦议会通过了《反恐怖主义法》，从实体和程序上规定了恐怖主义犯罪的具体内容、有权打击恐怖主义犯罪的国家机关的权限范围、反恐怖活动的行为方式、新闻媒体在报道恐怖活动时的权利和义务、遭受恐怖活动袭击的被害人的损害赔偿，以及社会恢复援助和参与恐怖活动的行为人的刑事责任等，从而在法律上将该国反恐行动列入其治理范围，事实上加强了打击恐怖分子的力度。2004 年，乌兹别克斯坦修订了《反恐怖主义法》，规定对恐怖分子进行更加严厉的处罚。[①]

近年来，乌兹别克斯坦政府在已有"去极端化"法律的基础上，尝试制定乌国历史上第一个有关"去极端化"的法律。该法律的制定是在与联合国宗教信仰自由事务有关部门合作下进行的。[②] 联合国

---

① 阿地力江·阿布来提、古丽阿扎提·吐尔逊：《中亚反恐法律及其评析》，《新疆大学学报哲学人文社科版》，2009 年第 6 期，第 90 页。

② "В Узбекистаневпервыепоявитсязакон о борьбе с экстремизмом，"乌兹别克斯坦卫星新闻网，2017 年 10 月 12 日，https：//ru. sputniknews-uz. com/society/20171012/6532102/Uz-bekistan-OON-ekstremizm. html。登录日期：2018 年 3 月 31 日。

有关专家表示，希望乌兹别克斯坦新的"去极端化"法律可在"极端化""极端化行为""极端组织"等术语上给予更清晰的界定。同时专家也认为，当前各国的法律没有充分解释"极端主义"这个概念，也没有定义"极端主义的属性"。极端主义不仅代表着行为上的暴力，还有思想上的渗透。2018 年 1 月，《反极端主义法》（О противодействииэкстремизму）在乌国内进行公开讨论与意见征询，有超过 4 400 人向相关部门提出了修改意见和建议，该法律涉及概念界定、机制建设、负责机构、国际合作、民族和谐、宗教宽容等 17 个方面，对乌兹别克斯坦的反恐与国际反恐合作意义深远。

同时，作为制度建设的重要组成部分，乌兹别克斯坦政府制定并长期严格执行了一系列的"去极端化"政策，主要包括：

1. 加强执法，将宗教活动纳入政府工作视线。1992 年 3 月，乌总统签署"总统令"，宣布建立宗教事务管理委员会，下设宗教事务理事会，旨在促进宗教组织间相互协助、协调不同宗教信仰组织间的活动、采取措施保障不同宗教、不同民族间的和谐共处，以及发展各种宗教文化等。

2. 以"三级联动"的方式共同治理宗教极端主义，这三个层面分别为国家层面、州层面、社区层面。在国家层面，主要是直接投资建设社区博物馆、文化宫等，在电视广播媒体设立"法律基础"栏目，普及 11 年义务教育等。在州层面，主要是设立专门机构以加强基层组织的领导力，负责社区和公共事业管理，为文体设施建设提供土地保障，创造各种条件引导青少年和妇女从事远离极端主义的活动等。在基层层面，主要设立众多的马哈拉管理委员会，凡是涉及辖区民众生老病死、婚丧嫁娶、邻里纠纷、税务征收、宗教事务等都可在马哈拉社管委"一站式"解决。

3. 帮助信徒前往宗教圣地，完善朝觐工作制度。2006 年 8 月，时任乌总统卡里莫夫签署"总统令"，成立了"麦加朝觐事务管理委员会",主管涉及麦加朝觐事务,协调各部委、州,确保活动遵守国家法律,保障朝觐活动安全。①

此外,为严控宗教极端主义思潮和彻底打击暴恐组织,乌兹别克斯坦政府通过定期向社会公布"黑名单",来增强民众对宗教极端主义的警惕性。2017 年 6 月,乌总统米尔济约耶夫在政府会议上再次修订了国内宗教极端分子的"黑名单",并设立了专门监视与处理"黑名单"人员的"特别小组"。乌兹别克斯坦政府的"黑名单"主要聚焦三类人员,分别是背叛传统教义的人、对传统教义摇摆不定的人和激进的原教旨主义追随者,特别是第三类人,如果他们不放弃极端主义思想的话,"特别小组"就会警告或监禁他们,甚至剥夺其公民权。当前,乌全国所有地区都设立了"特别小组",组成单位包括内政部、国家安全部门、检察院、马哈拉、清真寺和其他机构等。

可见,乌兹别克斯坦在"去极端化"法律体系建设中,实体性的法律是其核心,专门性法律是其基石,两者相互补充、良性互动,为依法反恐与去极端化实践提供了有力的法律保障。

第三节 "一带一路"框架下中国—乌兹别克斯坦非传统安全合作路径选择

第一,应进一步加强中乌在立法与执法领域的交流与合作。

在乌兹别克斯坦,近年来暴恐袭击的数量明显减少。虽然有西方学者仍声称极端主义者只是迫于乌国内压力转战国外,依旧可以入境作乱,但这也至少表明乌兹别克斯坦在反恐和去极端化方面确实收到了一定成效,2005 年的"安集延骚乱"后,乌兹别克斯坦再没有发生如此大规模的冲突。作为一个与阿富汗毗邻的国家,该国政府成功

---

① 耿蕾、李明力:《乌兹别克斯坦治理宗教极端主义对我"极端化"的有益启示》,《河北联合大学学报(社会科学版)》,2016 年第 2 期,第 7 页。

维护了国家的稳定和人民的安全。

乌兹别克斯坦自独立后就认识到，仅借助单项反恐立法或者国内刑法中相关反极端化条款还远远不能有效遏制、防范和打击愈演愈烈的由极端化思想所引发的恐怖主义活动。国内反极端化法律、刑事法律与国际反恐公约的相互协调和统一，才是控制极端主义恐怖犯罪的重要途径。乌兹别克斯坦的刑法、反恐怖主义法和特别法三位一体的反恐体系，通过统一的恐怖犯罪概念规定和协调的反恐运作模式，较为有效地控制了国内的恐怖主义犯罪，创造了相对稳定的社会环境。

在中乌共建"一带一路"中，文明互鉴与安全合作均是重要内容，乌兹别克斯坦在反恐尤其是"去极端化"方面的宝贵经验，将有助于中乌相关部门在该领域的互学互鉴与深入合作。2021 年 4 月 29 日，国家主席习近平在与乌兹别克斯坦总统米尔济约耶夫通电话时强调，中方愿同乌方以 2022 年庆祝两国建交 30 周年为契机，全面提升中乌合作规模、质量、水平，加强共建"一带一路"倡议和"新乌兹别克斯坦"规划对接。双方应加强执法、安全、防务领域合作，共同维护地区安全稳定。[①] 2021 年 5 月 26 日，国务委员、公安部部长赵克志在与乌兹别克斯坦内务部部长博博约诺夫通电话时表示，希望双方认真落实两国元首重要共识，加强在重大活动安保、打击"三股势力"和去极端化、执法能力建设等领域的务实合作，共同维护地区安全稳定，更好造福两国和两国人民。博博约诺夫表示，愿不断深化双方执法安全务实合作。[②]

第二，应进一步深化中乌之间的人文交流与合作。

[①] 《习近平同乌兹别克斯坦总统通电话》，央广网，2021 年 4 月 30 日，https：//baijiahao. baidu. com/s？id＝1698441014601717918&wfr＝spider&for＝pc。登录日期：2021 年 7 月 29 日。

[②] 《赵克志同乌兹别克斯坦内务部部长博博约诺夫通电话》，新华社客户端，2021 年 5 月 26 日，https：//baijiahao. baidu. com/s？id＝1700829935235168519&wfr＝spider&for＝pc。登录日期：2021 年 7 月 29 日。

2011 年，乌兹别克斯坦政府成立了"精神文明与教育中心"（《Духовность и просвещение》），其主要任务是"在年轻人中传播健康的生活方式，保护其免受反动思想和极端主义的有害影响"。该中心的分支机构在乌兹别克斯坦所有地区开展工作，其工作人员会时常访问当地学校，教育青少年"关于极端分子的目标以及他们如何将宗教用于恶劣目的"，而该中心每次访问都会邀请当地清真寺伊玛目来宣传中正、和平的伊斯兰文化。与此同时，乌国内中小学也创建了"家庭，马哈拉和学校中心"（《Центрысемьи，махалли и школы》）以及"打击宗教极端主义和恐怖主义中心"（《Центрборьбы с религиознымэкстремизмом и терроризмом》）等，这些中心致力于对学生开展教育和宣传工作，执法机构也会参加其活动，其工作人员会告知学生如何避免接触极端分子，如不能收取在大街上陌生人发的书籍或各种小册子，发现这些人可直接报警等。此外，为防止宗教极端主义思想在青年人中间蔓延，警方会对从事电脑与手机维修的小企业或机构进行突击检查等。2012 年，乌兹别克斯坦塔什干伊斯兰大学的伊斯兰神学院、经济学与自然科学学院，均开设了新的学科——宗教社会心理学，旨在研究如何对那些因为极端主义和恐怖主义污染而陷入困境的人员进行有效纠正与积极影响。在乌兹别克斯坦有关伊斯兰教的课题研究中，最紧迫的选题就是文明间对话、反对宗教极端主义、狂热主义和恐怖主义，以及如何在年轻人中形成宽容的宗教氛围。①

因此，中乌两国可在"一带一路"框架内进一步加强在人文交流与合作，以逐步铲除宗教极端主义思想的社会土壤。

第三，应进一步推动中乌社区组织之间的互访与交流。

马哈拉是在古代丝绸之路交往中逐渐形成的，它在当前乌兹别克斯

---

① К. И. Поляков："Противодействие религиознополитическомуэкстремизму в Узбекистане"，*ИСЛАМСКИЙ ЭКСТРЕМИЗМ В ЦЕНТРАЛЬНОЙ АЗИИ*，Москва，ИВ РАН，2014，pp. 45.

斯坦的成功实践，证明了以传统文化为基础产生的本土化基层治理方式是能够与时俱进的。"一带一路"作为古丝绸之路在当代的传承，客观上要求中国加强同乌兹别克斯坦等丝路沿线国家间的民间人文交流与合作。因为，"一带一路"不仅是"经济走廊"，更是"人文走廊"，"五通"建设中的"民心相通"关乎丝路沿线国家民众之间的理解与包容。因此，中乌两国共享丝绸之路的文化遗产，中国的社区组织与乌兹别克斯坦的马哈拉可以借助互访，来交流基层组织在"去极端化"工作中的成功经验，从而增强中乌民间社会的了解，以夯实两国关系的社会民意基础。

第四，应进一步强化上合组织框架内的非传统安全合作。

中乌同为上海合作组织成员国，该组织在非传统安全领域曾签署《打击恐怖主义、分裂主义和极端主义上海公约》《关于地区反恐怖机构的协定》《上海合作组织反恐怖主义公约》等一系列重要法律文件，对加强缔约国之间的反恐协作、打击中亚恐怖主义犯罪起到了重要的促进作用。中乌两国在上合组织框架内也有诸多的双边合作内容。2018 年 3 月，乌兹别克斯坦共和国议院审议并通过了《上海合作组织反极端主义公约》。该公约包含了对主权的保护规范、一国打击极端主义措施的意见清单，确定了"打击极端组织"行动的范畴，明晰了"极端化""极端组织"的概念，规定了提供法律援助的流程。这是乌兹别克斯坦历史上第一次在国际层面将"极端化"定性为一种具有破坏性的活动，并将极端化所包含的内容和极端主义活动的基本形式定义为犯罪行为。该公约还致力于形成上合组织成员国在预防犯罪、联合抵制极端主义、提供法律援助和促进各方立法统一等方面的合作机制。① 2018 年 4 月，上合组织地区反恐怖机构理事会第三十二次会议在乌兹别克斯坦举行，各方还就地区反恐怖机构执委会

---

① 上海合作组织地区反恐怖机构网，http://ecrats.org/upload/iblock/6fa//Конвенция% 20по% 20экстремизму% 20（китайский）.pdf。

组织、干部、财务，以及完善上合组织成员国打击恐怖主义、分裂主义和极端主义领域法律基础问题，通过了一系列重要决议。①

　　事实上，上合组织已成为中国与乌兹别克斯坦开展反恐与去极端主义合作的重要平台。然而，如何将中乌达成的安全合作共识与其他成员国在反恐、去极端化中出现的认知差异相弥合，从而形成一个上合组织框架内的反恐与去极端化共识，这将是一个较大的挑战。此外，中国还需促进乌兹别克斯坦与周边国家，特别是吉尔吉斯斯坦与塔吉克斯坦的反恐合作，这样才能形成区域反恐与去极端化的合作"合力"，助力中乌安全合作取得更大成效。

---

① 《上海合作组织地区反恐怖机构理事会第三十二次会议在乌兹别克斯坦举行》，中华人民共和国公安部网站，2018 年 4 月 6 日，http://www.mps.gov.cn/n2254314/n2254315/n2254317/n2254380/n2254382/c6099117/content.html。登录日期，2018 年 6 月 19 日。

第十一章
中国与土耳其人文交流的
现状、成因及其对策

中土关系具有历史悠久性、认知复杂性与现实脆弱性。从某种意义上讲，中土关系面临的首要问题不是贸易逆差问题，而是价值沟通、增信释疑、培植共同安全意识等人文交流问题，且"东突"问题仍是中土人文外交面临的重大挑战之一。因此，双方应抓住"一带一路"国际合作机遇，通过加强话语共管意识、消解敌对性身份互构、构建三维集束型对话新思维、强化互为机遇意识、培育反恐共识等来进一步加强中土战略互信，以彰显人文交流关乎中土伙伴关系的战略意涵。

第一节　中国与土耳其人文交流的现状

1971 年中土建交后，两国关系才被拉回友好往来的历史轨道上，政治、经济、人文等各领域关系发展均取得了可喜成就。2010 年 10 月，国务院总理温家宝访问土耳其，宣布构建"中土战略合作关系"，标志着中土关系进入历史新时期。尤其是中土在 2012—2013 年间举办的一系列"友好年"活动，密切了双边关系，为"一带一路"框架下的中土经济、安全、人文等领域的战略合作奠定了良好基础，且体现出以下几个主要特征：

一、高层互访频繁，但社会民意基础有待进一步夯实。

2000 年 4 月，江泽民主席访问土耳其时，两国元首签署了"联合公报"，确定中土在新世纪将建立更加密切的伙伴关系。2002 年 4 月，国务院总理朱镕基访问土耳其时表示，中方赞赏"土耳其政府近年来一再强调新疆是中国领土的一部分，并采取了一些具体措施限制在土'东突'分子的反华分裂活动"，"中土两国作为地区重要国家，在打击国际恐怖主义、维护地区和平与稳定方面负有重要责任，共同打击'东突'恐怖分子，符合两国维护安全与稳定的根本利益"。故"希望中土双方更密切地合作，共同防止'东突'恐怖分子给中土关系造成损害"。"共同反恐"的中方倡议也得到了土方领导人的当即响应，表示"愿意与中方继续加强在反恐领域的合作"。[①] 2010 年 10 月，温家宝总理访问土耳其，中土发表联合声明，决定将两国关系提升为战略合作关系，宣布于 2011 年正式启动"两国外交部联合工作组机制"、全力办好 2012 年在土耳其举办的"中国文化年"和 2013 年在中国举办的"土耳其文化年"活动等，[②] 标志着双边关系步入全面发展的新阶段。2012 年，时任国家副主席习近平访问土耳其时强调"东突"问题涉及中方核心利益，"希望土方继续采取有效措施，反对和阻止'东突'势力在土耳其从事反华分裂活动，确保中土关系健康、稳定发展"。土方领导人当即表示"决不允许在土耳其领土上从事任何有损中国独立、主权和领土完整的破坏活动"。[③] 2016 年 9 月 3 日，习近平主席在杭州会见来华出席二十国集

---

① 《朱镕基与土耳其总理谈中土关系及"东突"问题》，中国网，2002 年 4 月 22 日，http://www.china.com.cn/chinese/2002/Apr/133834.html。登录日期：2019 年 7 月 20 日。

② 《中国和土耳其将双边关系提升为战略合作关系》，中国新闻网，2010 年 10 月 9 日，http://www.chinanews.com/gj/2010/10-09/2573576.shtml。登录日期：2019 年 7 月 20 日。

③ 《习近平：望土耳其阻止"东突"从事反华分裂活动》，中国新闻网，2012 年 2 月 22 日，http://www.china.com.cn/military/txt/2012-02-22/content_24696901.shtml。登录日期：2019 年 7 月 20 日。

团领导人峰会的土耳其总统埃尔多安时强调，中土两国要牢牢抓住政治互信的核心问题，中方赞赏土方强调不会允许在土耳其发生损害中国安全的事情，希望双方在反恐安全合作上取得更多实质性成果。2017 年 5 月 13 日，习近平主席在北京同来华出席"一带一路"国际合作高峰论坛的土耳其总统埃尔多安再次举行会谈，他在会谈中指出，近年来中土各领域关系发展迅速，发展中土战略合作关系，符合两国和两国人民根本利益，为推动双边关系取得更大发展，中土双方要尊重和照顾彼此核心关切，深化安全反恐合作。埃尔多安总统对习近平主席的上述讲话均给予了十分积极的回应，同样希望中土在安全合作方面进一步加强合作。

1985 年，土耳其总理图尔古特·厄扎尔曾访问中国。2003 年初，埃尔多安曾以"正发党"主席身份访华。2009 年，土耳其总统阿卜杜拉·居尔对中国进行了国事访问；同年，中国新疆"7·5"骚乱发生后，土耳其总理埃尔多安将中国的政策与"种族灭绝"相提并论，两国关系陷入低谷。2010 年，土耳其外长达乌特奥卢访华后，两国关系开始有所改善。2012 年 4 月，土耳其总理埃尔多安访华，这是 27 年来土耳其总理首次访问中国，也是土耳其总理首次访问新疆；此次访华，埃尔多安仍明示，"土耳其不允许任何人在土从事反华分裂活动"。2015 年 7 月，土耳其总统埃尔多安访华，这是埃尔多安就任土耳其总统以来的首次访华。埃尔多安明确表示，土反对"东伊运"等针对中国的恐怖主义行径，愿就此加强同中方的合作。2019 年 7 月，埃尔多安在访华期间与习近平的会谈中表示，通过千年古丝绸之路连接起来的土中友好源远流长，并已得到进一步加强。密切的土中关系对地区和平繁荣有重要意义。土耳其致力于发展对华关系，深化对华合作。土方坚定奉行"一个中国"政策，中国新疆地区各民族居民在中国发展的繁荣中幸福地生活是个事实，土方不允许任何人挑拨土中关系。土耳其坚定反对极端主义，愿同中方增进政治互信，加强安全合作，并坚定支持"一带一路"建设。①

　　尽管中土高层互访频繁，但社会民意基础仍有待进一步夯实，其主要原因在于，"土耳其民众对'东突'的同情始终是土耳其政府必须面对的民意压力。此外，在打击'东突'势力时，土政府还要面对反对党的施压，这些社会和政治因素都使得中土在过去达成的合作中，有一些无法落到实处。为两国关系考量，土耳其官方自然在反'东突'上明确态度，但言多行少的现象可能仍将存在"②，且产生了土耳其官方在"东突"问题上的立场与举措均受制于本国社会民意的这一特殊政治现象，使得中土政治互信大打折扣。为此，中土努力通过经贸合作来进一步带动民间交往，尤其是 2019 年埃尔多安访华，中土两国建立了一个高级别的政府间合作机制，着力打造高铁和新能源两个合作重点，进一步推进了航天、金融和投资三个新兴合作领域等，将通过"一个指导机制、两个合作重点、三个新兴领域"来推动双边关系不断向前迈进。③ 其中，中土经贸合作将带动双方人文交流与合作，如以企业文化交流为主的价值沟通、以旅游为载体的人际交流、以孔院为主的语言文化传播、以友城为主的政府与非政府间交流，以及以智库为平台的社会精英互动等。此外，中土还应继续"加强两国执法安全合作。中方支持两国立法机构和政府部门密切交流，加强政策沟通和政治互信，确保中土战略合作关系始终在正确轨道上前行"④。

　　二、中土加大管控涉疆风险，但共防意识有待进一步增强。

　　2009 年，中国新疆"7·5"事件后，中土关系因总理埃尔多安

<hr>

① 《习近平同土耳其总统埃尔多安会谈》，人民网，2019 年 7 月 3 日，http://cpc. people.com.cn/n1/2019/0703/c64094-31209509.html。登录日期：2019 年 7 月 21 日。

② 路琰：《中土合作反"东突"玄机》，《凤凰周刊》，2012 年 12 月，http://www.qikan.com/ article/fhzk20121211.html。登录日期：2019 年 7 月 21 日。

③ 《土耳其总统访华后的中土关系展望》，中国网，2015 年 8 月 7 日，http://www. china.com.cn/newphoto/news/2015-08/07/content_ 36248144.html。登录日期：2019 年 7 月 21 日。

④ 同上。

的所谓"种族灭绝"言论而陷入低谷，直到 2010 年土外长访华才开始改善。2012 年，据"德国之声"报道，土耳其国家战略研究所（USAK）教授克拉克格鲁认为，"土耳其和中国近期都采取了新政策，努力防止维吾尔人问题成为两国关系紧绷的原因"。他认为，中国向土耳其领导人开放新疆，是希望以此说服土耳其民众接受中国的新疆政策。中国政府一直清楚土耳其国内在意识形态上同情"维吾尔民族主义"，土耳其社会也向维吾尔组织提供物质支持和保护。但在苏联解体前，中国并未对此特别敏感。苏联解体后，土耳其外交政策开始在中亚和西欧之间摇摆，土耳其希望建立地区大国的地位，利用其与中亚共通的文化历史和语言特性，提升地区影响力，中国便开始对泛突厥主义复兴保持警惕，但在历次谴责"东突"分子或者分裂势力时，都避免提及这些人的居住地是土耳其。多年来中国一直谨慎对待土耳其扮演的角色，把土耳其和突厥斯坦、突厥主义分开看待和处理。1992 年 11 月 17 日，中国官方媒体《人民日报》首次发文公开批评土耳其的突厥政策，谴责土耳其总统图尔古特·奥扎尔和总理德米雷尔将新疆纳入他们构想的"突厥人国土"，收留"东突"组织领导人等，警告土方若坚持奉行庇护分裂主义分子的政策，中国可能会被迫采取措施自我防卫。此后土耳其政府才对"东突"的态度确有转变，采取了较为积极合作的立场。在 1995 年土耳其总统苏莱曼·德米雷尔访华后，土政府发布了一道由总理麦苏特·耶尔马兹签署的密令，要求土耳其各级公务员不得参加"东突"组织的各类活动和集会。同时，在土政府不成文规定中，禁止官员向"东突"社团提供资金支持。这一措施使得在土"东突"势力受挫，许多人自那时离开土耳其，转而到德国、加拿大等国。① 2015 年 7 月，土耳其总统埃尔多安在"在土耳其国内激进势力就涉疆问题发生抗议，安

① 路琰：《中土合作反"东突"玄机》，《凤凰周刊》，2012 年 12 月，http://www.qikan.com/article/fhzk20121211.html。登录日期：2019 年 7 月 21 日。

卡拉反对泰国向中国遣返部分维吾尔人后"访华，首次"明确表示土反对'东伊运'等针对中国的恐怖主义行径，愿就此加强同中方的合作。这是土政府在'东伊运'问题上最为公开、清晰的一次表态。对加强中土理解和互信有重大意义，这也是埃尔多安这次访华的一个亮点"[①]。2015 年 10 月，土耳其首都安卡拉接连发生两起自杀式恐怖袭击，被视为"土耳其日前遭遇的一次史上最严重的恐怖袭击事件"，"使得土耳其越来越深地卷入叙利亚危机的漩涡，更使得土耳其社会走向更深的分裂"[②]。事实上，"中土都是恐怖主义的受害国，中国面临'东突'暴恐势力的袭扰，土恐怖袭击的根源是库尔德问题，另外它靠近 IS 活动的中心区"，IS 因素也成为此次恐怖事件的又一重要原因，故"中土在反恐的大原则上是能够实现沟通的"。但问题出在土耳其国内的泛突厥主义思潮上，"土一些人对亚洲中部地区突厥语系民族有历史亲缘感，这种感受在土选举气候下时不时得到政治发酵。土境内目前生活着一批来自中国新疆的移民，其中部分人有选举权，从而有能力影响一些政党在涉疆问题上的表态。土政府没有能力将这个问题完全控制住。实际情况是，一方面土政坛和媒体在涉疆问题上有时发表不负责任的言论，一方面土政府一直在强调'一个中国'原则"[③]，凸显土耳其政府的暧昧态度与做派。与此同时，土耳其社会各阶层分歧不断、难以统一立场，即使发生了"被形容为土耳其的'9·11'事件"的恐怖袭击，这一状况仍旧得不到改善。"但是，'9·11'事件至少让美国人在短期内团结起来了，但

---

① 《土耳其总统埃尔多安访问中国 斥责"东伊运"成亮点》，人民网，2015 年 7 月 30 日，http://world.people.com.cn/n/2015/0730/c157278-27385186.html。登录日期：2019 年 7 月 21 日。

② 《土耳其遭史上最严重恐袭 被卷入叙利亚危机漩涡》，中国青年报，2015 年 10 月 14 日，http://www.chinanews.com/gj/2015/10-14/7568480.shtml。登录日期：2019 年 7 月 21 日。

③ 《土耳其总统埃尔多安访问中国 斥责"东伊运"成亮点》，人民网，2015 年 7 月 30 日，http://world.people.com.cn/n/2015/0730/c157278-27385186.html。登录日期：2019 年 7 月 21 日。

土耳其却在恐怖袭击事件发生后走向了更为分裂。"① 尽管土耳其政府颁布密令要求公务员不得参加"东突"组织的活动,且多次承诺不允许"东突"分子利用土领土从事反华及暴力恐怖活动。但近几年的迹象表明,土方私下却在纵容"东突"势力,如默许"东突"分子通过土耳其这个跳板进入欧洲,默许 20 多个打着教育、慈善、妇女、青年等旗号的"东突"组织在土耳其从事招募、组织、策划、培训新疆"圣战者"活动,甚至在一些特定敏感的日子,会有手举蓝底星月旗、高喊分裂口号的"东突"分子出现在伊斯坦布尔街头,土耳其社会亲"东突"势力的气焰可见一斑。因此,"东突"在土耳其一直得到同情、默许甚至庇护即为此种社会裂变的必然产物,致使中土关系变得极为复杂与脆弱。

三、"一带一路"密切了中土关系,但战略互信尚需进一步加强。

"一带一路"为中土关系发展带来新机遇,尽管存在着贸易逆差,但中土经济合作活跃,且在合作项目上收获了早期成效,如"中国公司承建了土耳其安卡拉至伊斯坦布尔的二期 158 公里高铁工程,它是迄今中国高铁走向世界真正落实的少数项目之一。此外,土耳其的最大发电机组是中国制造的,中兴和华为占据了土电信市场的一半以上份额"等,这些都为中土在"一带一路"框架下进一步开展战略合作打下了良好基础,土耳其"现政府提出到 2023 年土进入世界前十大经济体的复兴战略。土对中国的'一带一路'计划态度积极,希望'2023 战略'能与'一带一路'对接"②。土耳其还推出了自己的跨国基建计划——"中部走廊倡议",旨在打造一条将土耳

---

① 《土耳其遭史上最严重恐袭 被卷入叙利亚危机漩涡》,中国青年报,2015 年 10 月 14 日,http://www.chinanews.com/gj/2015/10-14/7568480.shtml。登录日期:2019 年 7 月 21 日。

② 《土耳其总统埃尔多安访问中国 斥责"东伊运"成亮点》,人民网,2015 年 7 月 30 日,http://world.people.com.cn/n/2015/0730/c157278-27385186.html。登录日期:2019 年 7 月 21 日。

其与中亚和中国连接起来的交通路线。① 2015 年，两国签署了关于"一带一路"倡议和"中部走廊倡议"对接的谅解备忘录。② 土耳其驻华大使阿里·穆拉特·埃尔索伊在接受中国媒体采访时表示，中土之间达成的双边协议表明"土耳其对于'一带一路'来说扮演着交汇点和关键中心的角色"③。其中，作为中国在海外建造的第一条高铁，安卡拉—伊斯坦布尔高铁项目二期工程的完工，已对中国高铁"走出去"产生了示范效应。事实上，土耳其已具有对接中国"一带一路"战略的基本条件，一是"土耳其横跨亚洲和欧洲，与突厥语族国家关系密切，既是古丝绸之路必经之地，也是当今中东地区陆、海、空运输枢纽，具有与中国开展互联互通合作的有利交通条件"；二是"土耳其由欧美为重心的外交转向'360 度的外交'，努力成为塑造新的全球政经体系的国家之一。为此，土耳其在参与国际组织方面表现活跃，已成为经济合作与发展组织和伊斯兰合作组织创始国成员、世界贸易组织和 20 国集团成员等"；三是土耳其不仅"大力发展与中国、印度、俄罗斯和日本等国关系"，还"在不断深化与传统的突厥语族国家的关系，而丝绸之路沿线国家不少是突厥语族国家"。作为"全球第 17 大经济体、西亚北非第一大经济体和二十国集团成员"，土耳其已成为"金砖国家"后又一新兴经济体，"土耳其具有成为'一带一路'单独板块的潜力，通过近年来中土经贸合作大发展，这个板块已见雏形"。④

---

① Xiaoli Guo, Giray Fidan, 'China's Belt and Road Initiative (BRI) and Turkey's Middle Corridor: "Win-Win Cooperation"?' MEI, June 26, 2018, https: //www. mei. edu/publications/chinas-belt-and-road-initiative-bri-and-turkeys-middle-corridor-win-win-cooperation. Accessed at July 30, 2021.

② 'Turkey builds massive high-speed railway to mark centennial anniversary', Xinhua, May 14, 2017, http: //www. xinhuanet. com/english/2017-05/14/c_ 136282781. htm. Accessed at July 30, 2021.

③ 'Formula for a win-win future', Beijing Review, May 15, 2017, http: //www. china. org. cn/world/2017-05/15/content_ 40814763. htm. Accessed at July 30, 2021.

④ 《携手土耳其共建丝绸之路经济带——访中国驻土耳其大使馆经济商务参赞朱光耀》，中国政府网，2014 年 9 月 1 日，http: //www. gov. cn/xinwen/2014-09/01/content_ 2743211. html。登录日期：2019 年 7 月 21 日。

　　但是，中土战略互信却因"东突"问题而遭到了一定程度的破坏，土耳其学者都认为，"在土耳其，由于沟通的不畅，土耳其人，甚至是研究中国方面的土耳其学者，都对中国，特别是新疆存在误解"。但中土"为了经济方面的合作，应该加强人文方面的交流"。为此，"土耳其和中国，特别是和新疆有人文和语言等方面相似的优势，把文化共同的方面变成机会，加强人文方面的交流，以推动经贸合作。新疆应成为土耳其和中国之间人文、经贸交流的中心"①。上千年和平交往的"丝路记忆"为"一带一路"框架下中土两国人民深化人文交流奠定了坚实的基础，尤其是 2010 年温家宝总理访问土耳其期间，双方宣布将于 2012 年在土举办"中国文化年"、2013 年在华举办"土耳其文化年"，以此来夯实构建"中土战略合作关系"的社会民意基础。此外，还通过上合组织、中国新疆亚欧博览会、"中国新疆发展论坛"等平台进一步加强了人文交流与合作。其中，作为上合组织的对话伙伴国，土耳其拥有与中亚国家在语言、文化和宗教上的联系，以及与俄罗斯在能源方面的联系等优势，可在中国与中东、中亚国家构建丝路伙伴关系中发挥桥梁与纽带的作用。为此，中土人文交流应着力于以下几方面进行切实努力：

　　1. 应借新疆亚欧博览会平台做好"经文互促"的大文章，如加强与新疆在互联互通、经贸往来、工业园建设等的合作中，充分发掘并利用土耳其与新疆在人文交流方面的先在优势，进一步加强民间艺术、宗教文化、友好城市、孔子学院等交流与合作，夯实中土战略互信的社会民意基础。

　　2. 除借"中国新疆发展论坛"外，还应通过两国高校、科研院所、孔子学院等平台开展合办论坛、课题合作、联合调研、访问学者、师生互换、媒体对话、访问考察、暑期讲学、联合培养研究生等

---

① 《土耳其学者：土中两国需加强人文交流》，中国新闻网，2015 年 8 月 18 日，http://www.chinanews.com/gn/2015/08-18/7474208.shtml。登录日期：2019 年 7 月 21 日。

方式进一步加强中土智库、精英间的务实性合作。

3. 除加强中土旅游市场的机制建设外，还应有针对性地策划一系列对土旅游特色产品，如喀什丝路游、吐鲁番坎儿井游、新疆清真寺游、新疆巴扎游、新疆巨变体验游、新疆风情游等，使土耳其游客能在新疆游中形成客观、全面、真实的"新疆印象"，助推"新疆故事"在土耳其的有效传播。

总之，通过企业、民间、青年、精英、游客等不同行为体的民间参与，将有助于进一步推动中国对土耳其的人文外交，且在讲好"新疆故事"与"丝路故事"的人文交流实践中，切实发挥人文外交"增信释疑"的功效。

四、中土人文交流进入新阶段，但尚需进一步加强话语共管意识。

中土文化均具有极强包容性与创新性，这为两国的人文交流提供了方向与动力，尤其是在互办"文化年"活动的带动下，中土政治、经济、人文、安全等各领域交流与合作也得到进一步深化，标志着中土关系进入"蜜月期"。但是，"东突"问题仍是中十人文外交面临的重大挑战之一，且突出表现在话语管控上缺乏协调一致性，导致突发事件蔓延、伤及中土关系：

1. 土方话语公信度不高。土政府在"东突"问题上立场摇摆、态度暧昧，甚至有干涉中国内政之嫌，造成中土在突发事件报道上的话语冲突。如新疆"7·5"事件发生后，很多中国人对于埃尔多安的了解始于其公开批评中国的"新疆政策"，甚至以"大屠杀"来形容中国政府在新疆的"维稳"举措，此种过激言论对土耳其国内举行游行示威支持新疆"暴恐分子"的活动起了推波助澜的作用，并殃及中土关系。在当众"惹祸"之后，埃尔多安很快就派出特使访华向中方转交了自己的口信，强调土耳其坚定奉行"一个中国"的基本政策，绝不允许任何人在土领土上从事危害中国主权和领土完整的活动，土方愿与中国加强高层往来，维护中土关系正常发展。埃尔多安在"7·5"事件上的言行不一、前后矛盾的亡羊补牢式做派，折射出土耳其历届政府在"东突"问题上的惯有立场。如2014年6月18日，土政府宣布，"鉴于土耳其共产党（马列）明显违反国家利益和伊斯兰基本教义的政治性声明"，将"暂时禁止该党的一切公开政治行动"，并"暂时禁止该党控制的传媒工具公开活动"。土共遭禁缘起于2014年6月17日，土耳其共产党（马列）中央临时执行委员会发表声明"支持中国最高法院核准判处13名恐怖分子死刑的决定"，强调"中国最高法院核准对恐怖分子的死刑判决，是中国社会主义法制成熟的体现，是中国的执政党中共对本国人民生命安全高度负责的体现，是中国社会主义制度健康发展的体现"。"土耳其最高当局一段时间以来，对发生在中国的宗教极端势力恐怖袭击事件含糊其辞、避重就轻甚至肆意歪曲，公然以宗教为借口干涉中国的司法主权，偏袒宗教极端势力及恐怖袭击分子，这是对世俗国家政治正义的挑战，也是对伊斯兰教义的极端曲解"。6月17日，土耳其18个主要右翼政治团体和宗教团体向土耳其政府递交"第三方抗议信"，抗议土耳其共产党（马列）"屈从于外国政党利益、违背本国民族利益和宗教礼仪的违背道德行径"。同时，至少数千右翼宗教分子袭击了位于伊斯坦布尔斯屈达尔区的土耳其共产党（马列）临时执行委员会所在地。18日土政府宣布，"鉴于土耳其共产党（马列）明显违反国家利益和伊斯兰基本教义的政治性声明"，将"暂时禁止该党的一切公开政治行动"，并"暂时禁止该党控制的传媒工具公开活动"。土政府没有提到这项禁令的期限，从18日9时起，土耳其共产党（马列）官方网站已被封禁。① 可以说，土耳其政府在"东突"问题上的政策宣示已失信于国内外受众，失信于国际社会。

---

① 《土共支持中国处决恐怖分子　被土耳其政府封禁》，2014年6月19日，http://fm.m4.cn/2014-06/1235268.shtml。登录时间：2022年7月20日。

　　2. 涉华报道西方霸权化。西方媒体关于涉疆议题的报道已在土耳其起到了歪曲事实、蛊惑人心、煽动反华情绪等负面作用，再加上在土耳其境内打着教育、慈善等旗号的"东突"组织的话语炒作，以及土耳其政界、学界对华立场的分歧等，造成三方势力相互唱和，臆造涉华、涉疆议题，以混淆视听、破坏中土关系。如自 2015 年 6 月 18 日"进入斋月开始，少数土耳其媒体引用外媒关于新疆禁止部分穆斯林'封斋'的报道，随后相关报道在推特、脸谱等社交网站被热炒。部分土耳其民族主义者更是抛出所谓的'中国警方殴打、残害维吾尔族妇女儿童的图片'在社交媒体上热传，土耳其主流媒体随后也进行了相关报道"；结果，"经过各种歪曲报道的煽动，土耳其国内的反华情绪迅速上升"。造成此次土耳其反华抗议事件的原因极为复杂，仅就媒体因素而言，一是"中国民族政策和少数民族地区的生存状态长期受少数西方媒体的歪曲报道，关于新疆自治区'斋月禁令'的传闻和小撮煽动分子蛊惑人心，导致了近期土耳其的反华抗议事件"；二是"近年来，土耳其的民族主义思潮有所抬头。在此次议会选举中，持比较激进的民族主义思想观点的民族行动党获得约 16% 的人投票支持。据当地媒体报道，该党的一些激进青年组织如'中心理想'组织，是示威活动的主要组织者之一"，袭击者则是土耳其极右翼"灰狼"组织成员，致使土耳其一些地方发生了针对中国的示威活动，且使一些在土的中国游客受到袭扰。"一年多来在中国游客中形成的'土耳其热'，有望突破历史的中国游客数量，都将因此大打折扣，甚至可能出现倒退。"① "当然，土耳其与西方拥有相似的传统和价值观，它关注的所谓宗教自由、少数族群问题，是一个西方语境下的普遍性问题。在这个问题上，土耳其会攻击中国，其他的西方国家也同样会攻击土耳其。比如，2013 年伊斯坦布尔发

---

　　① 邹乐：《土耳其反华游行示威背后：受西方媒体歪曲煽动》，新华网，2015 年 7 月 6 日，http://www.chinanews.com/gj/2015/07-06/7386516.shtml。登录日期：2019 年 7 月 22 日。

生盖齐公园事件时，西方媒体照样唱衰土耳其，说的好像正发党政权马上就要垮台了；更不必说库尔德问题对土耳其的挑战了。"西方媒体不仅唱衰中国，也唱衰土耳其，但土耳其却用西方的霸权话语来迎合土耳其社会极少数反华势力，故"需要警惕中土关系中所谓'东突'问题背后潜在的西方因素"①。因为，"土耳其的价值既是伊斯兰的，也有很大成分上是西方的……与西方分享同一个近代传统和价值"；因此，"他们所关注的所谓宗教自由、少数族群问题，是一个西方语境下的普遍性问题，在这个问题上，土耳其人会攻击中国，其他的西方国家也同样会攻击土耳其，其理一也！"②

3. 涉疆话语不统一。土耳其政界与学界在"东突"问题上的分歧已成为土耳其政治的重要特征之一。尽管泛突厥主义政治影响力随着"建立一个大突厥国家"妄想的破灭而消解，但"泛突厥主义在文化和心理上的影响仍然很大，在特定的时刻自然会表现出一定的政治性。在经常出现的反华问题上就是如此。而且政治上的失败，恰恰使泛突厥主义更加强调文化上的联系，比如在突厥语民族、突厥语国家之间建立各种联系甚至联盟，突厥语国家论坛的建立、共同庆祝奴鲁孜节等都是其表现形式"，故使土耳其政治凸显备受双泛思想影响之特征，结果造成"任何政党想获得选票，就必须照顾到民间普遍具有的两种情绪——民族主义和伊斯兰"，政客为了选票必须顾及民间的双泛情绪与亲"东突"势力，但学界多认为"中国是一个有希望的、对美国霸权的挑战者，中国是一个在世界政治领域中日益增加和扩展其影响的、正在崛起的力量"，正如库泰·卡拉扎（Kutay Ka-raca）所断言的："唯一能够勇敢地挑战和反抗美国最近所形成的单

---

① 《昝涛：一个真实的土耳其和真实的中土关系》，搜狐网，2015 年 8 月 1 日，http://www.sohu.com/a/25348334_ 115368。登录日期：2019 年 7 月 22 日。

② 《昝涛：怎么看土耳其的反华现象》，搜狐网，2015 年 7 月 8 日，http://www.sohu.com/a/21883153_ 148927。登录日期：2019 年 7 月 22 日。

边世界秩序的国家，就是中国了。"麦赫迈特·厄余特楚（Mehme Ö ğütçü）则认为，"对土耳其而言，考虑到中国今日的地位和其未来的潜力，中国与美国同等重要，可能比美国、欧盟和日本更为重要"。对德尼兹·阿若保安（Deniz ülke Arboğan）来说，"如果（土耳其）的外交政策制定者继续坚持维持一种亲欧亲美路线，而不考虑远东作为一个具有未来国际重要性的地区的话，那将是一个巨大的错误"[①]。事实上，学界的这些声音也产生了良好的影响力，土耳其驻华大使奥克塔伊·厄聚耶曾披露："在土耳其，不论是政府官员还是商界人士，都视中国的崛起为机会，而不是威胁。因此，我们正在积极地寻求与中国伙伴合作。"[②] 同样，对于中国的"一带一路"倡议，土耳其学界和政界也呈现出"冰火两重天"的反应。土耳其比较有影响力的智库和一些有前瞻性、务实精神的学者，通常支持中国的"一带一路"，认为土耳其应该赶上这班车。但是，土耳其政界还没有把"一带一路"、甚至把中国放在土耳其的外交首要地位。其实，在很长时间里，中国和土耳其都不在彼此的外交视野内。[③]

　　因此，中土加强话语共管意识将会有助于提升危机公关能力、控制突发事件的蔓延、提高解决问题的成效。在 2015 年 7 月发生针对中国的游行活动后，"土总统埃尔多安公开发表了讲话，做了比较好的纠正。土耳其的几大媒体后来也对事情做了更正和解释，以该国半官方的安纳托利亚通讯社报道为例，说他们对新疆进行了实地访问，那里（新疆）非但不禁止封斋，而且正常的宗教活动还受到了政府的关照，并澄清了一些在社交网络上流传的谣言。此外，土耳其国家

① 昝涛：《中土关系及土耳其对中国崛起的看法》，《阿拉伯世界研究》，2010 年第 4 期，第 63 页。
② 袁瑛：《扮演好连接东西方的桥梁角色——专访土耳其共和国驻华大使奥克塔伊·厄聚耶》，《商务周刊》，2007 年第 19 期，http://www.cqvip.com/QK/82121X/200719/838790755048485554957484954.html。登录日期：2019 年 7 月 22 日。
③ 《昝涛：一个真实的土耳其和真实的中土关系》，搜狐网，2015 年 8 月 1 日，http://www.sohu.com/a/25348334_ 115368。登录日期：2019 年 7 月 22 日。

旅游局第一时间使用中文发布声明，将反华行动归结为'总有一些人不希望看到中土友好的正常发展'，并表示'土耳其政府坚决反对袭扰游客行为'。从这些举措可以看出来，土耳其的上中下层都不希望对华关系出现乱局，也希望这件事情到此为止，不要失控"。因为，对中土而言，"东突"问题之所以愈加复杂与敏感，"第一是双方的理解不一样，第二是有被媒体扩大的趋势，第三是土耳其有些做法很不明智。中国和土耳其因此需要互相了解对方的关切和底线。土耳其的底线，部分地也通过这次埃尔多安的公开澄清透露出来了，那就是：尽管在土耳其总是会有一些人出于历史、选举等各种原因关注'东突'问题，但是土耳其政府并不希望'东突'问题真的影响到中土关系的正常发展"。所以，在"东突"问题上，"中土双方有必要明确利害、加强沟通、设立底线，尤其是土耳其方面不能一再玩儿火。不要将事情闹大到两国民意和舆论之争的程度，不然到时候谁都不好收场。'东突'问题会长期存在于中土两国关系或者两国政治中，最理想的状态是将其控制在可控的范围内"[1]。

总之，尽管"东突"问题是土耳其的双泛思潮及其西化意识形态与价值观潜移默化影响的产物，但"反华不是土政府或土主流社会的基本态度，这一点是可以肯定的。土历届政府基本上都重视对华关系，对双边关系持积极和建设性态度，这一点是两国关系的主流；一般的土耳其民众对中国人非常热情和友好，这也是土耳其人的一个显著特点"[2]。为此，俄罗斯《观点报》援引俄专家的话说："由于中国与土耳其有许多联合项目，因此因宗教问题造成双边关系恶化对双方都不利。"俄科学院远东研究所副所长奥斯特洛夫斯基表示，

---

[1] 《昝涛：一个真实的土耳其和真实的中土关系》，搜狐网，2015 年 8 月 1 日，http://www.sohu.com/a/25348334_ 115368。登录日期：2019 年 7 月 22 日。

[2] 《土耳其想与中国保持微妙平衡对"东突"势力时有纵容》，环球网，2015 的 7 月 8 日，http://world.huanqiu.com/article/qCakrnJN6Od。登录日期：2019 年 7 月 22 日。

"东突"分裂势力得到美国等境外势力支持，而土耳其跟着添油加醋不会给该地区带来任何益处。专家称，目前中国正在实施新丝绸之路项目，土耳其将在这一项目中获得巨大利益。同时中土两国经济联系也在快速发展，土耳其此举会严重损害本国的利益。土耳其海峡大学亚洲研究中心研究员安泰·阿特勒在香港《亚洲时报》撰文称，"土耳其因维吾尔族人而陷入窘境"。他认为，安卡拉一直试图在维吾尔族人和北京政府之间保持微妙的平衡，"过去几周的事态发展表明这种平衡非常脆弱，令安卡拉越来越难以保持"，土中两国已就此展开外交"拉锯战"。阿特勒认为，土中两国政府应举行具有建设性的对话，双方关系紧张将使两国一无所获。因此，从去年年底开始，土耳其官员和学者在一系列有关土中两国共建"一带一路"的研讨会上表态积极，认为该战略倡导沿线国家共同发展和共同繁荣，体现出中国负责任大国的正面形象。但总的来说，土媒平时更关心欧洲和周边国家的消息，偶尔有关中国的报道也是转载西方的报道。土耳其前总理达武特奥卢曾高度评价中方"一带一路"构想，表示土方愿承担振兴丝绸之路的历史使命，促进经济和人文交流，加强地区国家之间友好往来。[①] 中国前中东问题特使吴思科认为，在此前的反华事件问题上，埃尔多安还是比较"理智"的，这是由于"土方希望在中东地区成为能够发挥重要作用的一支力量，在国际上提升其影响力和地位"，"特别是经济方面，土耳其拥有雄心勃勃的计划，希望能够让国家经济在国际上的位置进入前十。这种情况下，土方也重视与中国方面的关系"，但"在同中国合作的同时，土耳其国内确实也有来自民族的、宗教的极端势力来进行干扰，不时制造一些事件。有时候甚至绑架民意，干扰两国关系发展"。吴思科还表示，"土耳其最近频

---

① 黄培昭等：《土耳其对'东突'时有纵容 与中国友好仍是主线》，中国青年网，2015 年 7 月 8 日，http://news.youth.cn/gj/201507/t20150708_6837652.html。登录日期：2019 年 7 月 22 日。

发反华事件，是部分力量打着宗教和民族的旗号，对中国的问题进行以偏概全的扭曲宣传，使一些不明真相的人受到影响。但作为一个理智的政治家，埃尔多安在纷纭复杂的局势中对这一问题看得很清楚"①。两国克服具体摩擦并实现战略合作的不断向好是完全有基础的"，更何况"土耳其社会很清楚土没有能力干涉中国的内政，但今后土政坛和舆论大概还是会就涉疆问题发出杂音，这是土政治体制使然。中国应当以这样的态度进行回应。一是在具体摩擦上就事论事，坚持原则，决不让步，不针对土国内的无理要求做任何妥协。二是不主动对这类摩擦上纲上线，避免夸大它们在中土关系中的意义"②。因此，中土只有"通过增进了解、合作进一步加深加强，对遏制干扰声音会产生积极作用"③。

第二节　中土人文交流与"东突"问题的影响分析

作为"一国所处国际环境的和平态势"的安全环境，除有内外之别外，还有软硬之分。"基于实力对比和地理条件而形成的'硬环境'"与"基于他国意图所塑造的'软环境'"，旨在强调一国在国内外安全治理上所具有的能力与意图的两个方面。④"崛起国的安全环境是否有利，主要是看其卷入战争或军事冲突风险的大小。处于

---

① 《土耳其总统访华　想做大国还须"借力中国"》，新浪网，2015 年 7 月 29 日，http://news. sina. com. cn/w/zg/gjzt/2015-07-29/18401290. html。登录日期：2019 年 7 月 22 日。

② 《土耳其总统埃尔多安访问中国　斥责"东伊运"成亮点》，人民网，2015 年 7 月 30 日，http://world. people. com. cn/n/2015/0730/c157278-27385186. html。登录日期：2019 年 7 月 21 日。

③ 《土耳其总统访华　想做大国还须"借力中国"》，新浪网，2015 年 7 月 29 日，http://news. sina. com. cn/w/zg/gjzt/2015-07-29/18401290. html。登录日期：2019 年 7 月 22 日。

④ 李永成：《意图的逻辑：美国与中国的安全软环境》，北京：世界知识出版社，2011 年，第 2、72、121 页。

崛起阶段的国家已有了相当实力，有可能已经摆脱了外部军事入侵的威胁，但该国卷入战争和军事冲突的风险并不一定下降。"① 作为和平崛起的中国的安全环境也不容乐观，尤其在近年的中东剧变、乌克兰危机及宗教极端主义全球泛起等现实背景下，涉疆暴恐事件频发，不仅对"一带一路"的战略安全环境产生了极大冲击，还使"东突"问题再次成为中土关系面临的严峻挑战之一。

具体而言，"东突"势力主要以下列方式影响了"一带一路"的战略安全环境，尤其是中土战略合作：

1. 在两条战线相互策应。以土耳其为大本营的"东突"势力，采取"一文一武、两线作战"的方式，用"两条腿走路"谋求生存与发展：一方面在美国等西方大国面前塑造非暴力的"受害者"嘴脸，甚至与境外各种反华势力相勾结，诋毁中国的民族宗教政策，混淆视听涉疆暴恐事件，以博取西方某些大国的支持，"7·5"事件发生后土耳其针对中国的示威游行即为明证。另一方面又与"基地"组织、IS 等在叙利亚、伊拉克等"圣战战场"并肩作战，IS 头目还宣称要在几年内占领包括中国新疆在内的广大地区，折射出其与"东突"的实质性联系，新疆"圣战者"得以借土耳其境内"东突"势力转送叙利亚参加"圣战"后回疆施暴即为明证。

2. 借地区动荡乘势作乱。除与"基地"组织、塔利班等关系密切外，"东突"分子还通过"赴叙利亚和伊拉克直接加入 IS 武装"，"到东南亚参加 IS 在当地的分支"等途径与 IS 建立了组织联系以"扩展国际恐怖组织人脉，为其升级在中国境内的暴恐活动争取资金等"②，折射出借"阿拉伯之春"来改善生存处境已成"东突"势力

---

① 李永成：《意图的逻辑：美国与中国的安全软环境》，北京：世界知识出版社，2011 年，第 91 页。

② 《东突分子投奔 ISIS 路线图曝光　最终目标打回中国》，人民网，2014 年 12 月 12 日，http://xj.people.com.cn/n/2014/1212/c188527-23202370.html。登录日期：2019 年 7 月 23 日。

主要求生之道的事实；且"东突"分子采取"借势作乱"的求生之道，又使得一波又一波来自周边及大周边的恐怖主义浪潮不同程度地向中国"外溢"，并在中国出现了"洼地效应"，使得中土安全合作势在必行。

3. 搭全球"圣战"便车练兵。"9·11"后，"东伊运"搭上"基地"组织所主导的全球"圣战"便车，将其人员派至阿富汗、巴基斯坦等"基地"组织、塔利班训练地参加军事训练后潜入新疆建立暴力团伙，策动暴恐活动。2015 年，IS 头目关于未来"伊斯兰国"的相关涉华言论，不仅确证了其与"东突"存在联系的事实，还反映出"东突"为获取更多武器装备与活动资金而转投 IS 的投机事实，表明"东突"势力不仅危害了中国"一带一路"的安全环境，还将对全球安全带来负面影响。2015 年 10 月土耳其首都暴恐事件的发生更凸显了中土均面临与"疆独"因素及"库尔德因素"纠结在一起的、以 IS 为首的全球极端主义势力所致的安全挑战，使得中土关系充满更多不确定因素。

4. 随宗教极端主义全球泛起。伊斯兰教主张和平、中正，但自伊斯兰教诞生以来就存在极端主义思想、行为及其派别，尤其是"9·11"后在美国全球反恐威压下，宗教极端主义又沉渣泛起，主要表现为：①伊斯兰教义被歪曲，使民间伊斯兰复兴运动被引向极端主义泥潭；②伊斯兰圣战思想被误读，使伊斯兰复兴思潮滑向政治化与极端化深渊；③"基地"组织、IS 等的迅速坐大，使宗教极端组织分支在全球频繁发动暴恐活动，"东伊运"也在参与叙利亚、伊拉克"圣战"中与"基地"组织等密切了组织联系。可见，宗教极端主义从民间、精英与组织等不同层面向外蔓延，使得"三股势力"日趋极端化。因此，治疆须先治极端主义，稳疆须先"去极端化"。"宗教极端主义者在布道宣教的名义的掩盖、庇护下，利用宗教从事暴力恐怖、分裂国家等极端主义活动，就不是什么宗教问题而是政治问题了。"①

"东突"势力影响中土关系的原因是极为复杂的，尤须强调的是：

1. 源于土耳其的"双泛"思潮。兴起于 19 世纪末的"双泛"思潮被土耳其奥斯曼帝国篡改为具有强烈宗教狂热和民族沙文主义的思潮，并成为"东突"的思想源头与行动指南。新疆"7·5"事件后，土耳其更成为"东突"培养"精神领袖"和骨干分子的大本营，②凸显"双泛"思潮对"东突"的持久影响。

2. 源于中东的库尔德分离主义。分布在土耳其、伊朗、伊拉克和叙利亚的库尔德人要求建立独立国家的分离主义影响波及全球，且在"阿拉伯之春"中再次抬头。2015 年美国采取"借库尔德人剿灭 IS"的反恐新策略，又进一步助长了库尔德分离主义并刺激和鼓舞了"东突"势力。

3. 随着亚欧成为大国博弈的新舞台，新疆作为"亚欧桥头堡"的地缘战略价值凸显，并成为美国牵制中国崛起的一枚重要战略棋子。新疆在"一带一路"建设中的战略价值内涵主要包括：（1）新疆与中亚五国、阿富汗、伊朗等同处"亚欧大陆心脏地带"，是古丝绸之路的枢纽，也具有国际体系转型中新的世界政治经济中心地带的区位优势；（2）新疆是中国边境线最长、毗邻国家最多的地区，特别是跨境民族与宗教问题引发诸多事端，使其在历史上多成为诸多政治势力关注和争夺的焦点，极易卷入各种形式的国内外争端中；③（3）新疆极为丰富的油气等资源优势决定其"将成为中国可持续发

---

① 金宜久：《伊斯兰与国际政治》，北京：中国社会科学出版社，2013 年 8 月，第 223、197 页。

② 《谁在帮"东突"势力祸乱新疆》，央视网，2013 年 7 月 4 日，http://news.cntv.cn/2013/07/05/VIDE1372962478092381.shtml。登录日期：2019 年 7 月 23 日。

③ 顾国良、刘卫东、李桐：《美国对华政策中的涉疆问题》，北京：社会科学文献出版社，2012 年，第 61 页。

展的战略接替区"①，并对中国—中东、中国—中亚等能源管道安全提供重要保障；（4）新疆地处全球恐怖主义地带，使得"东突"势力既对陆上丝路构成安全挑战，还因"东伊运"随着 IS 正向东南亚国家转移而对海上丝路造成安全隐患。因此，涉疆暴恐事件对中国"一带一路"建设的实施及其成效具有重大影响。

4. 丝路安全合作已成为构建中国与中东地区大国间新型关系的抓手。事实上，中国与沙特、埃及、伊朗、土耳其等中东地区大国均属丝路上的"天然合作伙伴"，故应以丝路安全合作为抓手来构建中国与中东地区大国间的新型关系。以经贸、人文促和平已成为儒、伊文明上千年和平交往于丝路上的最成功经验。在"一带一路"建设之际，中国与中东伊斯兰国家应拓展经贸合作领域、深化人文交流内涵，并合力打击极端主义，共同维护丝路和平。

在美、欧、土、日等遏华势力的怂恿下，"东突"势力开展全球活动，致使"东突"问题被国际化且不断"外溢"，危及了中国的核心利益，还对"一带一路"的建设进程及其成效构成了重大挑战，其在中国周边外交中的负面影响凸显为以下几方面：

1. 自"7. 5"事件以来，涉疆暴恐事件中的国际因素日益显现。"东突"问题被国际化是境内外反华、遏华势力合力所为的结果，涉疆问题已由最初的"三股势力"分裂中国的核心关切扩散为伊斯兰极端主义渗入后对中国传统与非传统安全的威胁，并对中国周边外交形成重大冲击，其中关涉中美、中俄等双边关系，中国与上合、东盟、海合会等区域和次区域国际组织间的多边关系等，必须予以高度重视。

2. "世维会"等"东突"分子惯以"受难者"面目在美欧搭台唱戏，搞舆论战，竭力将涉疆问题国际化，并在土耳其、德国、美国乃至

---

① 蒋新卫：《冷战后中亚地缘政治格局变迁与新疆安全和发展》，北京：社会科学文献出版社，2009 年，第 119 页。

日本等不断寻找靠山，开辟生存空间，尤其是"世维会"与"藏独"等反华势力，以及美欧、土耳其、日本等的遏华势力相勾结，炒作"中国威胁论"，诋毁中国民族宗教政策，竭力将"新疆问题"国际化，并对涉疆暴恐事件妄加臆断。这些混淆视听的议题炒作，凸显中国周边外交中"东突"问题的负面影响，使中土关系变得异常复杂与脆弱。

3. 随着"基地"组织向印度次大陆的拓展，"东伊运"的活动也将随之由陆上丝路向海上丝路发展，即由中国的大周边向小周边发展。宗教极端主义由外至内、自西向东渗入中国周边邻国，中国周边外交面临越来越严峻的安全挑战。尽管"东突"问题已对中国周边外交构成新挑战，但也成为"一带一路"框架下进一步深化双边、多边安全合作关系的"生长点"，故应抓住这一重要战略合作机遇，在强化中国与周边国家"命运共同体"意识的前提下进一步开展国际反恐合作，使中国周边外交在历史与现实的对接中能够"有所作为"，2015 年中国政府在第一时间谴责土耳其首都暴恐事件并表达国际反恐合作立场即为明证。

总之，尽管影响中国"一带一路"战略安全环境的内因是关键，但"东突"问题因渗入复杂的国际因素而对中国内政外交产生了掣肘，甚至关乎中国"一带一路"倡议的实施进程及其成效。在反华、遏华势力联手推进"东突"问题国际化的现实背景下，如何充分发挥新疆处于丝路核心带的区位优势、地缘战略优势与深化改革的"战略替代区"的资源优势等，在进一步提高治疆成效的前提下积极开展国际反恐合作，将是优化中国"一带一路"战略安全环境的当务之急，也是深化中土关系的关键所在。

第三节　深化人文关系以构建中土
"一带一路"合作新模式

作为丝路两端核心国家，中土双方如何打造"一带一路"框架下的新型中土战略合作伙伴关系，也是进一步优化"一带一路"安全环境的关键所在，故应从以下几方面着手努力：

第一，基于土耳其多重身份认同的复杂性，故应构建三维集束型的中土对话新思维。

"土耳其是具有突厥、伊斯兰、北约、新兴经济体四重身份的欧亚地区权重玩家。虽然欧盟一直没有接纳土耳其，但是土耳其跟西方的关系不会发生根本性改变，不过也要注意到一点，土耳其越来越追求独立自主和多边外交。而且，土耳其是伊斯兰世界中政治制度和法律基础比较成熟和完善的国家，社会秩序也相对稳定，是潜在的可以合作、甚至运筹的一个战略支点国家。中国不应将这样一个在'一带一路'中具有极其重要影响力的地区性大国推到自己的对立面。"①

事实上，土耳其"四重身份"背后折射的则是三个实质性问题，即泛突厥主义、泛伊斯兰主义、趋西方化的世俗主义：一是"土耳其这个现代民族国家骨子里是个'（泛）突厥主义'的国家，要么是政治上的，要么是文化上的，要么是两者兼而有之"，"短期内"难以"摆脱这个自身的历史宿命"。如土耳其共和国（Türkiye）这个国家的词根是 Turk，有时译成"突厥"，有时译成"土耳其"，自确立"土耳其共和国"后，一些自 19 世纪末以来就认同"突厥"的不同族群的人就将其视为自己的祖国，"当时在土耳其的一些来自中国的维吾尔族知识分子也抱有这样一种情感，这一点是有史料可证的。泛突厥主义的一个影响就是能让讲突厥语的不同民族之间认为自身可能有一个共同的起源"，结果造成"中国和土耳其的关系很特殊"，"在经常出现的反华问题上就是如此"。② 二是"历史上新疆确实出现过

① 《昝涛：一个真实的土耳其和真实的中土关系》，搜狐网，2015 年 8 月 1 日，http://www.sohu.com/a/25348334_ 115368。登录日期：2019 年 7 月 22 日。
② 《昝涛推荐：怎么看土耳其的反华现象》，搜狐读书，2015 年 7 月 8 日，http://www.sohu.com/a/21883153_ 148927。登录日期：2019 年 7 月 22 日。

多次维吾尔人移民潮，有文字记载的可以追溯到 19 世纪后期阿古柏在俄英支持下入侵新疆时期"，"我国新疆的喀什噶尔（喀什）人和乌兹别克人，在伊斯坦布尔设有类似办事处的非正式机构。其原因有二：一是便利来此朝觐的人员，二是便利游学和经商人员。久而久之，就形成了一种外界不太了解的穆斯林世界沟通的网络"①，由朝觐、游学、经商人士构成的穆斯林精英成为受泛伊斯兰主义影响的主体，"使得中亚地区、中国新疆的操突厥语的穆斯林形成'奥斯曼帝国情结'且影响至今"，"东突"势力便在土耳其有了民间庇护的宗教理由。三是应正视"土耳其现代历史的西方性一面"。因为，"土耳其的西方化努力甚至可以被浪漫地追溯到其帝国的发家史"，"突厥人西迁就是一个逐渐向西方靠拢的姿态，这个靠拢是先受到波斯文明的影响，并接受了伊斯兰文明，进而是继承了地中海文明的复杂遗产，随后又向近代西方文明靠近——入北约（NATO），（欲）进欧盟"。故北约之于土耳其的意义在于"北约之重要性不是因为两大阵营的冷战，而是为了实现自由的世界，只要这个世界还没有真正完全地实现自由，北约就有存在的必要；所以，那种说冷战结束了北约就该解散的观点是错误的，土耳其在北约里面，不只是个安全考虑或者战略选择，更是个价值选择"②。

　　因此，中土对话中应正视土耳其多重身份，对其有全面、客观的认知，以确立三维集束型的对话新思维。

　　第二，强化"一带一路"互为中土机遇意识，以把准中土合作共赢的主方向。

　　因"东突"问题的不断发酵与炒作，使得中土关系复杂、敏感

---

① 《昝涛：一个真实的土耳其和真实的中土关系》，搜狐网，2015 年 8 月 1 日，http://www.sohu.com/a/25348334_ 115368。登录日期：2019 年 7 月 22 日。

② 《昝涛推荐：怎么看土耳其的反华现象》，搜狐读书，2015 年 7 月 8 日，http://www.sohu.com/a/21883153_ 148927。登录日期：2019 年 7 月 22 日。

和脆弱，折射其发展前景充满诸多不确定性，这在一定程度上遮蔽了中土关系的历史全貌，并影响中土关系的正常发展，甚至还有错失"一带一路"这一地区乃至全球发展良机的危险。因此，曾作为古丝路起点国、终点国的中国与土耳其关系应回到丝路合作正道上来把准主方向：

1. 在政治关系上应进一步加强互信、互助。尽管土耳其历届政府多次重申坚持"一个中国"的基本立场，"坚决反对任何人在土耳其境内从事任何破坏中国主权和领土完整的活动"，但仅在土耳其正式注册并活动的"东突"组织就有"东突基金会""东突移民协会""东突互助协会""东突教育与互助协会""东突青年协会""东突妇女联合会"及"东突文化与团结协会"等，这是土政府"疆独"立场的两面性所致的民众同情与非政府组织庇护的结果。因此，在"东突"问题上，土耳其政府的态度由"默许"转变为"暧昧"再变为"回避"，但近年来中土两国均面临严峻的传统与非传统安全挑战，安全合作将有助于深化中土政治关系。

2. 在经济关系上应进一步加强互补、互惠。作为丝路两端经济快速增长的中土两国，应充分利用新疆亚欧博览会这一合作新平台，积极推进中土经贸交流与合作，鼓励土耳其企业家到新疆投资兴业，帮助新疆更好更快发展，尤其应充分利用"一带一路"机遇期，在大力推进"道路联通、贸易畅通、货币流通"的基础上，早日实现"政策沟通"，为加快"民心相通"提供物质基础与机制保障，在新的义利观的指导下，进一步消除中土贸易逆差，完善中土经济关系。

3. 在安全关系上应进一步加强共识、合作。从某种意义上说，中土因"东突"问题更需要达成反恐共识并开展实质性合作。事实上，中土两国人民都是"三股势力"的受害者，安全合作已成为深化中土关系的当务之急。除双边安全合作外，中土应积极致力于上合组织、亚信会议等多边平台上的安全合作。可以预见，中土两国在司法、警务、反恐情报交流等领域的合作将日益增多，并在情报分享、机制建设以及协同反恐等方面开展进一步务实合作，以构建合作型的中土安全关系。2015 年中土领导人实现互访并一再重申反对包括"东伊运"在内的恐怖主义势力，决不允许"东突"问题影响中土关系发展，更为中土安全合作提供了政策保障。

4. 在人文关系上应进一步加强务实、创新。近年来，中土两国人文交流日益密切，活动形式和内容更加丰富多样，在文教、旅游、传媒、卫生、体育等领域的交流合作，已取得可喜成效，尤其是 2001 年土耳其被定为中国公民旅游目的国后，游客人数不断攀升，宗教文化旅游资源优势渐现，市场潜力巨大。又如，截至 2018 年，中国已在土耳其中东技术大学、海峡大学、奥坎大学、晔迪特派大学开办了 4 所孔子学院；土耳其 5 所大学开设了汉语专业课程，分别是安卡拉大学东方语言文学学院汉学系、埃尔吉耶斯大学中文系、法提赫大学中文系、奥坎大学翻译系和伊斯坦布尔大学文学院等。此外，伊斯坦布尔岛上高中、伊斯坦布尔圣贝努瓦中学、伊斯坦布尔道乌斯中学和小学、伊斯坦布尔莲花汉语培训学校等 15 所中小学也开展了汉语教学活动。尤须一提的是，中土双方已陆续缔结了近 20 对友好城市，在纺织、商务、文化、教育、旅游、人才交流等方面开展交流合作，中土友城间互利合作、达成共识：一是中国的城市可以凭借土耳其横跨亚欧两大洲这一独特的地理位置和它与欧盟的关系，先让本市产品进入土耳其市场，并以此为媒介打入中东和欧洲市场，而土耳其城市也享受到中方城市与亚太地区的资源、市场等优势；二是友好城市之间的文化交流和人才培养不断深入，特别是在教育、旅游、文化、卫生等各领域展开广泛合作；三是实质性推进友好城市双方商谈的合作项目，不断扩大合作领域。

在以上四种关系中，人文关系是关键与基础，中土人文关系还关涉由互惠型的经济观、包容型的人文观与合作型的安全观所构成的"丝绸之路"精神的当代继承与弘扬，并将为全球治理中有关"多民族、多宗教融合"这一治理难题提供经验与范式。因此，中土人文外交肩负着价值沟通、增信释疑、反恐共识的三大使命，如何进一步增强中土战略互信则是当务之急，使丝绸之路两端的两个新兴大国得以进一步深化双边关系的内涵与形式。作为两大地区与国际新兴经济体中的代表性国家，加强中土新型战略合作伙伴关系，有利于强化中国与阿拉伯-伊斯兰世界的关系，并进一步扩大中国在欧洲的影响力，进而推动中国与西方世界的关系，在贯通亚欧的丝绸之路上构建中国-土耳其版的"一带一路"战略合作新模式。

第三，用"培育反恐共识"来助力中土安全合作的新进程。

"9·11"后，国际安全合作成为全球治理中的重要组成部分，中亚"颜色革命"、中国新疆"7·5"事件、中东"阿拉伯之春"等的相继发生，土方高调推销"土耳其模式"，但在宗教极端主义全球泛起的现实背景下，南亚、西亚、非洲乃至美欧均遭遇程度不同的，来自塔利班、"基地"及其分支、IS，以及"东伊运"等"三股势力"的暴恐袭击，全球反恐由此进入历史新阶段。其中，中土共同反恐、开展务实性安全合作也被提上议事日程，其理由主要包括：

1. 土耳其在包括"东突"在内的宗教极端势力问题上，由态度暧昧的默许到落得"搬起石头砸自己的脚"下场的巨变。土耳其国内部分势力长期以来都是中国的"东突"分裂势力的同情者。2000 年 2 月 14 日，中土双方签署了《中华人民共和国政府和土耳其共和国政府打击跨国犯罪的合作协议》。2000 年 2 月 15 日，中国国务院总理朱镕基会见了来访的土耳其内政部长萨阿德丁·坦坦。土方表示，土耳其政府重视发展与中国政府在各领域的友好合作关系，绝不允许反华分裂分子利用土领土从事反华分裂和暴力恐怖活动，为两国关系的进一步发展创造安全稳定的良好环境。[①] 以后形成土方领导人对华外交表态的惯例，

---

① 昝涛：《中土关系及土耳其对中国崛起的看法》，《阿拉伯世界研究》，2010 年第 4 期，第 64 页。

且多止于务虚而已。但是，2015 年土耳其先后遭遇暴恐事件，"土耳其模式"的光环开始黯淡，尤其是 2015 年 10 月 10 日土耳其遭遇了"史上最严重的恐怖袭击事件"，使得土耳其越来越深地卷入叙利亚危机的漩涡，也使得土耳其社会走向更深的分裂，"这一恐怖袭击被形容为土耳其的'9·11'事件。但是，'9·11'事件至少让美国人在短期内团结起来了，而土耳其却在恐怖袭击事件发生后走向了更为分裂"①。

2. 土耳其与"一带一路"核心区的中亚国家关系千丝万缕，土俄关系的走向影响上合反恐成效，中土合作反恐重要性凸显。其中，土苏关系对土俄关系产生了深远影响，苏联重视在中亚进行民族划界的原因在于，首先，是"为了在政治上取消伊斯兰教的强大影响。中亚居民历来不强调民族差异，而是以穆斯林的统一身份出现在政治舞台上，因此将'穆斯林整体'划分为多个民族，有利于苏维埃政权的分而治之"。其次，是"各民族'分居'之后，会逐渐出现文化上的差异，进而冲击传统的中亚政治统一性，也就是取消泛突厥主义和泛伊斯兰主义的影响"②。此种划分，无疑是对土耳其"双泛"的极大摧毁，且对土苏关系产生了深远影响。东欧剧变后，"土耳其搞了几个机制，如突厥语国家首脑大会、突厥语国家大会、亲缘世界突厥语民族省亲大会等，都未能很好地推进，因为几个突厥语国家间矛盾也不少，有的国家会参加这些活动，而乌兹别克斯坦却很少参加，因为土耳其曾长期支持该国反对派，两国关系一度受此影响而不睦。尤其 2011 年'阿拉伯之春'发生以后，不论是在伊斯兰世界，还是在突厥语国家中，土耳其的地位都相对衰落了"③。除土耳其与中亚有着种族、文化和历史联系外，"在后冷战时期，土耳其已经成为中

---

① 《恐怖袭击恐让土耳其更加分裂》，人民网，2015 年 10 月 14 日，http://world.people.com.cn/n/2015/1014/c157278-27694439.html。登录日期：2019 年 7 月 24 日。

② 《昝涛：一个真实的土耳其和真实的中土关系》，搜狐网，2015 年 8 月 1 日，http://www.sohu.com/a/25348334_115368。登录日期：2019 年 7 月 22 日。

③ 同上。

亚国家理想的发展模式，而且土耳其对这些国家有着多方面吸引力。在经济发展、自由贸易和安全领域，土耳其与中亚之间的合作也取得了巨大进步，可以预见的是，这在未来还将继续发展下去。对土耳其来说，冷战后在中亚出现的众多新国家，为土耳其提高国际地位带来了多种可能性，因为土耳其作为东西方桥梁的地缘政治地位，对中亚地区来说是很重要的，特别是在投资、贸易和丰富的能源输出（能源过道）方面，土耳其是必不可少的。所以，土耳其必须重视它在中亚地区的利益"①。尽管上合组织已成为"一带一路"与中亚国家战略对接的重要平台，但土俄关系走向势必会波及中亚地区，进而影响上合组织成员国间的合作反恐成效，中土合作反恐的重要性也由此凸显。

3. 中土均为"三股势力"的受害者。在中国前中东问题特使吴思科大使看来，随着 2015 年 7 月埃尔多安的访华，中土反恐合作进入务实性新阶段，"中国在 G20 机制中的作用是各方面公认的，如果土耳其想在国际事务中凸显其地位和作用，需要像中国这样既是安理会常任理事国、近年经济发展又最有活力的国家能够发挥作用，为土耳其提供支持。这是土方重点考虑的地方"，"土耳其与中国也有意愿在反恐领域进行合作，双方都是'三股势力'的受害者，在这方面拥有共识"②。"随着中国的崛起，区域发展、地区安全和能源安全等问题正变得越来越重要"，土耳其战略观察家也认为，为了维护自身在中亚的利益，土耳其必须接近上合组织，并且与之发展良好的关系。为此，土耳其必须向中国表明其合作的诚意"，而"安全、经济和能源三个领域是上合组织的最大关切所在，对中国来说，如何通过

---

① 昝涛：《中土关系及土耳其对中国崛起的看法》，《阿拉伯世界研究》，2010 年第 4 期，第 60 页。
② 韩子轩：《土耳其总统访华　想做大国还须"借力中国"》，新浪网，2015 年 7 月 29 日，http://news.sina.com.cn/w/zg/gjzt/2015-07-29/18401290.html。登录日期：2019 年 7 月 22 日。

上合组织取得土耳其在安全领域的深度合作，应该值得重视"①。因此，"面对中国当下最迫切的需要，土耳其所能提供的就是其东西方间的桥梁地位和在反恐领域的合作"，土耳其观察家也主张，"土耳其需要与中国合作以打击困扰中国的'东突'恐怖主义问题，惟其如此，土耳其才能在上合组织中施加重要影响，并取得中国在其他方面的谅解"②。

无论如何，中土合作反恐，能否达成"反恐共识"才是关键，人文交流关乎中土伙伴关系的战略意涵也由此得以彰显。

---

① 昝涛：《中土关系及土耳其对中国崛起的看法》，《阿拉伯世界研究》，2010 年第 4 期，第65 页。
② 同上。

第十二章
中国与伊朗丝路伙伴关系
发展现状及对策

作为古丝路大国，中国与伊朗既有"丝路天然伙伴关系"，又有"一带一路"建设中的"丝路战略伙伴关系"，中伊伙伴关系实为丝路伙伴关系。在丝路语境中重审两国关系，旨在探寻进一步深化中伊关系的新思路与新路径，进而为国际关系理论与实践提供新范式。

第一节　起步于丝路的中伊友好交往

自张骞"凿空西域"起，中华文明就与波斯文明开始了丝路友好交往的历史，不仅在官方层面交往中建立了最基本的政治互信，还在民间层面因深入的"价值沟通"而形成了最持久的伙伴关系。

悠久的丝路交往历史，使得中伊两国在文化层面上形成相互影响和相互促进的关系。在古代，中国的四大发明等先进文化通过丝绸之路传到今天的伊朗，对伊朗社会产生了深远的影响。造纸术的引入推动了伊朗纸币的出现，伊朗在仿效中国钞票印制的纸币上还用了中国的"钞"字。除四大发明外，伊朗的养蚕法和钢铁也是由中国传入，而波斯球艺（即马球）等则是由伊朗传入中国的。中国丝绸、铜器、漆器、货币等大量流入伊朗。同时，波斯人也给中国带来了葡萄、胡桃、胡萝卜等物种，并将其音乐、舞蹈、建筑艺术、宗教等传入中国，大大丰富了中国的历史文化。伊朗的陶瓷艺术是由中国输入的，但后来在有些方面，如在釉里加珐琅质的技术，似乎发展到了中国之前，又反过来影响了中国的陶瓷制作艺术。在其他很多方面，诸如纺织艺术等，中国和伊朗也相互影响着对方。中伊两国都是世界历史上影响深远的文化大国，两国文化在世界文化与文明的发展过程中起到了极大的推动作用。[①]

据史书记载，明代以来，中国和伊朗的交往不再是单纯的外交往来，两国在互派使臣的同时，更注重文化和技术的交流。1419年，帖木儿的第四个儿子沙哈鲁向中国派出了一个五百一十人的庞大使团，他们将沿途所见所闻写成《使华记》，其中，尤其对中国人的慷慨好客以及中国建筑技术评价极高。此前的1413年，明朝派陈诚等到哈烈诸国报聘，将沿途见闻写成《西域行程记》，记载翔实，对伊朗精湛的纺织技术评价极高。明朝的郑和七下西洋，曾有三次到达伊朗，其随行人员马欢、费信和巩珍根据所见所闻撰写的《瀛涯胜览》《星槎胜览》和《西洋番国志》等著作，更是开阔了中国人的眼界，为中国与亚非地区的关系史留下了弥足珍贵的史料。中伊丝绸之路上的学术交流成为中国伊朗学的重要组成部分。

事实上，伊朗在文化上对中国影响最大的是宗教。在伊朗宗教史上，祆教是由伊朗人的第一位伟大先知琐罗亚斯德创立的。安息帝国时，伊朗东部祆教文化与西部祆教文化进一步结合。萨珊王朝时期祆教上升为帝国的国教，建立了一套完整的教阶制和经济制度，祆教祭祀成为特权阶层的重要宗教活动。阿拉伯人征服伊朗后，伊朗开始了

---

① 熊小庆：《中国与伊朗关系的影响因素及机制研究》，西南大学人文地理学硕士学位论文，2006年，第34页。

缓慢的伊斯兰化过程。[1] 因伊朗人主动以阿语为工具、以伊斯兰教为指导、以波斯文化为基础，弘扬阿拉伯-伊斯兰文化，并成为阿拉伯-伊斯兰文化的主力军，从某种程度上讲，伊斯兰教是由阿拉伯人创立、由波斯人发扬光大的。在历史上，曾有祆教、摩尼教和伊斯兰教从伊朗传入中国。其中，对中国影响最大的当属伊斯兰教。波斯商人沿着路上和海上两条丝绸之路入华开展贸易合作的同时，也带来了伊斯兰文化，并对我国产生了深远影响。唐朝的开放、包容、友好的对外政策，使得大量穆斯林入华经商甚至形成蕃坊，"经商、信教"的异质文明的价值观潜移默化地影响着中国社会。因特殊的政治和文化环境，元代是伊朗人对我国社会产生影响最深的朝代之一，元朝时人们把伊朗人称为"回回"，且出现了"元时回回遍天下"的盛况。除伊斯兰教外，伊朗古代的祆教和摩尼教的传入也对我国产生了很大影响。摩尼教在传入我国新疆以后，对当地宗教文化产生了很大影响，在历史上曾流行一时。在吐鲁番和敦煌，均有人发现粟特文字书写的有插画的摩尼教著作等。13 世纪伊朗著名诗人萨迪的长诗《蔷薇园》中，还提到摩尼教经典的插画中有中国画家的手笔，对我国历法产生深远影响的星期制（古代称为"七曜"）就是由摩尼教师传入我国的。[2]

相比较而言，伊朗伊斯兰文化对中国穆斯林的影响远大于阿拉伯伊斯兰文化，中国与伊朗宗教联系的核心内容是伊斯兰教和穆斯林的关系，而"波斯因素"又是中国伊斯兰文化的重要特征之一。究其根源，"两国长达 2500 多年文化联系的历史也是两国文化相互影响和渗透的过程，历史及宗教文化因素已成为了中伊两国联系的纽带。通过不断地研究，我们将会发现，中伊两国之间的文化关系将会更加久

---

[1] 穆宏燕：《伊朗文化传统的双重性》，《光明日报》，2013 年 8 月 12 日，12 版。

[2] 熊小庆：《中国与伊朗关系的影响因素及机制研究》，西南大学人文地理学硕士学位论文，2006 年，第 22 页。

远。如果论及外来文化对中国古代历史文化的贡献，恐怕伊朗就是仅次于印度对我国文化贡献最大的国家了"①。

中华人民共和国成立后，1971 年 8 月 16 日，中伊两国正式建立了外交关系。中伊两国在历史上同遭西方列强的侵略、在现实中又同遭西方媒体的妖魔化宣传。为此，中伊两国都十分重视彼此间的人文交流，中国对伊朗的人文外交呈现出"稳中渐进"的基本态势，尤其重视官方与民间的直接交流，如 1997 年在中国举办了"伊朗文化周"、1999 年在伊朗举办了"中国文化周"。此外，两国文化互访日益频繁，并在科技、文化、教育、卫生、广播电视和体育等事务中进行了良好交流与合作，签署了多个合作交流协定，如 1983 年签订《中伊文化和科学技术合作协定》、1986 年签订《中伊两国广播电视合作计划》、2000 年签订《中华人民共和国和伊朗伊斯兰共和国2000—2002 年文化与教育交流计划》等，这些政府文件成为推动、指导两国文化科技交流的法律保障。

2008 年 12 月 23 日，"中国伊朗友好协会"在北京成立，陈昊苏任中伊友协会长，中伊双方还签署了《中伊民间友好合作宣言》，《宣言》同意以"中伊关系研讨会"为平台，加强双方在经贸、文化、媒体、青年、友好城市、宗教和医学等方面的合作。陈昊苏会长在接受采访时指出，面对国际上的诸多复杂因素，中伊两国都需要向外界说明自己的发展情况，使伊中文化交流赶上经贸发展的速度。因此，中伊友协的成立，"标志着中伊文化交流将在专业化和综合化的基础上，规范化、多样化、高效化地开展"②，中伊文化交流也因此进入历史新阶段。其中，中伊科技合作成效显著。由于西方的封锁和制裁，伊朗缺乏与外界的科技交流与合作。在伊朗与西方少数企业的

---

① 熊小庆：《中国与伊朗关系的影响因素及机制研究》，西南大学人文地理学硕士学位论文，2006 年，第 23 页。
② 徐焱：《中国伊朗友好协会成立》，《友声》，2009 年第 2 期，第 28 页。

科技合作中，对方并不愿意把自己的先进技术传给伊朗，而目前中国在科技水平方面有较大优势，加强与中国的科技合作，既有利于改善伊朗落后的技术设施，也有利于提高伊朗的科技水平。近年来，出于国家技术安全的考虑，伊朗不愿意将某些工程中涉及国家机密的信息透露给西方，中伊科技合作的现实需求因此增大，且合作潜力巨大。

尤须强调的是，中华人民共和国成立后的伊朗学研究从翻译开始，发展到论文、专著与译著并行，文学、历史、宗教方面的研究成果丰硕。对现代伊朗的研究，虽然起始于 20 世纪初期，但在 20 世纪 80 年代才开始真正进入高潮时期，到 2010 年，取得的研究成果超过 1 500 项，相关学术研究机构有 50 余家。值得一提的是，20 世纪 90 年代中国对伊朗的研究取得了很大的发展：首先，当代中国对伊朗的研究从翻译开始，如汉译出版了扎比胡拉·萨法的《伊朗文化及其对世界的影响》、阿宝斯·艾克巴尔·奥希梯扬尼的《伊朗通史》、费尔多西的《列王纪》、毛拉韦的《麦斯纳韦》、哈菲兹《诗歌集》、萨迪的《蔷薇园》和《果园》、哈雅姆的《四行诗》，以及伊朗前总统哈塔米的《从城市的世界到世界的城市》等；其次，中国学者的成果已从名著翻译发展为学术研究，一批高质量的论文在《历史研究》《世界宗教研究》《世界历史》《外国文学评论》等杂志发表，国家社科基金大力支持伊朗学研究，成果从《伊朗通史》（1987 年）《伊朗白色革命研究》（1989 年）、《祆教史》（1998 年）到《中国伊朗关系史》（2010 年）、《伊朗核危机演变趋势与中国能源安全及其对策研究》（2010 年）等；最后，伊朗学研究内容日益广泛深入，中国伊朗学的研究水平逐渐受到国际社会和伊朗的认可。①

"正是两国多年来在文化上的积极交流，使得目前两国人民之间认同感很强，尤其是伊朗人民对中国人民认同感非常强烈。中国的武

---

① 冀开运：《伊朗学在中国》，《光明日报》，2012 年 5 月 17 日，11 版。

术等文化在伊朗人心目中具有极高的地位，这种文化上的认同感对于两国在其他方面的交流起到了积极的作用。文化的交流往往是通过政府运作的方式起作用的。这当中，有中伊两国几千年文化往来的基础性作用，也有出于政治上的原因。由于伊朗实力有限、所处的国际环境不佳，以至于在与西方大国之间的博弈中占据不利地位。因此，伊朗需要联合一些有实力的友好国家，这样就可以增加其在国际对话中的话语权。而文化交流就是增强民间认同感，拉近两国关系的一个有效办法。"① 历史是最好的老师。尽管古代丝绸之路曾经的辉煌已经成为历史，但它所凝结的丝路共有认知，则为中伊共同绘就"一带一路""工笔画"而厚植了根基、提供了源泉、注入了动能。因此，中国与伊朗通过上千年丝路和平交往，尤其是丝路人文交流，持久地维系了双边的丝路伙伴关系，并为丝路文明的形成与发展作出了各自的贡献。

第二节　影响中伊丝路伙伴关系发展的主要原因

尽管中国与伊朗在古丝路上因"价值沟通"而形成了持久的伙伴关系，却因主客观原因造成了中伊两国"经热政冷、人文滞后"的丝路伙伴关系发展现状，其主要原因如下：

一、伊朗"不要东方，不要西方，只要伊斯兰"的外交政策，在一定程度上影响了中伊之间的文明对话。

1979 年爆发的"伊斯兰革命"，不仅改变了伊朗的内政与外交，还对包括中伊关系在内的国际关系产生了深远影响，其"不要东方，不要西方，只要伊斯兰"的外交政策更对中伊开展文明对话产生了负面影响。

---

① 熊小庆：《中国与伊朗关系的影响因素及机制研究》，西南大学人文地理学硕士学位论文，2006 年，第 33 页。

伊朗精神领袖霍梅尼在其代表作《伊斯兰政府》①里强调,"伊斯兰政府和教法学家统治"理论思想主要体现为四大主张:谋求建立伊斯兰政府、实现教法学家的统治;反对君主制;反殖、反帝、反西方化和反世俗化;输出革命建立伊斯兰世界秩序。②其中,"输出伊斯兰革命"的理念又成为霍梅尼思想的核心。1980年3月21日,霍梅尼在"新年致辞"中呼吁:"我们必须努力输出我们的革命,我们应放弃不输出革命之想法……所有的超级大国及列强一定要让我们毁灭,如果我们停留在禁闭的环境中,我们将一定面临失败。"③因为,在他看来,伊斯兰不仅是革命的手段,也是革命的目的;伊斯兰不仅为伊朗服务,伊朗也应为伊斯兰服务。亦即,伊斯兰既是民族主义,也是国际主义,伊斯兰民族主义和国际主义相互依托且构成了有机的整体,"不要东方,不要西方,只要伊斯兰"便成为伊朗的外交政策,并对中伊开展文明对话产生了一定的干扰。

20世纪70年代末,中国与伊朗恰逢两种意识形态分歧最甚之际的"历史相遇",即1978年中国召开党的十一届三中全会,1979年中国对内政外交做出了巨大调整;这一年又是伊朗"伊斯兰革命"取得成功。1978年中国进入由阶级斗争向改革开放转型的新时期、1979年伊朗进入由世俗政体向神权政体转型的新时期,这就使得伊斯兰主义意识形态与社会主义意识形态间的分歧骤然凸显:一方面,"伊斯兰革命摧毁了巴列维王朝之后,在霍梅尼主义的指导下,伊朗建立起了一个极端独特的伊斯兰宗教领袖执政的神权共和政体。从此伊朗实行全面的伊斯兰化,向外输出伊斯兰革命,反对君主制,反对

---

① Imam Khomeini, *Islam and Revolution*: *Writings and Peclarations*, Translated and Annotated by Hamid Algar, Berkeley Contemporary Islamic Thought, Persian Series, Mizan Press, London, 1981, pp. 25 – 166.

② 刘竞、安维华:《现代海湾国家政治体制研究》,北京:中国社会科学出版社,1994年,第270—274页。

③ 马丽蓉著:《中东国家的清真寺社会功能研究》,北京:时事出版社,2011年,第272页。

殖民主义和帝国主义，同时也反对共产主义"①。另一方面，中国是工人阶级领导的、以工农联盟为基础的人民民主专政的国家，实行人民代表大会制度。中国当时处于社会主义初级阶段，其发展的最终目标就是实现伊朗所反对的共产主义。就当时的中国而言，"在改革开放以前，国家的管理还处于探索阶段，领导者意识偏于激进，国家外交政策还没有全面打开，对与伊朗关系方面不够主动，也没能在这个阶段取得什么进展。改革开放以后，我国采取了更为务实的现实主义外交政策，并且逐渐把全方位外交作为了我国外交政策的方针。作为中东大国的伊朗自然也就成了我国全方位外交中的重要一环"②。但是，就当时的伊朗而言，自伊朗"伊斯兰革命"成功以后，"一些较激进的伊朗领导人提出，要把他们先进的革命思想传播到其他伊斯兰国家，其中也包括拥有大量穆斯林的中国。伊朗不惜重金，支持一些中国籍穆斯林年轻人到伊朗留学，从而对他们进行宗教教育，目的是使他们回国后传播伊朗的伊斯兰革命思想。值得庆幸的是，中国的穆斯林早已融入中国社会，在他们的内心深处只认为自己是中国的一分子，把中国看作是自己的祖国。所以，伊朗这样做的结果并没有达到他们所意想的效果，我国政府在这件事情当中也及时地吸取了教训，采取了相应的措施"③。如果说伊朗是用抗议甚至断交的方式来"不要西方"的话，那么伊朗又以疏离甚至对峙的方式来"不要东方"，便形成了中伊两国有选择性的交往模式。亦即由"人文与经贸"的并重交往逐渐弱化为"经贸为主、人文渐弱"的主次交往，意识形态领域的矛盾日益成为影响中伊开展文明对话的障碍性因素。

　　在全球化时代，伊朗"只要伊斯兰"的封闭现状与时代大潮格

---

① 陈一鸣：《伊朗核问题：底线上走钢丝》，2005 年 10 月 28 日，人民网：http://world. people. com. cn，登录时间：2018 年 3 月 18 日。

② 熊小庆：《中国与伊朗关系的影响因素及机制研究》，西南大学人文地理学硕士学位论文，2006 年，第 34 页。

③ 同上，第 23 页。

格不入。为此，伊朗社会精英反思现实并积极变革以融入国际社会，尤其是温和、开明的宗教人士哈塔米在 1997 年总统选举中的胜选，堪称标志性的政治事件。与其前任不同的是，在哈塔米的外交政策中"文明冲突论"被"文明间对话"所取代，且根据哈塔米的建议，联合国宣布 2001 年作为联合国"不同文明间对话年"。哈塔米政府的外交政策使伊朗与国际社会的关系由敌对转向协商，与世界重要势力间关系明显改善。但内贾德执政期间因"上演穷兵黩武和民粹主义的闹剧"而将哈塔米政府与国际社会寻求对话、包容、融入的努力付诸东流。自从鲁哈尼于 2013 年 8 月执政以来，"伊朗外交政策终于在经历了十余年的'自我封闭'后，发生了重大的变动……伊朗也由曾经的'又臭又硬'摇身一变成为中东政治的新中心，伊朗外交实现了真正的'突围'"[①]。2021 年 6 月，伊朗保守派候选人易卜拉欣·莱西当选伊朗新一届总统。莱西长期在伊朗司法部门工作，是最高领袖哈梅内伊的忠实追随者，被认为是伊朗的强硬保守派。莱西上任后，伊朗是否会改变鲁哈尼时代灵活务实的外交政策、转向强硬作风有待观察。因此，伊斯兰主义意识形态主导下的伊朗能否在世俗化时代潮流中顺利融入国际社会，不仅成为伊朗调整对外政策、开辟外交空间、应对全球化挑战的重大课题，也成为中伊深化丝路伙伴关系的重要制约因素之一。

二、伊朗与美国的长期敌对政策，客观上形成了一个因中伊受制于"美国因素"来互构彼此国家形象的话语陷阱。

在霍梅尼看来，"监视并防止新闻和出版媒介背离伊斯兰教的正确方向和背叛国家利益的倾向。把年轻男女引向毁灭的西方'自由'应受到伊斯兰教的谴责，受到常识的谴责；收听、写作、演讲、出版反对伊斯兰教教义的文章，与社会的道德和伦理原则背道而驰的反对

---

① 王晋：《鲁哈尼时代的伊朗外交突围》，中国网—观点中国，2013 年 12 月 7 日，http://o-pinion.china.com.cn/opinion_ 53_ 88253. html。登录时间：2018 年 4 月 5 日。

国家利益的行为应受到禁止",尤其是"受文化帝国主义教育"的大学生如果毕业后当了政府官员,就会把国家引入任由外国势力掠夺其财富的、朝西方文化方面发展的轨道。广播、电视、出版媒介和电影院便成为用于反对伊斯兰文化、反对民族文化,致使国家走向彻底毁灭的麻痹工具。因此,星期五聚礼日在清真寺向伊朗青年宣传伊斯兰文化也就成了防堵西方文化渗透的重要举措之一。① 尽管沙特是"伊斯兰世界盟主",但在霍梅尼看来,沙特的一切事务都受到了美国的干涉,沙特信奉的已不再是"真正的、穆罕默德的伊斯兰教",而是"美国牌号的伊斯兰教","沙特阿拉伯的统治政权披着穆斯林的外衣,但实际上他们却代表着一种奢侈、轻浮和厚颜无耻的生活方式,他们从人民手中榨取财富后又肆意挥霍,他们整日沉湎于赌博、豪饮和狂欢作乐"。② 为此,沙特便成为伊朗"输出伊斯兰革命"的首要目标,并将沙特等逊尼派阿拉伯国家视为"异化了的伊斯兰政府"而充满敌意,动用各种宣传机器来竭力歪曲、抹黑海湾阿拉伯国家,结果影响了中国在阿拉伯-伊斯兰世界语境中正确、客观、全面地认知伊朗形象与沙特形象。

同时,以美国为首的西方传媒历来以炒作"绿祸"与"黄祸"为两大核心议题,即"在一种强烈的意识形态的语境下和严格禁止不同话语的语境中报道新闻。这种报道的特征是大量使用简捷明快的观念和语言,如使用'共产主义''伊斯兰原教旨主义''敌人''种族清洗''希特勒''法西斯''恐怖主义'等没有灰色的黑白分明的标签用语"③。此种媒介霸权主义导致的后果是:中国与阿拉伯-伊斯兰世界普遍陷入无言、失语甚至被误读的境地。其

① 马丽蓉:《中东国家清真寺社会功能研究》,北京:时事出版社,2011 年,第 268 页。
② 埃斯波西托:《伊斯兰威胁——神话还是现实?》,北京:社会科学文献出版社,1999 年,第 24 页。
③ 李希光、赵心树:《媒体的力量》,广州:南方日报出版社,2002 年,第 210 页。

中，美国将伊朗定性为"邪恶轴心国""绿祸"的代表，自美伊交恶以来，伊朗就成为西方媒体炒作"绿祸"的重点对象：一方面，中国受众所接受的伊朗实为由西方媒体过滤过的伊朗，因而也是失真的伊朗形象。另一方面，伊朗受众所接受的中国形象也是历经西方媒体"二度加工"后的失真产物。中伊两国受众均被西方媒体绑架，陷入西方霸权语境中来认知对方，误解、误读与误判彼此，这些都是西方媒体在中伊之间作为"第三方"蓄意而为的结果。"美国因素"已成为影响中伊国家形象互构的阻碍性因素，造成中伊媒体对彼此的认知度偏低，如中国媒体报道伊朗时，虽以正面报道为主，但缺乏深度分析，且多集中于经济、政治等热点问题，鲜有对社会、文化、宗教等现实问题的关注；伊朗媒体对中国议题多集中于经济、政治等宏观性报道，结果造成除廉价商品外，伊朗民众对中国仍相当陌生，与中伊丝路上千年和平交往的历史事实极不相符。

因此，伊朗与美国的长期敌对政策，已在客观上形成了中伊受制于"美国因素"来互构彼此国家形象的话语陷阱，造成了中国在西方语境与阿拉伯-伊斯兰语境所获得的伊朗形象大打折扣，相应地伊朗从西方语境中获得的中国形象亦是如此。

三、中东地区教缘政治与霸权政治的激烈博弈，在一定程度上加剧了中伊伙伴关系的复杂性。

除教义分歧、历史恩怨外，伊斯兰教派"问题的根源要追溯到殖民地时期。当时，欧洲执政者出于自身利益，利用当地的宗教与民族多样性，把殖民地安全部队与政府中的代表权更多地交到少数派手中"，结果"从殖民主义中诞生的阿拉伯国家曾有望在阿拉伯民族主义的旗帜下实现教派团结。但随着它们演变成愤世嫉俗的专制国家，随着它们在战场与政府管理上遭遇败绩，教派偏见同样被加深了。阿拉伯社会受此影响非常深刻，以至于团结的推动力常常无法弥合部

落、教派与民族之间的严重分歧"。① 其中，教派矛盾因中东地缘政
治博弈和美国中东利益的渗入而被复杂化。冷战期间，中东地区国家
大致分为亲苏联的泛阿拉伯主义国家（如埃及、伊拉克、叙利亚及
利比亚等）和亲美国的君主制国家（沙特、巴林、伊朗等海湾国家）
两大阵营。但自伊朗"伊斯兰革命"以来，什叶派现代伊斯兰主义
进入上升期，并在伊朗、叙利亚、黎巴嫩及伊拉克等国扩大影响力。
伊朗"伊斯兰革命"中所爆发的反美浪潮，使得美国在过去20多年
中，一直以扶持亲美的逊尼派阿拉伯国家政权来抑制伊朗作为其基本
的中东策略之一，结果形成了沙特等多数逊尼派国家成为美国盟友或
受援国、伊朗等国成为美国所称的"邪恶轴心国"这样一种地缘政
治格局，进一步激化了两个阵营间的矛盾与冲突。同时，教派主义在
某些国家上升，政治、社会、经济问题与教派分野重合，各种矛盾逐
渐以教派矛盾的形式凸显出来，如伊拉克什叶派穆斯林虽占该国人口
的65%，但因萨达姆政权的强力打压，双方积怨甚深。2003年，美
国入侵伊拉克后又改为扶植什叶派、打压逊尼派，伊拉克新政府中什
叶派和库尔德人占据优势，教派矛盾演化为伊拉克战后重建中的主要
障碍之一，并造成伊朗成为伊拉克战争最大赢家这一"意外结果"，
极大损害了美国的中东利益，伊朗成为美国必须铲除的"敌人"。而
伊朗"伊斯兰革命"所激化的意识形态矛盾又成为伊沙关系不睦的
诱因，伊朗拥核崛起的地区霸权野心对沙特等海湾逊尼派阿拉伯国家
造成极大威胁，伊朗也成为沙特等国的"敌人"。综上种种，伊朗成
了海合会与西方大国的"共同敌人"。

　　近年来，随着"阿拉伯之春"所引发的中东地缘政治碎片化程
度的日益严重，不仅卡塔尔"断交风波"改写了海合会集体敌视伊
朗的历史，特朗普政府"退群"并严厉制裁伊朗也使美国与什叶派

---

① ［美］瓦利·纳斯尔：《假如阿拉伯之春变味了》，载美国《纽约时报》网站，2011年8
　　月27日。登录时间：2018年3月5日。

阵营的国家间关系充满更多不确定性。再加上以色列政府的"迁馆"之举、也门危机的进一步恶化，以及海湾阿拉伯国家与以色列关系新动向等一系列热点问题的影响，使得中国与伊朗伙伴关系发展备受干扰并日益复杂。

四、伊核协议面临严峻挑战，已成为中伊伙伴关系发展的潜在隐患。

20世纪50年代，伊朗开始了核能源开发活动，并在当时得到美国及其他西方国家的支持。1980年美伊断交后，美国曾多次指责伊朗以"和平利用核能"为掩护秘密发展核武器，并对其采取"遏制"政策。国际原子能机构也多次就伊核问题作出决议。2010年6月，安理会通过"史上最严厉"制裁伊朗方案，使得伊朗与国际社会的关系进一步紧张，也危及中国在伊朗的海外利益：一是伊朗是中国最重要的能源进口地之一，原油进口量占中国总进口量的约10%，是中国第三大原油供应国（仅次于沙特和安哥拉），第二大石油供应国。二是伊朗是中国消费品、资本设备出口和海外工程承包的重要市场。据统计数据显示，2022年前5个月，中国与伊朗的贸易额已达到64.7亿美元，同比增长18.1%。其间，伊朗自中国进口商品31.9亿美元，同比增长25.9%，向中国出口商品32.8亿美元，同比增长11.3%。[①] 三是中国在伊朗有大笔石油方面的基础建设投资，并签署了许多基础建设协议，如果美国对伊朗与石油产业相关的金融产业进行制裁，会对中国在伊朗投资的企业及金融机构造成负面影响。此外，伊核问题还制约着美伊关系、中伊关系、中美关系等。若中国赞成伊朗发展核武器，势必会与美国形成敌对关系，危及中国的国家利益；若中国与美西方站在一起对伊朗施加严厉制裁，势必会使中伊关

---

① 《今年前5个月中国与伊朗贸易额64.7亿美元》，中华人民共和国商务部网站，2022年7月6日，http://ir. mofcom. gov. cn/article/jmxw/202207/20220703331442. shtml。登录时间：2022年7月25日。

系恶化，不排除伊朗有可能会采用其手中的"石油牌""伊斯兰国家牌"来报复中国。中国最终在伊核问题上采取了不偏不倚、和平解决热点问题的基本立场，在联合国、六方机制等框架下积极斡旋，并在伊核协议的最终签订上真正发挥了建设性的作用。

但是，2018 年 5 月 8 日，美国总统特朗普不顾其西方盟国以及中俄等国的强烈反对，宣布退出 2015 年达成的伊核协议，重新启动因这一协议而豁免的对伊朗的制裁。伊朗因素将使中东地区的局势更加混乱，地缘政治风险进一步加剧，石油的安全稳定供应保障也受到威胁，而中国作为对中东石油高度依赖的世界第一大石油进口国，受伊朗因素的影响更深。[①] 此外，美国退出伊核协议重挫了力推伊核谈判的伊朗总统鲁哈尼的政治声望，长期持反对美国立场的强硬派重回伊朗政治舞台中心。与哈梅内伊关系密切的莱西当选总统后，保守派对经济和国家外交政策议程的控制进一步加强，或将放弃温和派推行的经济自由化和社会改革，并重回与美国对抗的外交政策轨道。虽然拜登上任后，美国与伊朗就重新执行伊核协议开始谈判，但谈判前景仍不明朗。伊朗国内政治因素或成为决定伊核协议命运的关键变量。同时，伊朗与以色列、沙特等国在中东地区的战略博弈仍将继续，不排除矛盾激化，甚至"擦枪走火"的可能性，综上诸多变数，也将程度不同地影响中伊关系发展进程。

第三节 "一带一路"与深化中伊丝路伙伴关系之对策

"一带一路"建设给中伊关系带来了战略新机遇，"无论是伊朗领导人还是伊朗社会，都高度赞赏习近平主席提出的'一带一路'

[①] 薛静静、沈镭、史军：《美国退出伊核协议对中国石油进口贸易的影响》，《对外经贸实务》，2018 年第 12 期，第 18 页。

倡议，希望尽快参与到建设'一带一路'进程中，为伊经济发展带来新动力和新活力"①。2014 年 5 月，伊朗总统鲁哈尼出席亚信峰会期间表示："我们非常赞同重建丝绸之路，（丝绸之路沿线）这些国家过去通过丝绸之路建立经贸关系、文化关系互通有无，振兴丝绸之路可以加强这些国家之间的合作。今天在和习近平主席的会谈中也谈到这方面的内容。事实上，中国通过丝路与哈萨克斯坦、塔吉克斯坦、阿富汗最后与伊朗南部的恰巴哈尔港连接起来。我们将建设恰巴哈尔港铁路，与全国铁路网相连接，连接中亚。同时还有一条铁路在建，经过土库曼斯坦将伊朗连接到哈萨克斯坦。其他方面，如海运方面、能源方面，伊朗和中国、地区国家也可以进行合作，我们认为这项计划能够成功，有关国家将为此进行合作。"② 2019 年 8 月，伊朗外长扎里夫在访华期间明确表示，伊方愿同中方加强政治、经济、科技、文化、共建"一带一路"等各领域合作，推进两国全面战略伙伴关系不断向前发展。③ 为此，中国与伊朗应抓住"一带一路"这一重大发展机遇，以深化构建丝路伙伴关系，且从以下几方面予以努力：

第一，应以打击宗教极端主义为抓手，进一步拓展中伊战略合作内涵。

中国和伊朗在反恐问题上面临诸多共同点，均面临"三股势力"的安全威胁，中国西部及其周边地区和国家还承受着"阿拉伯之春"所诱发的宗教极端主义"外溢"的严峻挑战。鲁哈尼政府将维护地区安全视为其实现国内经济发展的重要条件，反对极端主义，

① 《中国解决伊朗问题令美尴尬：盟友突然叛美》，2015 年 7 月 23 日，http://www. armystar. com/hqjs/2015-07-23_ 27044. html。登录时间：2018 年 4 月 5 日。

② 罗伟：《伊朗总统鲁哈尼：伊中两国经贸关系将不断发展》，国际在线，2014 年 5 月 23 日，http://gb. cri. cn/42071/2014/05/23/7371s4551811. html。登录时间：2018 年 6 月 5 日。

③ 《王毅同伊朗外长扎里夫举行会谈》，环球网，2019 年 8 月 27 日，http://world. huan-qiu. com/article/2019-08/15364858. html。登录时间：2019 年 8 月 28 日。

并于 2013 年 9 月在联合国大会提出了"全世界反对极端主义和暴力"（WAVE）的倡议。中国境内的暴恐势力是以中东地区为中心的全球宗教极端主义网络的一部分，严重威胁国家安全。因此，中国积极响应鲁哈尼提出的倡议，并同意将该倡议写入 2014 年亚信峰会的宣言。伊朗的周边不仅有波斯湾以西的中东，还有中亚地区，故伊朗也将在经济和安全上加强与中国在中亚地区的合作，并视为其重要利益。中亚也是中伊利益的一个重要契合点。[①] 为此，伊朗曾多次表示要求加入上海合作组织。2017 年伊朗遭遇暴恐袭击，据鲁哈尼总统的电视讲话与伊朗伊斯兰革命卫队的官方报告等披露，伊朗积极参与国际打击"伊斯兰国"的联合反恐行动，派遣了大批军事顾问与伊拉克和叙利亚人民并肩作战，在打败"伊斯兰国"的战斗中发挥了重要作用。同时，中国与伊朗都是恐怖主义的受害者，在打击极端主义方面拥有共同利益。在国际反恐问题上，中国坚持发挥联合国的主导作用，倡导建立目标一致、齐心协力的国际反恐联盟，反对西方大国在反恐问题上的双重标准立场，反对将恐怖主义与任何特定的民族、宗教挂钩。因此，中伊应把握"全面战略伙伴关系"的建设新契机，进一步深化双多边交流与合作，不仅要重视能源、经贸领域的合作，更应重视安全领域的合作，以深化中伊丝路伙伴关系发展内涵。

第二，应以宗教交流为纽带，进一步推进中伊"民心相通"。

尽管伊朗领导人早已不再持有"输出伊斯兰革命"的思想，但因伊朗曾经试图通过宗教教育向中国"输出伊斯兰革命"的不良历史，在一定程度上影响了中伊人文交流尤其是宗教交流。事实上，伊朗通过最高文化委员会进行全国文化的顶层设计，其中包括对外文化宣传，特别是伊斯兰宣传。该委员会由伊朗国家领

---

① 　金良祥：《伊朗外交的国内根源研究》，北京：世界知识出版社，2015 年，第 177 页。

袖办公室成员和三权领导为首的要害部门负责人组成，其职能主要是顶层设计，包括文化战略规划、实施方案，以及相关法律政策建议。在此基础上，由各部和组织负责实施相应的政策措施。这些部门主要包括外交部、伊斯兰文化指导部、高等教育和科技部、伊斯兰声像组织和青年与体育部等。每个部门都有相应具体部门负责具体事务操作，并在内容上各有侧重。这些部门也为此制定了相应的战略规划、方案设计，以及每年的工作规划和工作重点。这些部门中最为活跃的也是最重要的对外文化交流机构，就是伊斯兰文化指导部，以及其直属的副部级单位伊斯兰对外文化联络组织。自伊朗伊斯兰政府成立后，伊斯兰文化指导部主要负责伊朗的对外文化交流与合作。

目前，中国对伊朗人文交流目标定位总体比较粗略，缺乏人文交流的品牌项目以及创新的机制建设。为此，中国在深化中伊人文关系时，应进一步加强"去教派化"的外交立场宣示，避免伤及中伊、中阿关系或被他国利用，尤其要在今后的外交运筹中进一步处理好原则性与灵活性等关系，抓住中伊关系的发展大势、化解人文关系中宗教因素所致的认知障碍，进而制定出切实可行的因应之策：一方面，中国应与伊斯兰文化指导部继续开展宗教交流，审慎开展渐进式的宗教外交，不可因噎废食；另一方面，中国应灵活开展多样化的民间宗教交流，积极探寻在伊合组织与上合组织框架下开展民间宗教交流的新路径。

第三，应以人际交往为突破口，实现中伊丝路国家形象的良性互构。

消除美国媒体在中伊形象互构中的障碍性因素，是当前中伊人文交流中亟待解决的现实问题。除加强中伊媒体交流与合作外，旅游、教育、影视、会展及国际赛事等均可增加中伊民众尤其是青年间直接交流的机会，以剔除在中伊形象互构中"美国因素"的危害，在还原真相的过程中提升各自国家的软实力。从投入的人力和物力来讲，对伊文化交流频次相比中国针对西方大国的交流少之又少，驻外机构几乎没有活动经费。负责对外交流的文化官员本身的学养也有待提高。伊朗是一个有丰富文化底蕴的国家，文化素养的要求不仅是针对文化外交官，也是针对其他领域的外交官的要求。因此，中国应首先对伊朗人文状况和对外人文交流做梳理，然后依照我国对外人文交流总体战略制定具体针对伊朗的人文交流策略。此外，在国际体系面临转型的关键时期，各国正在进行大的战略调整。针对中国外交面临的新形势，与中国自身实力的全面提升及其外溢效应，中国面临着各种新的挑战；同样的，就伊朗目前的国内与国际形势来看，需要破解的难题也有很多。①

　　无论是古代历史上的丝绸之路，还是当下的"一带一路"，伊朗在其中均扮演着重要的角色。尽管如此，伊朗关注中国"一带一路"倡议的人群仍主要集中在官方和学者层面，他们有强烈的意愿提高认知水平；而与之形成鲜明对照的，则是伊朗普通民众认知度极低且反应消极。② 为此，中国应进一步"重视培养伊朗的知华、爱华人士，营造对华友好氛围。伊朗一直以来重视资助中国留学生到伊朗留学，目的是要让更多的中国人了解伊朗，提高中国人对伊朗的亲近感、认同感。伊朗还对一些从事伊朗研究的中国学者、机构提供一定的支持，对发展中伊关系起到了推动作用。相比之下，中国对伊朗的人员、资金、设备等财物投入力度亟须加大，支持更多伊朗人特别是伊朗年轻人到中国学习，让更多的伊朗人了解中国"③，以加强中伊直

---

① 唐志超：《中国与伊朗友好关系回顾》，中国网，2002 年 4 月 19 日，http://www.china.com.cn/chinese/2002/Apr/134976.html。登录时间：2018 年 5 月 30 日。

② 陆瑾：《历史与现实视阈下的中伊合作：基于伊朗人对"一带一路"认知的解读》，《西亚非洲》，2015 年第 6 期，第 68 页。

③ 唐志超：《中国与伊朗友好关系回顾》，中国网，2002 年 4 月 19 日，http://www.china.com.cn/chinese/2002/Apr/134976.html。登录时间：2018 年 5 月 30 日。

接的国家形象互构以消解"美国因素"所致的负面影响。此外，中伊应抓住"一带一路"这一战略合作的新机遇，进一步加强中国与伊朗的丝路国家形象互构，在加强精英、智库、留学生交往，完善孔子学院，以及丝路联合考古、丝路申遗、丝路跨境游等基础上，共同构建中伊丝路古国、丝路大国、丝路强国的系统工程，以深化丝路伙伴关系的内涵与形式。

近年来，中方正逐渐重视中伊人文交流的重要性。2014 年，中伊联合制作的《东方之珠》《重返丝绸之路》等节目陆续在伊朗播出，成为民众了解中国的一个窗口；为落实两国元首对加强人文交流的共识，2016 年中方在德黑兰举办了"感知中国——中国西部文化伊朗行·新疆篇"综合文化交流活动；2016 年 11 月，伊朗文化中心在北京建成并向公众开放，这些举措拉近了伊朗百姓与中国民众之间的距离，也为两国关系发展创造了良好氛围。① 不断深化的人文交流将有助于中伊两国以人际交往为突破口，推动实现丝路国家形象的良性互构。

尽管"在现实条件下，中伊两国交往仅处于中等水平，但是从长远来看，两国互有所求，没有根本性冲突，两国关系发展的最大可能是在现有基础上不断加强，特别是在能源领域、经济贸易合作领域、国际重大问题上的合作会进一步加强"②。伊朗作为"一带一路"重要支点国家的战略意义日渐凸显，中伊两国应在全方位战略合作中不断消解人文交流中的阻碍因素，以进一步深化丝路合作伙伴关系。

---

① 丁俊：《改革开放以来中国与中东国家的人文交流述论》，《阿拉伯世界研究》，2018 年第 5 期，第 39 页。
② 赵宏伟等：《中伊（朗）关系的现状与未来——从政治、经贸、文化多角度的量化研究》，《重庆工商大学学报（社会科学版）》，2010 年第 2 期，第 33 页。

下　编
丝路合作伙伴关系的
理论与实践

第十三章
习近平外交思想中的伙伴关系研究①

2018 年 6 月召开的中央外事工作会议确立了习近平新时代中国特色社会主义外交思想即习近平外交思想的指导地位，这是中国外交理论建设具有划时代意义的重大成果，为进入新时代的中国外交提供了根本遵循，也为探索解决当今世界各种复杂问题指明了方向。习近平外交思想以"十个方面的坚持"②为总体框架和核心要义，明确了新时代我国对外工作的历史使命、总目标和必须坚持的一系列方针原则，深刻揭示了新时代中国特色大国外交的本质要求、内在规律和前进方向。③

在习近平外交思想中，坚持以深化外交布局为依托打造全球伙伴

---

① 系国家社科基金青年项目"互联网加人文交流"助推"一带一路"民心相通研究（20CGJ004）的阶段性成果。

② "十个方面的坚持"是指：坚持以维护党中央权威为统领加强党对对外工作的集中统一领导；坚持以实现中华民族伟大复兴为使命推进中国特色大国外交；坚持以维护世界和平、促进共同发展为宗旨推动构建人类命运共同体；坚持以中国特色社会主义为根本增强战略自信；坚持以共商共建共享为原则推动"一带一路"建设；坚持以相互尊重、合作共赢为基础走和平发展道路；坚持以深化外交布局为依托打造全球伙伴关系；坚持以公平正义为理念引领全球治理体系改革；坚持以国家核心利益为底线维护国家主权、安全、发展利益；坚持以对外工作优良传统和时代特征相结合为方向塑造中国外交独特风范。

③ 杨洁篪：《以习近平外交思想为指导 深入推进新时代对外工作》，求是网，2018 年 8 月 1 日，http://www.qstheory.cn/dukan/qs/2018-08/01/c_ 1123209510. html。登录时间：2019 年 4 月 1 日。

关系是其重要内涵。亦即，"要以推进大国协调与合作构建总体稳定、均衡发展的大国关系框架，按照亲诚惠容理念和与邻为善、以邻为伴周边外交方针加强同周边国家睦邻友好关系，秉持正确义利观和真实亲诚理念增进与发展中国家团结合作，积极做好多边外交工作，不断深化和完善外交布局。我们要打造全方位、多层次、立体化的全球伙伴关系网络，形成遍布全球的'朋友圈'"[1]。2013 年以来，习近平高度重视对外工作，并提出了"构建全球伙伴关系网"的对外战略，强调志同道合是伙伴，求同存异也是伙伴。事实上，建立伙伴关系是冷战后许多国家在外交领域中的策略选择，但只有中国将伙伴关系作为一项长期战略在持续推进且成效渐显。从 1993 年中国与巴西建立战略伙伴关系即中华人民共和国外交史上第一对伙伴关系的外交实践起，至 2022 年 7 月，中国在平等、和平、包容的基础上，已与 118 个国家、地区和组织建立起各种形式的伙伴关系。[2]

第一节　伙伴关系外交的继承性与实践性

伙伴关系是国家间基于共同利益，通过共同行动，为实现共同目标而建立的一种独立自主的国际合作关系。[3] 习近平主席在亚太经合组织第二十二次领导人非正式会议致辞中提出，"伙伴意味着一个好汉三个帮，一起做好事、做大事"[4]。此外，习近平外交思想

① 杨洁篪：《以习近平外交思想为指导 深入推进新时代对外工作》，求是网，2018 年 8 月 1 日，http://www.qstheory.cn/dukan/qs/2018-08/01/c_ 1123209510.html。登录时间：2019 年 4 月 1 日。

② 王毅：《以习近平外交思想为引领 不断开创中国特色大国外交新局面》，中华人民共和国中央人民政府网站，2019 年 1 月 1 日。http://www.gov.cn/xinwen/2019-01/01/content_ 5353914.html。登录时间：2019 年 4 月 4 日。

③ 门洪华、刘笑阳：《中国伙伴关系战略评估与展望》，《世界经济与政治》，2015 年第 2 期，第 68 页。

④ 习近平：《共建面向未来的亚太伙伴关系——在亚太经合组织第二十二次领导人非正式会议上的开幕辞》，新华社，2014 年 11 月 11 日。

指导下的伙伴关系外交实践更是继承了改革开放以来的外交政策与遗产。

1982 年 8 月，邓小平在会见时任联合国秘书长德奎利亚尔时说到，"中国的对外政策是一贯的，有三句话，第一句话是反对霸权主义，第二句话是维护世界和平，第三句话是加强同第三世界的团结和合作，或者叫联合和合作。为什么现在我特别强调第三世界这一点，因为反对霸权主义、维护世界和平对第三世界有特殊的意义"①。1982 年 9 月 1 日中国共产党第十二次全国代表大会召开后，邓小平对中国独立自主外交政策的解释是："我们坚持独立自主的和平外交政策，不参加任何集团。同谁都来往，同谁都交朋友，谁搞霸权主义我们就反对谁，谁侵略别人我们就反对谁。我们讲公道话，办公道事。"1984 年 5 月，邓小平会见巴西总统若昂·菲格雷多时指出，"中国的对外政策是独立自主的，是真正的不结盟。中国不打美国牌，也不打苏联牌，中国也不允许别人打中国牌。"20 世纪 80 年代末 90 年代初，随着国际形势和世界政治格局巨变与中国国内政治经济发展变革和外交方针战略的调整，面对国际国内的复杂情况，邓小平提出"静观察、稳住阵脚、沉着应付、韬光养晦、善于守拙、决不当头、有所作为"等对外关系的指导方针，积极推动国内改革、经济发展和对外开放。1992 年，党的十四大确认了中国以"独立自主的和平外交、不结盟、不称霸"为核心的外交战略，其优先顺序是立足第三世界、同所有国家发展友好合作关系、支持联合国安理会的积极作用。② 1997 年，党的十五大报告首次将同周边国家的关系提升到战略高度，确立的优先次序是"睦邻友好、同第三世界的关系、同发达国家的关系"。1992—2002 年，中国先后同巴西、俄罗斯、巴基斯坦等 12 个国家或地区组织建立并升级了不同层级的伙伴关系共

① 《邓小平文选（第二卷）》（第 2 版），北京：人民出版社，1994 年，第 415 页。
② 门洪华：《中国国际战略导论》，北京：清华大学出版社，2009 年，第 197—198 页。

计 14 对。

进入 21 世纪后的 2002—2012 年，中国的外交战略布局发生了新的变化。2002 年，党的十六大确立了我国外交新的侧重点是中等发达国家和发展中国家，优先次序是发达国家、周边国家、第三世界和多边国际组织。在这样的外交布局下，我国迎来了伙伴关系建立的数量上的急剧增长。2007 年，党的十七大明确了我国始终不渝走和平发展道路、永远不称霸、永远不搞扩张和始终不渝奉行互利共赢的开放战略的立场，坚持在和平共处五项原则的基础上同所有国家发展友好合作，优先次序是发达国家、周边国家、发展中国家和多边国际组织。十七大之后，我国积极建立多层级的伙伴关系，并且更加侧重伙伴关系的深化。此后，我国伙伴关系的范围、深度和建设途径都得到深化和创新，其内容也从以经济贸易拓展到经济、政治、安全和文化等全面发展的合作模式。据统计，2003—2012 年，我国与东盟、蒙古国等 44 个地区组织及国家建立了伙伴关系，并且同欧盟、韩国等地区组织与国家深化了伙伴关系。

"伙伴关系外交"是我国和平发展的重要外交实践，也为党的十八大后习近平外交思想的理论创新积累了丰富的理念与经验。2011 年 9 月 6 日，国务院新闻办公室发布了《中国的和平发展》白皮书，这是中国政府第一次倡导相互依存、利益交融、"你中有我、我中有你"的命运共同体的新视角，以及"同舟共济、合作共赢"的新理念。白皮书提出了"三个超越"和"三个寻求"，即超越国际关系中陈旧的"零和博弈"，超越危险的冷战、热战思维，超越曾把人类一次次拖入对抗和战乱的老路；寻求多元文明交流互鉴的新局面，寻求人类共同利益和共同价值的新内涵，寻求各国合作应对多样化挑战和实现包容性发展的新道路。白皮书指出，中国不谋求地区霸权和势力范围，不排挤任何国家，中国的繁荣发展和长治久安对周边邻国是机遇而不是威胁。中国将始终秉承自强不息、开拓进取、开放包容、同舟共济的"亚洲精神"，永做亚洲其他国家的好邻居、好朋友、好伙伴。① 这是在阐述中国奉行睦邻友好地区合作观时，中国政府首次提出"好伙伴"的说法。

2012年11月8日，党的十八大郑重提出了中国共产党的伙伴关系外交方略，即在国际关系中弘扬平等互信、包容互鉴、合作共赢的精神，共同维护国际公平正义。平等互信，就是要遵循联合国宪章宗旨和原则，坚持国家不分大小、强弱、贫富，一律平等，推动国际关系民主化，尊重主权，共享安全，维护世界和平稳定。包容互鉴，就是要尊重世界文明多样性、发展道路多样性，尊重和维护各国人民自主选择社会制度和发展道路的权利，相互借鉴，取长补短，推动人类文明进步。合作共赢，就是要倡导人类命运共同体意识，在追求本国利益时兼顾他国合理关切，在谋求本国发展中促进各国共同发展，建立更加平等均衡的新型全球发展伙伴关系，同舟共济，权责共担，增进人类共同利益。这是中国共产党正式提出在国际关系中以合作共赢的人类命运共同体的理念来打造"新型全球发展伙伴关系"。

党的十八大召开之后，2012年12月5日，习近平向在华工作的外国专家整体阐述了中国对外开放战略和外交政策，强调中国要继承和弘扬联合国宪章的宗旨和原则，构建以合作共赢为核心的新型国际关系，打造人类命运共同体；要建立平等相待、互商互谅的伙伴关系，要坚持多边主义，不搞单边主义；要奉行双赢、多赢、共赢的新理念，扔掉我赢你输、赢者通吃的旧思维；要倡导以对话解争端、以协商化分歧；要在国际和区域层面建设全球伙伴关系，走出一条"对话而不对抗，结伴而不结盟"的国与国交往新路。大国之间相处，要不冲突、不对抗、相互尊重、合作共赢。大国与小国相处，要

---

① 国务院新闻办公室：《中国的和平发展》白皮书，中华人民共和国中央人民政府网站，2011年9月6日，http://www.gov.cn/jrzg/2011-09/06/content_1941204.html。登录时间：2019年3月1日。

平等相待，践行正确义利观，义利相兼，义重于利。① 习近平提出构建以合作共赢为核心的新型国际关系，"把合作共赢理念体现到政治、经济、安全、文化等对外合作的方方面面"。以合作取代对抗，以共赢取代零和，树立建设伙伴关系新思路。这是人类历史上首次以合作共赢作为处理国与国关系的核心理念。②

在新时代大国外交实践的推动下，中国建设对话而不对抗，结伴而不结盟的伙伴关系并积极拓展全球伙伴关系网络，已成为推动构建新型国际关系的重要举措。王毅外长曾明确指出，中国的外交实践，为各国之间探索相处之道提供了新的选择，受到各方的普遍欢迎和认可。下一步，中方将进一步扩大同各国利益的汇合点，不断提升伙伴关系的含金量，为构建新型国际关系创造条件，增添动力。③ 2019年，王毅外长进一步指出，中国将持续推进全球伙伴关系网络建设，不断提升伙伴关系含金量，为构建新型国际关系增添动力，为构建人类命运共同体夯实基础。中方愿同美方一道努力，落实好两国元首达成的重要共识，推进以协调、合作、稳定为基调的中美关系，实现不冲突不对抗、相互尊重、合作共赢；将以庆祝中俄建交 70 周年为契机，全方位推进中俄高水平战略协作；将与欧洲国家共同坚持多边主义，携手完善全球治理；将进一步增强与周边国家的政治互信、务实合作和利益交融；将积极落实中非合作论坛北京峰会和中阿、中拉部长级会议成果，构建同广大发展中国家的命运共同体。④

---

① 习近平：《携手构建合作共赢新伙伴 同心打造人类命运共同体》，在纽约联合国总部出席第 70 届联合国大会一般性辩论的重要讲话，2015 年 9 月 28 日。

② 《记以习近平同志为总书记的党中央推进全方位外交的成功实践》，《人民日报》，2016 年 1 月 5 日。

③ 《外交部部长王毅在 2017 年国际形势与中国外交研讨会开幕式上的演讲》，人民网，2017 年 12 月 9 日，http://world. people. com. cn/n1/2017/1209/c1002-29696377. html。登录时间：2022 年 5 月 1 日。

④ 王毅：《以习近平外交思想为引领 不断开创中国特色大国外交新局面》，中华人民共和国中央人民政府网站，2019 年 1 月 1 日，http://www.gov.cn/xinwen/2019-01/01/content_5353914.html。登录时间：2019 年 4 月 4 日。

总之，习近平外交思想中的伙伴关系理念，凸显出继承性与实践性的重要特质。

第二节　伙伴关系外交的历史性与战略性

在对党的十八大以来习近平主席出访期间在海外发表的共计 51 篇（截至 2019 年 4 月 1 日）署名文章作文本分析后发现，仅标题中出现 "伙伴" 的就有如下 6 篇：《特殊的朋友　共赢的伙伴》（于法国发表）、《真诚的朋友　发展的伙伴》（于马尔代夫发表）、《做同舟共济的逐梦伙伴》（于斯里兰卡发表）、《做共同发展的好伙伴》（于沙特发表）、《永远的朋友　真诚的伙伴》（于塞尔维亚发表）、《跨越时空的友谊　面向未来的伙伴》（于葡萄牙发表）。仅 "伙伴" 一词共计提及 229 次、"友谊" 185 次、"丝绸之路" 62 次、"一带一路" 99 次。正如习近平主席所一再强调的，"历史、现实、未来是相通的"，其外交思想的实践和理论中均体现出显著的历史性与战略性，在伙伴外交层面则体现为重视 "丝路天然伙伴关系" 与拓展 "丝路合作伙伴关系"，以推动 "新型国际关系" 和 "人类命运共同体" 的持久建设。

首先，习近平外交非常重视 "丝路天然伙伴关系" 中的历史资源。

"国于大地，必有与立"，世界上无论哪一个国家都不是孤立存在的，而不同主体之间文化交流和文明交汇，对人类社会的存在与发展至关重要。季羡林先生曾讲到，"文化一旦产生，就必然交流，这种交流是任何力量也阻挡不住的"；"文化交流是推动人类社会前进的主要动力之一"。[①] 在人类历史的大部分时间内，文化交流是以民

---

① 何芳川：《中外文化交流史》，北京：国际文化出版社，2016 年，第 3 页。

族和国家为基本主体单位进行的。纵观历史上的中外交往，陆上和海上丝绸之路是沟通中外文明的桥梁，是联通中国与世界的通道，是见证古代中国外交的重要场域。因此，追溯中国古代对外交往史，"丝绸之路"是绕不开的概念，尽管它是仅在一百多年前由德国地理学家李希霍芬命名提出的。近代之前（中古文明时代），西方基督教文明、中东伊斯兰文明和以儒学或儒释道为核心的中华文明（或东亚文明）进入高水平的发达阶段后，欧亚大陆的不同文明虽然仍在不断涌现、发展并各具特色，但总体上都或多或少受到三大文明中心涡流式的吸引、影响和支配。在三大文明中，基督教文明中心与伊斯兰文明中心的交往以冲突为主，而伊斯兰文明与中华文明之间，则以和平为主，"2000 多年前，我们的先辈们就是怀着友好交往的朴素愿望，开辟了古丝绸之路，开启了人类文明史上的大交流时代"①。上千年的丝路和平交往是历史上中华文明对外关系的真实写照，即形成了自汉、唐、宋、元、明、清至今不同时代相继涌现的大一统国家，以朝贡为主的结伴制度的"传导作用"与汉唐、元明的交友政策的"和平效应"。通过陆、海丝绸之路联结起来的友邦，则成为由地缘因素所促成的"丝路天然伙伴"，并成为丝路沿线国家和地区共享的历史资源，对此，习近平主席多次提及，在他看来，"中塔友谊起始于 2000 多年前。西汉时期，中国的张骞两次出使西域，开辟了著名的丝绸之路，也开启了中塔两国人民友好交往的历史。2000 多年来，丝路上驼铃清脆、马蹄声声，承载着友谊和合作的使团商队往来不绝。推动了东西方文化交流互鉴，谱写出人类文明史上的华彩乐章。帕米尔高原展翅飞翔的雄鹰成为中塔人民世代友好的见证"②。"这样

---

① 《在"一带一路"国际合作高峰论坛欢迎宴会上的祝酒辞》，人民网，2017 年 5 月 15 日，http://world.people.com.cn/n1/2017/0515/c1002-29274876.html。登录时间：2019 年 5 月 1 日。

② 《习近平在塔吉克斯坦媒体发表署名文章》，新华网，2014 年 9 月 10 日，http://www.xin-huanet.com/world/2014-09/10/c_1112430120.html。登录时间：2019 年 5 月 1 日。

的故事还有很多很多，让我感受到中欧友谊和合作的强大力量。这种力量从 2000 年前的古丝绸之路走来，让亚欧大陆上不同肤色、不同语言、不同信仰的人们携起手来，共同走向更加美好的生活，这是中国人民和欧洲各国人民的共同愿望。"① "中国和马尔代夫友好交往源远流长。早在中国明代，中国航海家郑和就率领船队两度到过马尔代夫，马尔代夫国王优素福也 3 次派遣使者来华。今天，马累国家博物馆中陈列着当地出土的中国古代瓷器和钱币，成为两国友好往来的历史见证……马尔代夫地处印度洋要道，是古代海上丝绸之路的重要驿站。"② "中国和斯里兰卡有高僧法显开启的千年佛缘，有郑和七次远洋航海的历史纽带，有患难见真情的米胶协定，更有两国人民在印度洋海啸和汶川地震中守望相助的感人佳话。"③ "中沙两国人民友好交往源远流长。2000 多年前，古丝绸之路上，往来于双方的驼队络绎不绝。中国唐代时期，大食国遣使来华。中国明代穆斯林航海家郑和远航吉达、麦加、麦地那等地，盛赞所到之处'民风和美'，'诚为极乐世界'。中华文明和伊斯兰文明交流互鉴，在人类文明交流史上留下了深刻印记。"④ "中国和埃及同为文明古国，两国人民友好交往追溯久远。2000 多年前，中国汉代朝廷派遣使者前往亚历山大，古丝绸之路成为联系双方的重要纽带。"⑤ "这是我第一次访问伊朗，但同很多中国人一样，我对你们古老而美丽的国度并不陌生，因为丝绸之路早就把我们两个伟大民族联结在一起。史书记载下一个又一个精

---

① 《习近平在比利时晚报发表署名文章　中欧友谊和合作：让生活越来越好》，《人民日报》，2014 年 3 月 30 日。
② 《习近平在马尔代夫媒体发表署名文章：真诚的朋友，发展的伙伴》，《人民日报》，2014 年 9 月 15 日。
③ 《习近平在斯里兰卡媒体发表署名文章》，新华网，2014 年 9 月 16 日，http://www.xin-huanet.com/world/2014-09/16/c_ 1112500462.html。登录时间：2019 年 5 月 1 日。
④ 《习近平在沙特媒体发表署名文章》，新华网，2016 年 1 月 18 日，http://www.xinhuanet.com/world/2016-01/18/c_ 1117812832.html。登录时间：2019 年 5 月 1 日。
⑤ 《习近平在埃及媒体发表署名文章　让中阿友谊如尼罗河水奔涌向前》，《人民日报》，2016 年 1 月 20 日。

彩故事。早在 2000 多年前的中国西汉时期，中国使者张骞的副使就来到伊朗，受到隆重接待。7 世纪后的中国唐宋时期，许多伊朗人前往中国求学行医经商，足迹遍及西安、广州等地。13 世纪，伊朗著名诗人萨迪记录下到中国新疆喀什的难忘游历。15 世纪，中国明代郑和 7 次率领庞大船队远洋航海，其中 3 次到达伊朗南部的霍尔木兹地区。"① "中乌两国人民勤劳勇敢、诚实守诺、重情重义，对家国天下有着相似的理解。2000 多年前，古老的丝绸之路将中乌两国和两国人民连接在一起，拉开了双方互通有无、互学互鉴的友谊大幕。中国西汉张骞、大唐玄奘、明代陈诚曾经出使或途经乌兹别克斯坦，纳沃伊、兀鲁伯、花拉子米等乌兹别克斯坦历史文化名人的作品和思想在中国流传。中西文化在中亚彼此交融，乌兹别克斯坦从中发挥了重要桥梁作用。"② "早在两千多年前，古老的丝绸之路就让远隔万里的中国和古罗马联系在一起。汉朝曾派使者甘英寻找'大秦'。古罗马诗人维吉尔和地理学家庞波尼乌斯多次提到'丝绸之国'。一部《马可·波罗游记》在西方掀起了历史上第一次'中国热'。马可·波罗成为东西方文化交流的先行者，为一代代友好使者所追随。"③

从习近平的首脑外交实践和发表的署名文章来看，其重视历史和历史思维、具有大历史观，反映在其外交实践上就是非常重视"丝路天然伙伴"，即古代丝绸之路上国家交往中的历史友谊和历史经验。从张骞两次出使西域寻求军事伙伴的"结伴"外交到开辟了中外经济、人文交流的大通道，从郑和七下西洋"宣德化、柔远人"的"交友"外交直至"朝贡之使相望于道"的成效，以及形成于汉、

---

① 《习近平在伊朗媒体发表署名文章》，新华网，2016 年 1 月 21 日，http://www.xinhuanet.com/world/2016-01/21/c_ 1117854563.html。登录时间：2019 年 5 月 1 日。

② 《习近平在乌兹别克斯坦媒体发表署名文章：谱写中乌友好新华章》，《人民日报》，2016 年 6 月 22 日。

③ 《习近平在意大利媒体发表署名文章》，新华网，2019 年 3 月 20 日，http://www.xinhuanet.com/politics/2019-03/20/c_ 1124259057.html。登录时间：2019 年 5 月 1 日。

发展于唐、鼎盛于明的谋求结伴的朝贡制度等，标志着古代丝绸之路上中国的"丝路外交"具有"结伴的机制（朝贡制度）""交友的政策（和平友好）"和"丝路意识（命运共同体）"，① 诠释着"和平合作、开放包容、互学互鉴、互利共赢"的丝路精神。

其次，习近平外交积极探寻构建"丝路合作伙伴关系"的现实路径。

"一带一路"倡议提出以来，面向亚欧非大陆，更向国际社会所有国家开放。在这一过程中，"来自不同国家的朋友相识相知，结成了紧密的合作伙伴……不论国际风云如何变幻，这份真挚的友谊必将长存心间，合作共赢将是我们心中永恒的旋律"②。构建伙伴关系与共建"一带一路"成为新时代中国特色大国外交的重要抓手，围绕构建新型国际关系和人类命运共同体的目标和愿景，不断拓展并取得佳绩。在 2019 年第二届"一带一路"高峰论坛召开前夕，推进"一带一路"建设工作领导小组办公室发布的《共建"一带一路"倡议：进展、贡献与展望》中总结到，共建"一带一路"跨越不同国家地域、不同发展阶段、不同历史传统、不同文化宗教、不同风俗习惯，是和平发展、经济合作倡议，不是搞地缘政治联盟或军事同盟；是开放包容、共同发展进程，不是要关起门来搞小圈子或者"中国俱乐部"；不以意识形态划界，不搞零和游戏，只要各国有意愿，都欢迎参与。共建"一带一路"倡议以共商共建共享为原则，以和平合作、开放包容、互学互鉴、互利共赢的丝绸之路精神为指引，以政策沟通、设施联通、贸易畅通、资金融通、民心相通为重点，已经从理念转化为行动，从愿景转化为现实，从倡议转化为全球广受欢迎的公共

---

① 马丽蓉著：《中国"丝路外交"：形成、特征及其影响》，《公共外交季刊》，2014 年冬季号第 7 期，第 17 页。

② 《习近平在第二届"一带一路"国际合作高峰论坛欢迎宴会上的祝酒辞》，新华网，2019 年 4 月 26 日，http://www.xinhuanet.com/politics/leaders/2019-04/26/c_1124422726.html。登录时间：2019 年 5 月 2 日。

产品。① 截至 2022 年 3 月底，中国政府已与 149 个国家和 32 个国际组织签署了 205 余份共建"一带一路"合作文件，涵盖国家已由亚欧延伸至非洲、拉美、南太平洋等区域。其中，参与共建"一带一路"的中国西部周边国家，也通过伙伴关系的进一步深化助力战略合作，进而打造切实的"好邻居""好伙伴"关系（见表 13 - 1）。

表 13 - 1　中国西部周边国家丝路战略伙伴关系发展情况一览②

中国—俄罗斯	2001 年 7 月 16 日	《中华人民共和国和俄罗斯联邦睦邻友好合作条约》
	2013 年 3 月 22 日	《中华人民共和国和俄罗斯联邦关于合作共赢、深化全面战略协作伙伴关系的联合声明》
	2014 年 5 月 20 日	《中华人民共和国与俄罗斯联邦关于全面战略协作伙伴关系新阶段的联合声明》
	2015 年 5 月 8 日	《中华人民共和国和俄罗斯联邦关于深化全面战略协作伙伴关系、倡导合作共赢的联合声明》
	2017 年 7 月 5 日	《中华人民共和国和俄罗斯联邦关于进一步深化全面战略协作伙伴关系的联合声明》
	2019 年 6 月 5 日	《中华人民共和国和俄罗斯联邦关于发展新时代全面战略协作伙伴关系的联合声明》
中国—蒙古	1994 年 4 月 29 日	《中华人民共和国和蒙古国关于友好合作关系条约》
	2014 年 8 月 21 日	《中华人民共和国和蒙古国关于建立和发展全面战略伙伴关系的联合宣言》
	2015 年 11 月 11 日	《中华人民共和国和蒙古国关于深化发展全面战略伙伴关系的联合声明》

---

① 《〈共建"一带一路"倡议：进展、贡献与展望〉报告》，中华人民共和国商务部网站，2019 年 4 月 22 日，http://www.mofcom.gov.cn/article/i/jyjl/e/201904/20190402855421.shtml。登录时间：2019 年 5 月 1 日。

② 根据外交部官网整理而成。

（续表）

中国—哈萨克斯坦	2002 年 12 月 23 日	《中华人民共和国和哈萨克斯坦共和国睦邻友好合作条约》
	2011 年 6 月 13 日	《中华人民共和国和哈萨克斯坦共和国关于发展全面战略伙伴关系的联合声明》
	2015 年 8 月 31 日	《中华人民共和国和哈萨克斯坦共和国关于全面战略伙伴关系新阶段的联合宣言》
中国—吉尔吉斯斯坦	2002 年 6 月 24 日	《中华人民共和国和吉尔吉斯共和国睦邻友好合作条约》
	2013 年 9 月 11 日	《中华人民共和国和吉尔吉斯共和国关于建立战略伙伴关系的联合宣言》
	2014 年 5 月 18 日	《中华人民共和国和吉尔吉斯共和国关于进一步深化战略伙伴关系的联合宣言》
	2018 年 6 月 6 日	《中华人民共和国和吉尔吉斯共和国关于建立全面战略伙伴关系联合声明》
中国—塔吉克斯坦	2007 年 1 月 15 日	《中华人民共和国和塔吉克斯坦共和国睦邻友好合作条约》
	2013 年 5 月 20 日	《中华人民共和国和塔吉克斯坦共和国关于建立战略伙伴关系的联合宣言》
	2014 年 9 月 13 日	《中华人民共和国和塔吉克斯坦共和国关于进一步发展和深化战略伙伴关系的联合宣言》
	2017 年 8 月 31 日	《中华人民共和国和塔吉克斯坦共和国关于建立全面战略伙伴关系的联合声明》
中国—阿富汗	2006 年 6 月 19 日	《中华人民共和国和阿富汗伊斯兰共和国睦邻友好合作条约》
	2012 年 6 月 8 日	《中华人民共和国和阿富汗伊斯兰共和国建立战略合作伙伴关系联合宣言》
	2014 年 10 月 28 日	《中华人民共和国和阿富汗伊斯兰共和国关于深化战略合作伙伴关系的联合声明》

（续表）

中国—巴基斯坦	2005 年 4 月 5 日	《中华人民共和国和巴基斯坦伊斯兰共和国睦邻友好合作条约》
	2015 年 4 月 20 日	《中华人民共和国和巴基斯坦伊斯兰共和国关于建立全天候战略合作伙伴关系的联合声明》
	2018 年 11 月 4 日	《中华人民共和国和巴基斯坦伊斯兰共和国关于加强中巴全天候战略合作伙伴关系、打造新时代更紧密中巴命运共同体的联合声明》
中国—印度	2013 年 10 月 23 日	《中印战略合作伙伴关系未来发展愿景的联合声明》
中国—土库曼斯坦	1998 年 8 月 31 日	《中华人民共和国和土库曼斯坦关于进一步发展和加强两国友好合作关系的联合声明》
	2007 年 7 月 17 日	《中华人民共和国和土库曼斯坦关于进一步巩固和发展友好合作关系的联合声明》
	2011 年 11 月 23 日	《中华人民共和国和土库曼斯坦关于全面深化中土友好合作关系的联合声明》
	2013 年 9 月 3 日	《中华人民共和国和土库曼斯坦关于建立战略伙伴关系的联合宣言》
中国—乌兹别克斯坦	1994 年 10 月 24 日	《中华人民共和国和乌兹别克斯坦共和国关于相互关系基本原则和发展与加深互利合作的声明》
	2005 年 5 月 25 日	《中华人民共和国和乌兹别克斯坦共和国友好合作伙伴关系条约》
	2012 年 6 月 6 日	《中华人民共和国和乌兹别克斯坦共和国关于建立战略伙伴关系的联合宣言》
	2013 年 9 月 9 日	《中华人民共和国和乌兹别克斯坦共和国友好合作条约》《中华人民共和国和乌兹别克斯坦共和国关于进一步发展和深化战略伙伴关系的联合宣言》
	2014 年 8 月 19 日	《中华人民共和国和乌兹别克斯坦共和国联合宣言》

（续表）

中国—乌兹别克斯坦	2016 年 6 月 22 日	《中华人民共和国和乌兹别克斯坦共和国联合声明》
	2017 年 5 月 12 日	《中华人民共和国和乌兹别克斯坦共和国关于进一步深化全面战略伙伴关系的联合声明》
中国—土耳其	2000 年 4 月 19 日	《中华人民共和国与土耳其共和国联合公报》
	2010 年 10 月 8 日	《中华人民共和国和土耳其共和国关于建立和发展战略合作关系的联合声明》
中国—伊朗	2016 年 1 月 23 日	《中华人民共和国和伊朗伊斯兰共和国关于建立全面战略伙伴关系的联合声明》

事实上，"伙伴关系"国家和"一带一路"共建国的重合度很高。而且，越是周边国家，伙伴关系的层级往往越高。事实上，习近平外交注重拓展"丝路合作伙伴关系"，"伙伴关系"和"一带一路"是其构建新型国际关系与人类命运共同体的"一体两翼"。在"丝路合作伙伴关系"中，又由合作程度各异而分为不同的层次，如"全天候战略合作伙伴关系"（巴基斯坦）、"全面战略协作伙伴关系"（俄罗斯）、"全面战略合作伙伴关系"和"战略合作伙伴关系"等。而且"丝路合作伙伴关系"的构建内容，则主要体现在经济、安全、人文等三大领域。

在中巴"全天候战略合作伙伴关系"构建中，双方作为好邻居、好朋友、好兄弟、好伙伴，注重政治关系与战略沟通。在经济层面，双方在"一带一路"地区和国际互联互通中打造标志性项目——中巴经济走廊，加强贸易和投资领域务实合作与金融业、旅游业等现代性服务业的良好合作，同时在海洋、科技、航天、环境和农业领域探索新的合作空间。在安全层面，双方重视中巴防务安全磋商机制、战略对话和反恐与安全磋商机制等，加强防务、安全、反恐合作，打击"三股势力"，对维护地区和国际和平与安全作出了重要贡献。在人文层面，双方重视在社会发展、减贫、卫生、医疗、反腐、人文交流等领域的深入互动，特别是在经济、贸易、交通、能源、产业、旅游、教育、人文交往和民生等领域的合作。

在中俄"全面战略协作伙伴关系"构建中，双方成熟稳固、不因外部环境影响而改变的关系，已经超越了双边范畴，成为维护国际战略平衡与世界和平稳定的重要因素，是当今世界大国及邻国和谐共处、合作共赢的典范。在政治互信和战略引领下，中俄致力于经济和科技领域的务实合作，如贸易、知识产权保护、投资、能源、核能、交通、科技、外层空间、网络安全、工业制造、信息通信、农业、生态合作、北极开发等领域合作。在安全层面，发挥双方高层交往及战略安全磋商机制作用，发展军事和军技领域交流与合作，共建执法安全合作机制平台，打击"三股势力"、加强多边反恐，合力应对传统和非传统安全威胁挑战。在人文交流层面，双方持续推进中俄人文合作委员会统筹落实《中俄人文合作行动计划》的实施。此外，中俄在国际和地区事务中将开展更加密切有效的协作，共同促进地区及世界的和平稳定与繁荣发展。

可见，习近平外交不仅重视"丝路天然伙伴关系"中的历史资源，还积极探寻构建"丝路合作伙伴关系"的现实路径，凸显其历史性与战略性的又一特质。

第三节　伙伴关系外交的理论性与创新性

习近平主席强调，把握国际形势要树立正确的历史观、大局观及角色观。中国关于"两个走向"（中国现代化发展既是"中国走向世界"的过程，也是"世界走向中国"的过程）和"两个同步"（中国"与时代同行、与世界同步"）的科学论断，揭示了中国与外部世界关系的实质，也指明了中国与外部世界关系的发展方向。当前中国外交正处在"两期叠加"阶段，妥善应对和化解我国发展历史交汇期和世界发展转型过渡期相互叠加带来的各种风险挑战，是中国特色大国外交的目标所在，也是展现中国特色、中国风格和中国气派之大国外交理论的关键。

伙伴关系外交与共建"一带一路"，作为应对全球治理的"中国方案"，是习近平外交思想的生动实践，也是实现"两个构建"的价值追求。习近平主席在十九大报告中明确提出：中国要推动构建新型国际关系、推动构建人类命运共同体，这"两个构建"也是中国特色大国外交的总目标。因为，"两个构建"，源自中华文化天下为公的优良传统，源自 70 年来中国和平外交的核心价值，也源自中国共产党人将中国与各国人民福祉融为一体的世界情怀。

伙伴关系外交作为中国上千年和平外交传统影响下的产物，不同于美国主导的结盟体系，侧重心与心的沟通和人文精神的弘扬，超越了传统国际关系理论中"国强必霸"的"修昔底德陷阱"，在理论和实践层面均具有中国特色的创新之处。从理论渊源来看，中国特色大国外交与历史上的"丝路外交"和中华人民共和国成立后的"人民外交"具有同构性（见表 13－2）。

表 13－2 丝路外交、人民外交、大国外交同构性分析表①

类型	丝路外交	人民外交	大国外交
政策	"宣德化、柔远人"	"睦邻友好"	"两个构建"
机制	朝贡制度	不结盟制度	结伴不结盟制度
领域	经济、人文、安全	经济、人文、安全	经济、人文、安全

---

① 参见马丽蓉教授相关研究成果。

但是，传统的西方国际关系理论，尤其是基于权力追求、"自利"原则的现实主义理论认为，结盟是两个或者两个以上国家在军事、外交、经济等重大领域进行高度的合作，各盟国要牺牲一定的自主权，在行动上一旦达成协议，就要服从统一的行动和部署。伙伴关系则跳出了传统现实主义的窠臼，既结合了自由主义侧重共同利益、有效制度，又融合了建构主义对规范、认同的重视，走出了一条符合古今中国外交传统的更具弹性的合作新路。从共同利益的角度看，伙伴关系并不意味着伙伴双方没有分歧或矛盾，而主要是强调双方在主观意愿上寻求发掘本国和其他国家间潜在的共同利益，弥合与其他国家的利益矛盾，进而将本国和其他国家的冲突性关系转化为友好的伙伴关系，而结盟关系则可能要以牺牲弱势参与者的个体利益作为维护整体关系的手段。从共同行动的角度看，拥有伙伴关系的国家在处理共同面对的问题时采取沟通协商、协调一致的原则，必要时也会签订相关制度化协定，其强制性弱于盟约。伙伴关系也区别于结盟关系的排他性，其双边行为并不针对第三方进行。从共同目标的角度看，结盟关系在目标上更重视安全合作，而伙伴关系则是安全和发展并重。共同目标是对共同利益的落实和拓展，其实现有赖于主观意愿和客观环境的联动作用。如果伙伴关系的构建和维系使任何一方的发展目标受到严重损害，都会违背追求利益双赢的根本出发点。①

总之，习近平外交思想中的伙伴关系理念，是以和平、发展、合作、共赢为共同目标，以相互尊重、求同存异为基本方针，主张国家不分大小、强弱、贫富一律平等，不同制度、宗教、文明一视同仁，反对弱肉强食的丛林法则，维护世界各国尤其是发展中国家的正当合法权益，提倡以对话促进了解，以互惠促进发展，以合作促进和平，秉持平等互利、相互尊重，友好交往、互不对抗，不针对、不损害第

---

① 门洪华、刘笑阳：《中国伙伴关系战略评估与展望》，《世界经济与政治》，2015 年第 2 期，第 68 页。

三国的原则，呼吁超越零和博弈、赢者通吃的旧思维，倡导共谋发展、互利互惠的新思路。因此，这种既非结盟又非敌对的合作关系，无疑是对冷战时期结盟、敌视、对抗的国家关系的突破和创新，是构建新型国际关系的理论新突破，为构建人类命运共同体注入了"中国思想"并作出了"中国贡献"，凸显出习近平外交思想所具有的理论性与创新性的重要特质。

第十四章
中国与伊合组织参与全球
治理的现状及对策

　　伊斯兰合作组织（即伊合组织）有 57 个成员国，是继联合国外的世界第二大政府间国际组织。中国与伊斯兰合作组织的交往始于1974 年，并呈现出起点高、渠道多元以及共同参与全球治理的主要特征。"一带一路"建设为中国与伊合组织的交流合作提供了重要机遇。中国作为最大的发展中国家处于较快的发展时期，2013 年中国提出"一带一路"倡议，旨在为全球治理提供一个共商共建共享的"中国方案"。"一带一路"倡议的落实有赖于沿线国家和地区的共同努力，而"一带一路"沿线又多为伊合组织的成员国。同时，伊斯兰国家也处于转型发展的重要机遇期。中国和伊斯兰国家有着悠久的丝路交往历史，伊合组织成立以后，中国又一直与其保持着紧密的联系。目前，中国和伊斯兰国家又都面临着诸多全球问题带来的现实挑战。因此，可以说"一带一路"背景下中国与伊合组织的治理合作，是推进中国参与全球治理的重要内容，也是伊合组织提高全球治理能力的时代需求，且在合作共治中助力丝路合作伙伴关系的发展。

第一节　中国与伊合组织友好交往的历史梳理

中国与伊合组织的交往可追溯到 1974 年 2 月伊合组织第二届首脑会议，周恩来总理发去贺电。至此，中国与伊合组织开始了正式的官方交往。1974 年至今，中国政府层面与伊合组织的交往频次日益增强，且已进入提质增速的历史新阶段。研究发现，中国与伊合组织友好交往表现出以下几个主要特点：

首先，交往起点较高。中国政府高度重视发展与伊合组织的友好关系，从其第二届首脑会议起，中国历届总理多以电贺方式表达友善与关注，且外交部与国家宗教局等政府官员也成为深化双方关系的倡导者与实践者；同时，伊合组织长期同中国保持高水平的访问交流态势，秘书长本人多次亲自到访中国，并推动合作项目的落实。2021年 6 月，中方首次任命中华人民共和国驻伊合组织代表，标志着中国与伊合组织关系进入机制化发展的历史新阶段。

其次，交往渠道多元。中国从官方和民间两个层面来发展与伊合组织的关系，主要由中国外交部亚非司、国家宗教局、国家民委国际交流司和中国伊协等政府和非政府组织机构与其开展多边性人文交流与合作。同时，中国地方政府或民间组织与伊合组织的相关机构也保持着良好的沟通关系，尤其是民间合作务实、可行。作为伊合组织专门金融机构的伊斯兰开发银行，自 1985 年起陆续为新疆和宁夏等穆斯林宗教文化、经济发展提供了相关资助，在辽宁和山东等地开展职业培训等援建项目，并拟与中国伊协在宁夏、甘肃等干旱地区落实打井掘水合作项目，表明双方在民间层面上的合作日渐务实并具一定的可行性。多渠道的交往格局为中国同伊合组织的进一步合作奠定了交往主体多样化的良好基础。

最后，双方已进入合作参与全球治理的新阶段。近年来，双方共同利益日趋扩大，除在彼此核心关切与重大利益（如涉疆、涉藏、涉台等问题，巴勒斯坦建国等）上相互支持外，还"在维护西亚北非地区和平与稳定方面有着共同利益"，且政治互信的民意基础较为稳固。2010 年 6 月 22 日，中国外交部与伊合组织共同发表联合新闻公报，是我与伊合组织关系发展史上的标志性举措。新疆"7·5"事件、中东剧变等的相继发生，更促使双方进一步加强互动以扩大共识、在应对挑战中深化务实合作。2019 年 3 月 2 日，在阿布扎比举行的伊合组织外长理事会第 46 次会议通过决议，对中国政府为关怀中国穆斯林所作的努力予以积极评价和充分肯定，并表示愿加强同中国合作。此前，伊合组织代表团来华同中方举行政治磋商时，还专门赴新疆维吾尔自治区参访，亲眼看到了当地穆斯林安居乐业、充分享有宗教信仰自由等情况，代表团高度赞赏中国政府奉行的民族宗教自由政策，积极肯定中方预防性反恐和去极端化努力。[①]

第二节　中国与伊合组织携手共治
难题的机遇与挑战

伊合组织的成立，是内部和外部两个政治格局互动的结果，巴以问题和阿克萨清真寺被焚毁促使伊斯兰国家必须"对外用一个声音讲话"，特别是中东和平进程问题、维护伊合组织成员国权益、调解伊合组织内部纠纷、共同参与全球治理等方面。可以说，伊合组织在国际舞台上发挥了重要作用，同时也对成员国的政策产生了很大影响。[②] 伊合组织积极需求国际合作，从而拓展在国际社会和国际舞台

[①] 《OIC 外长会通过决议积极评价中国政府关怀中国穆斯林所作努力》，中国新疆网，2019 年 3 月 5 日，http://www.chinaxinjiang.cn/zixun/xjxw/201903/t20190305_ 574586. html。登录时间：2019 年 8 月 5 日。

[②] 吴云贵：《伊斯兰教对当代伊斯兰国家外交政策的影响》，《世界宗教文化》，2010 年第 3 期。

的发展空间、话语权以及提高全球治理能力。在伊合组织现有的 57 个成员国中，有不少国家都与全球治理的难点问题息息相关，如巴勒斯坦、阿富汗、苏丹、索马里、土耳其、叙利亚、伊拉克及伊朗等，伊合组织在涉及伊斯兰事务处理上拥有较强的话语权。因此，伊合组织为了能更好地参与全球治理，通过全球合作的方式提高治理能力，将其组织机构进行了有效的改造，其中包括许多分工明确的实体机构，可以参与国际社会中政治议题、金融议题、贸易议题、教育议题、科技议题、法律议题以及非传统安全等方面的治理。

　　"一带一路"是中国在新一代领导集体指引下提出的最为重要的国际合作倡议，既是汲取中国传统文化营养的历史继承，也是把握中国经济社会发展脉络的现实考量，既是中国统筹国内改革、发展和稳定大局后作出的顶层设计，也是中国研判国际格局和世界秩序后作出的全新举措。《推动共建丝绸之路经济带和 21 世纪海上丝绸之路的愿景与行动》提出后，中国的"一带一路"倡议，不仅为国内在全新阶段的发展提供了政策依据，同时也为国际社会尤其是周边国家注入了新的发展活力。中国在"一带一路"建设中应该也必须认知、理解沿线国家的在地域状况、民族构成、政治制度、经济模式和文化风俗等方面的不同，从而寻求该倡议的适应性落地路径。在沿线国家中，伊斯兰国家占据较大比例。因此，梳理和廓清"一带一路"建设中"伊斯兰因素"的构成和影响是十分重要的基础性工作，也是保证"一带一路"落地对接后发挥可持续效应的重要基础。中国与伊合组织合作共治全球难题的机遇主要体现在以下几方面：

　　第一，中国与伊斯兰国家是上千年友好交流的"丝路天然伙伴"。

　　张骞通西域的"凿空之旅"为古代陆上"丝绸之路"的形成奠定了基础。随着中亚、西亚"蕃客"的东向经商侨居，很多阿拉伯人、波斯人、突厥人通过陆上"丝绸之路"认识、理解并融入中国。

唐永徽二年（651年），伊斯兰教传入中国，开启了伊斯兰教中国化的一个新时代。走出阿拉伯半岛的伊斯兰教在中国找到了新的生存土壤，并通过陆上"丝绸之路"开始向东亚、东南亚传播，如在朝鲜半岛就发现了约公元9世纪的伊斯兰遗迹等。古代丝绸之路不仅是一条商贸之路，也是一条文明交往之路，更是中国与伊斯兰国家和地区的友好交往之路，并在上千年友好往来中结成了"丝路天然伙伴关系"，成为共建"一带一路"的重要历史基础，更成为中国与伊合组织合作共治的重要历史资源。

第二，中国与伊斯兰国家有经贸、安全与人文领域合作的现实需求。

现实中，中国是世界上最大的发展中国家，"一带一路"沿线伊斯兰国家大多是发展中或不发达国家，甚至还有很多国家徘徊在发展道路研判和选择的艰难境地。因此，共同的发展意愿使得中国和这些伊斯兰国家必须选择并肩前行，才能保证政治的稳定、经济的发展和文化的本色。中国虽然已经形成了比较完善的国民经济产业类型，但产业结构的不合理和产能发展的不均衡，也使得当前的中国必须完成优势产能转移和供给侧结构性改革的历史重任。而大部分"一带一路"沿线的伊斯兰国家的工业化和产业化水平都比较低，甚至有些国家只能依靠外国援助艰难前行，尤其是在基础设施建设方面。因此，中国的"化解优势产能"与沿线国家"眼巴巴的期盼"不谋而合。此外，国际政治波谲云诡，西方国家不顾伊斯兰国家的发展现状、政治环境、经济阶段和文化认同，向其强加"西式民主"、强硬改变制度、强力撕裂社会的做法，已引发了越来越多的国际问题和世界难题，如叙利亚内战、也门危机以及巴以冲突等。同时，虽然经济社会发展饱受西方恶意堵截、政治制度频遭西方恶意否定、人权状况常被西方恶意批评，中国还是积极奉行"正确义利观"和"中国道义"，且得到了国际社会越来越多的认可。因此，中国与伊合组织在经贸安全、人文等领域都有合作的现实需求。

第三，中国与伊合组织具备合作共治的价值认同基础。

2015 年 10 月 12 日，中国国家主席习近平在主持中共中央政治局第二十七次集体学习时首次公开明确提出"共商共建共享"的全球治理理念，并将据此指导这个世界上最大的发展中国家参与全球治理。"共商共建共享"构成了加强全球治理、推进全球治理体系与治理能力现代化的系统链条，缺一不可：共商，就是集思广益，由全球所有参与治理方共同商议；共建，就是各施所长、各尽所能，发挥各自优势和潜能并持续加以推进建设；共享，就是让全球治理体制和格局的成果更多更公平地惠及全球各个参与方。同时，中国的"一带一路"倡议，也为中国参与全球治理提供了抓手和蓝图。"一带一路"具有两个重要的特性，即包容性和建设性，也就是中国在参与全球治理的过程中倡导开放包容的合作理念、注重建设性的实施方案。

作为全球最大的伊斯兰国家政府间国际组织，伊合组织在参与全球治理中同样具有独特的优势，主要体现在伊斯兰国家价值认同与穆斯林社会动员两个方面。伊合组织成立的基础就是伊斯兰信仰，正是依靠这一点伊合组织才能在伊斯兰世界具有广泛的认同度和动员优势。因此，在全球治理难题多集中在伊斯兰国家、伊斯兰国家又多为全球治理难题受害者的现实背景下，伊合组织作为全球伊斯兰国家的信仰家园和交流平台，其在参与全球治理中所具有的独特优势得以显现。

对于双方合作而言，文化上伊斯兰价值认同在很大程度上是具有包容性的伊斯兰精神文化的体现。中华文化和伊斯兰文化本质上都是东方文明的重要组成部分，二者也是世界几大文化体系中具有重要且独特地位的"集体认同型"文化，可以说"东方性"和"集体性"是这两种文化的共同特点，如崇尚集体主义、包容无意识错误、关注人际关系、重视家庭伦理等，两种文化趋同特征在一定程度上又吸引着秉承这两种文化的人群相互借鉴和交流，这成为中国与伊合组织合作共治的价值认同基础。

但是，中国与伊合组织在合作共治难题中也面临诸多挑战，且主要体现在以下几方面：

第一，彼此的角色定位存在一定的误差。

伊斯兰国家尤其是非洲发展中国家认为中国不仅是一个经济大国，同时也转变为国际公认的大国，认为"美国力图通过制造地区羁绊与中国对峙"，"中国现已成了一个另类的竞争对手……开始以与美国粗暴的军事进攻方式完全不同的温柔方式打入世界各地"。[①]因此，一些伊斯兰国家认为中国已经可以成为对抗美国的"另一极"，故对中国持有两方面的期待：第一，期待同中国合作发展。伊斯兰国家已经意识到如果希望发展，融入国际社会，就必须同中国打交道；第二，期待中国在国际舞台上发挥更大的作用，致力于推动中东和平进程和热点问题的解决。但是，中国长期以来秉持的"韬光养晦"外交政策以及中国"不惹事"的外交风格在伊斯兰国家造成了一定的误解。伊斯兰国家对于中国的期待源于其大国地位的崛起，同时也因自身发展的危机。因此，有些国家单方面考虑国家利益，提出不切实际的要求或对中国认知存在误解，再加上受西方污名化中国的影响，使得中国与伊合组织在彼此角色定位上存在一定的误差。

第二，彼此形象的认知也存在一定的误差。

西方所炮制的"中国威胁论"和"伊斯兰恐惧症"流毒甚广。中国和伊斯兰国家的交往还多集中在官方层面，民间交往还不够。就伊合组织而言，中国大部分民众对其并不太了解，其并不像联合国、欧盟一样具有普遍的辨识度。同时，西方媒体长期蓄意炒作"中国

---

① 《卡扎菲称美设"地区羁绊"制衡中国》，《参考消息》，2010年3月10日，第8版。

威胁论"和"伊斯兰恐惧症",已造成了极其恶劣的国际影响,使得中国和伊斯兰国家受众都或多或少地受到来自西方媒体的误导,甚至错误地"将恐怖主义与特定宗教和民族挂钩"或错误地"认为中国必然会走国强必霸的老路"等。因此,在西方媒体霸权主义干涉下,中国与伊斯兰国家的形象遭到污名化建构,使得中国与伊合组织在彼此形象认知上也存在一定的误差。

第三,伊斯兰国家内部存在巨大差异。

对中国而言,伊斯兰国家之间的巨大差异也是中国和伊合组织开展共治路径探索的重要挑战。在丝路沿线国家和地区中,"伊斯兰属性"是大部分国家的重要特征。"伊斯兰属性"是指与伊斯兰教相关的民族、社会和国家特点,这一属性包含两个主要方面:宗教信仰方面信仰伊斯兰教教义;世俗生活方面实行伊斯兰教法等。伊合组织有57个成员国,其中大部分都处在"一带一路"沿线,主要集中在中亚、西亚、东南亚、北非和中非。这些国家在宗教信仰和世俗生活两个方面都或多或少地具有"伊斯兰属性",其中过半国家将伊斯兰教奉为国教,由伊斯兰教衍生出来的"伊斯兰属性"和"伊斯兰精神"也就深刻地影响其国家的政治制度、经济发展和文化类型。但是,这些伊斯兰国家在教派归属、教法阐释和教俗关系上又呈现出多样性,甚至有些国家在上述几个方面分歧严重、根本对立。因此,差异化的"伊斯兰属性"既为"一带一路"下的中国与伊合组织合作推进孕育了机遇,也滋生了挑战。

2015年"一带一路"整体定性塑形后,《推动共建丝绸之路经济带和21世纪海上丝绸之路的愿景与行动》勾勒出"中国—中亚—东欧—西欧"和"中国—东南亚—南亚—非洲"两条主线,这两条主线涵盖了经济发展、人文交流和安全合作等多重功能。同时,"一带一路"沿线国家的地理范畴已经基本廓清,这些国家的社会风俗也各不相同,正确认识沿线国家的相同点和差异性,对于推动"一带一路"的高质量发展具有重要意义。因此,"一带一路"沿线伊斯兰国家开始在长期政治实践和国际合作中正确地认识、理解和认同中国的文化传统和制度优越性,并表现出了积极强烈的合作姿态和意愿。"一带一路"倡议的推进是习近平总书记提出的具有重大理论和现实意义的国家战略。因此,认真研判"一带一路"倡议的推进条件和推进路径是当前中国战略布局的重要任务。伊斯兰国家是"一带一路"倡议推进中不能忽视且必须重视的重要行为体,不仅因为这些国家在"丝绸之路"沿线的天然定位,还取决于这些国家在差异化"伊斯兰属性"指导下的外交政策和人文习俗中的"伊斯兰因素"。因此,中国在推进"一带一路"倡议的过程中,应立足于历史和现实的双重角度开展务实合作,实现中国和这些国家真正意义上的"责任共担"与"利益共享",在合作共治中深化中国与伊合组织的战略合作。

第三节 "一带一路"下中国与伊合组织共治难题的路径选择

2013 年习近平总书记提出了"一带一路"倡议,2014 年,亚投行、丝路基金瓜熟蒂落。"一带一路"进入"落实期",为中国与伊合组织深化合作、合作参与全球治理提供了新机遇。2010 年 6 月 22 日,中国外交部与伊合组织联合发布的新闻公报强调:"中国与伊斯兰世界的关系历史悠久,两个伟大文明的友谊与合作长达数个世纪。双方决心通过继续合作,深化双方在所有共同关心领域的关系。双方探讨了中国与伊斯兰会议组织加强磋商与合作的多种途径,特别是在政治、经济、贸易和文化领域。双方忆及,中国与伊斯兰会议组织在许多国际问题上立场一致。鉴此,双方强调在共同关心的问题上相互给予支持,特别是巴勒斯坦问题和中东和平进程。中方强调重视伊斯兰会议组织作为一个有影响的政府间组织在国际上发挥的作用。伊斯兰会议组织强调尊重中国的主权与领土完整。"[①] 2019 年 5 月，第 14 届伊斯兰合作组织首脑会议在麦加召开，习近平主席致电祝贺并指出，"中国同伊斯兰国家关系传统友好、友谊深厚。双方一贯相互支持、真诚合作。中方高度重视同伊斯兰国家的友好关系，视伊斯兰合作组织为中国同伊斯兰世界开展合作的重要桥梁。中方愿同伊斯兰国家携手努力，增进政治互信，推进务实合作，促进文明对话，共同开创中国同伊斯兰世界友好关系更加美好的未来，为推动构建人类命运共同体作出贡献"[②]。在"一带一路"的带动下，中国与伊合组织的合作共治全球性难题也"大有可为"，故应从以下几方面着手努力：

第一，在人文交流领域，应进一步分类细化，以确定交往主体。

在中国同伊合组织的交往中，中国长期并用外交部和中国伊斯兰教协会两个主渠道开展工作，呈现出"官民并举、官强民弱"[③] 的基本态势。自新疆"7·5"事件以来，尤其是中东剧变引发伊斯兰极端主义的全球泛起，使得安全领域又成为中国与伊合组织开展多边合作的新方向。今后，中国应从内容到形式不断创新，既要加强民间交流与合作的力度以协调官民双轨外交的互促共进，还应加强经贸、安全、人文等领域交流与合作的机制建设，借助伊合组织平台构建中国与阿拉伯—伊斯兰国家"丝路天然伙伴"间新的合作模式。同时，在与伊合组织交流中应进一步细化分类，不同行为体相互合作，在确定交往主体的基础上力争形成联动效应，如以外交部为主渠道，民族、宗教、安全等多部门协作的方式推动中国与伊合组织的交流与

---

① 《中国外交部与伊斯兰会议组织联合新闻公报（全文）》，中央政府门户网站，2010 年 6 月 22 日，http://www.gov.cn/jrzg/2010-06/22/content_ 1633967.html。登录时间：2019 年 8 月 1 日。

② 《习近平向第 14 届伊斯兰合作组织首脑会议致贺电》，新华网，2019 年 6 月 1 日，http://www.xinhuanet.com/2019-06/01/c_ 1124570211.html。登录时间：2019 年 8 月 5 日。

③ 马丽蓉：《伊盟、伊合与中国中东人文外交》，《阿拉伯世界研究》，2012 年第 5 期，第 27 页。

合作。

第二，在经贸合作领域，应进一步分层次推进，以形成全方位的合作模式。

从 2015 年开始，伊合组织就开始了一项新的"10 年计划"，在政治、经济、科技、文化等各个层面促进成员国间的合作。近年来，随着伊合组织成员国间经贸合作不断推进，贸易额逐年上升，占成员国总贸易额的比重已接近 20%。2020 年，伊合组织成员国间的贸易额占比增长为 10.4%。同时，伊斯兰世界拥有占世界 73% 的石油储备，矿产资源丰富。而伊斯兰银行等专门机构在成员国间金融资本运作方面发挥了积极作用。到 2023 年，中阿贸易额有望从 2013 年的 2 400 亿美元增至 6 000 亿美元，中国对阿非金融类投资存量将从 100 亿美元增至 600 亿美元以上。今后，中国应借助伊合组织平台开展丝路沿线伊斯兰国家间的能源合作、基础设施建设，以及金融贸易合作等，使中国与伊斯兰国家共同为全球经济一体化作出更大贡献，如能源合作促进了与上合组织银联体、亚洲开发银行所倡导的中亚区域经济合作（CAREC）机制合作，并带动了与世界银行、国际货币基金组织、欧洲复兴银行、伊斯兰开发银行等众多国际主流金融机构合作。①

同时，伊合组织是综合性的政府间国际组织，其议题涉及伊斯兰经济、政治、社会和安全等各领域。因此，中国和伊合组织的合作路径应该是"经济"加"安全"，具体路径可概括为"两个结合"：一是通过亚投行与伊斯兰开发银行的合作，促进"一带一路"沿线国家和地区的发展诉求与伊斯兰国家（或有穆斯林居民的非伊斯兰国家）伊斯兰事业的发展诉求相结合，通过投资民生保障工程来加速铲除滋生宗教极端主义的社会土壤；二是将上合组织反恐中心任务与

---

① 孙久文、高志刚主编：《丝绸之路经济带与区域经济发展研究》，北京：经济管理出版社，2015 年，第 106 页。

伊合组织反恐议题相结合，将中国与伊斯兰世界的和平与发展诉求相结合，力争形成全方位的经济合作新模式。

第三，在安全合作领域，中国与伊合组织应合作探讨共治全球难题的新路径。

中国与伊合组织合作共治全球性难题的努力，对全球治理意义重大。为此，在安全合作领域，必须共同探讨合作共治的新路径。为此，一要借鉴俄罗斯与伊合组织合作"车臣问题"的成功经验，有的放矢地开展"因国施策"的安全共治。二是通过参与议题推进的方式，在伊合组织平台上讲清中国民族宗教政策、讲好中国人权事业的鲜活故事，以及厘清国际伊斯兰舞台的派系复杂化与思潮极端化的具体情况，提出具有全球高度和长远效果的中国与伊合组织反恐与去极端化合作方案。三是加快中国与伊合组织在共建"健康丝绸之路""绿色丝绸之路"及"数字丝绸之路"的务实合作，以深化"丝路合作伙伴关系"，为中国与伊合组织的安全合作夯实民意基础。

目前，"一带一路"倡议已进入"落实期"，中国与伊合组织关系发展也迈入历史新阶段。为此，中国应从人文交流合作主体、经贸交往合作模式及安全合作新内涵等多方面积极探索中国与伊合组织共治全球难题的切实路径，以凸显中国与伊合组织在"一带一路"框架下合作共治的深远意义。为此，中国应从人文交流合作主体、经贸交往合作模式以及安全合作新内涵等多方面积极探索中国与伊合组织共治全球难题的切实路径，以凸显中国与伊合组织在"一带一路"框架下合作共治的深远意义。

参考文献

一　论　著

（1）中文论著

1. 习近平：《习近平谈治国理政（第三卷）》，外文出版社，2020 年。

2. 杨洁勉：《中国特色大国外交的理论探索和实践创新》，世界知识出版社，2019 年。

3. 王灵桂：《中国特色大国外交：内涵与路径》，中国社会科学出版社，2018 年。

4. 马丽蓉：《丝路学研究：基于中国人文外交的阐释框架》，时事出版社，2014 年版。

5. 李永全：《俄罗斯发展报告（2017）》，社会科学文献出版社，2017 年。

6. 孙壮志：《俄罗斯发展报告（2018）》，社会科学文献出版社，2018 年。

7. 孙壮志：《俄罗斯发展报告（2019）》，社会科学文献出版社，2019 年。

8. 李向阳：《亚太地区发展报告：一带一路》，社会科学文献出版社，2015 年。

9. 李随安：《中苏文化交流史（1937—1949）》，哈尔滨出版社，2003 年。

10. 冯玉军：《俄罗斯转型：对外政策与中俄关系》，中国社会科学出版社，2018 年。

11. 黄利群：《中国人留苏（俄）百年史》，中国文史出版社，2000 年。

12. 卢贾宁：《俄罗斯与中国：共建新世界》，人民出版社，2019 年。

13. 孙芳等：《俄罗斯的中国形象》，人民出版社，2010 年。

14. 李玮等：《俄罗斯人眼中的中国形象》，北京大学出版社，2016 年。

15. 冯绍雷、相蓝欣：《俄罗斯与大国及周边关系》，上海人民出版社，2007 年。

16. 吴宏伟：《中亚地区发展与国际合作机制》，社会科学文献出版社，2011 年。

17. 李永全、王晓泉：《"丝绸之路经济带"与哈萨克斯坦"光明之路"新经济政策对接合作的问题与前景》，社会科学文献出版社，2016 年。

18. 赵会荣：《中亚国家发展历程研究》，社会科学文献出版社，2016 年。

19. 周晓沛：《我们和你们：中国和哈萨克斯坦的故事》，五洲传播出版社，2016 年

20. 肖军：《哈萨克斯坦：从中亚到世界》，新华出版社，2001

年。

21. 厉声：《哈萨克斯坦及其与中国新疆的关系》，黑龙江教育出版社，2014 年。

22. 余潇枫：《非传统安全蓝皮书（2015—2016》，社会科学文献出版社，2016 年。

23. 孙壮志：《中亚新格局和地区安全》，中国社会科学出版社，2001 年。

24. 李琪：《"东突"分裂主义势力研究》，中国社会科学出版社，2004 年。

25. 李向阳：《亚太地区发展报告：一带一路》，社会科学文献出版社，2015 年。

26. 张宁：《乌兹别克斯坦独立后的政治经济发展》，上海大学出版社，2012 年。

27. 宋志芹：《俄罗斯与乌兹别克斯坦关系研究》，人民日报出版社，2016 年。

28. 农业农村部对外经济合作中心：《塔吉克斯坦农业外资政策法律制度研究》，中国农业出版社，2020 年。

29. 张永明：《塔吉克斯坦共和国经济社会发展研究》，新疆大学出版社，2014 年。

30. 秦放鸣：《中国与中亚国家金融合作研究》，中国经济出版社，2017 年。

31. 连振华：《乌兹别克斯坦、吉尔吉斯斯坦、塔吉克斯坦、土库曼斯坦经济贸易法规选编》，新疆人民出版社，1995 年。

32. 张真真：《塔吉克斯坦独立后的政治经济发展》，上海大学出版社，2017 年。

33. 赵干城：《中印关系：现状·趋势·应对》，时事出版社，2013 年。

34. 宋海啸：《印度对外政策决策》，世界知识出版社，2011 年。

35. 殷永林：《独立以来的巴基斯坦经济发展研究》，中国社会科学出版社，2015 年。

36. 毕南奥：《中蒙国家关系历史编年》，黑龙江教育出版社，2013 年。

37. 佟新华：《中蒙矿产资源合作研究》，社会科学文献出版社，2016 年。

38. 内蒙古自治区发展研究中心等：《中蒙俄经济走廊建设重点问题研究》，人民出版社，2016。

39. 姜毅：《中俄边境口岸研究》，中国社会科学出版社，2018。

40. 王宇洁：《宗教与国家：当代伊斯兰教什叶派研究》，社会科学文献出版社，2012。

41. 哈全安：《土耳其史》，天津人民出版社，2016 年。

（2）外文译著

1. 【俄】彼得·弗兰克潘：《丝绸之路：一部全新的世界史》，浙江大学出版社，2016 年。

2. 【俄】米·季塔连科、【俄】弗·彼得罗夫斯基：《俄罗斯、中国与世界秩序》，人民出版社，2018 年。

3. 【俄】尤里·塔夫洛夫斯基：《大国之翼："一带一路"西行漫游》，中共中央党校出版社，2017 年。

4. 【美】兹比格纽·布热津斯基：《大棋局》，上海人民出版社，2015 年。

5. 【美】戴维·罗杰森：《中国与俄罗斯：竞争与合作》，社会科学文献出版社，2016 年。

6. 【美】塞缪尔·亨廷顿：《文明的冲突与历史秩序的重建》，新华出版社，2010 年

7. 【哈】迪娜·詹萨吉莫娃：《哈萨克斯坦》，高等教育出版社，2017 年。

8. 【哈】苏尔丹诺夫·库阿内什·苏尔丹诺维奇等：《哈萨克斯坦人看中国》，世界知识出版社，2013 年。

9. 【哈】坎·格奥尔吉·瓦西利耶维奇：《哈萨克斯坦简史》，中国社会科学出版社，2018 年。

10. 【哈】马赫穆特·卡斯木别科夫：《哈萨克斯坦总统纳扎尔巴耶夫纪实》，民族出版社，2013 年。

11. 【哈】C. M. 阿基姆别科夫：《阿富汗焦点和中亚安全问题》，兰州大学出版社，2002 年。

12. 【塔】拉希德·阿利莫夫：《塔吉克斯坦与中国战略合作共同发展》，民族出版社，2015 年。

13. 【印度】雷嘉·莫汉：《中印海洋大战略》，中国民主法制出版社，2014 年。

14. 【巴基斯坦】哈立德·拉赫曼等：《继往开来的中国与巴基斯坦友好关系》，云南大学出版社，2014 年。

15. 【伊朗】雷马·卡图简等：《21 世纪的伊朗》，江苏人民出版社，2014 年。

（3）外文论著

1. Timur Dadabaev, *Identity and Memory in Post-Soviet Central Asia：Uzbekistan's Soviet Past*, Routledge, 2015.

2. Martin C. Spechler, *The Political Economy of Reform in Central Asia：Uzbekistan under Authoritarianism*, Routledge, 2008.

3. Laura L. Adams, *The Spectacular State：Culture and National Identity in Uzbekistan*, Duke University Press, 2010.

4. Johan Rasanayagam, *Islam in Post-Soviet Uzbekistan：The Morality*

of Experience，Cambridge University Press，2010.

5. Sebastien Peyrouse，*Turkmenistan*：*Strategies of Power*，*Dilemmas of Development*，M. E. Sharpe，2012.

6. Andrew C. Kuchins，Jeffrey Mankoff，Oliver Backes，*Central Asia in a Reconnecting Eurasia*：*Turkmenistan's Evolving Foreign Economic and Security Interests*，Rowan&Littlefield，2015.

7. Oliver Roy，*Islam and Resistance in Afghanistan*，Cambridge University Press，1986.

8. Ali Banuazizi，Myron Weiner，eds，*The State*，*Religious and Ethnic Politics*：*Afghanistan*，*Iran and Pakistan*，Syracuse University Press，1986.

9. Micheline Cenlivres-Demont，*Afghanistan*：*Identity*，*Society and Politics since* 1980，Doris Press，2015.

10. Peter Tomsen，*The Wars of Afghanistan*：*Messianic Terrorism*，*Tribal Conflicts and the Failures of Great Powers*，Public Affairs Press，2013.

11. Ralph H. Magnus，Eden Naby，*Afghanistan*：*Mullah*，*Marx and Mujahid*，Westpoint Press，1998.

12. Hanna Samir Kassab，*Grand Strategies of Weak States and Great Powers*，Palgrave Macmillan，2018.

13. Shaoshi Xu，*BRI and International Cooperation in Industrial Capacity*，Routledge，2020.

14. Чжоу Сяопей，*Мы и Вы*：*истории о Китае и России*，межконтинентальное издательство Китая，2016.

15. Александр Лукин，*Актуальные проблемы Российско-Китайских отношений и пути их решения*，МГИМОУ Университет，2006.

16. Александр Лукин，Сергей Санакоев，Российский подход к Китаю на рубежевеков Проблемы и Решения Москва МГИМОУ Университет，2005.

17. Разманин. О. Б, *К истории отношений Россий СССР с Китаем В XX веке*, Памятники и исторической мысль, 2002.

18. *Большая Восточная Азия, мировая политика и региональные трансформации: научно-образовательный комплекс*, МГИМО (Университет), 2010.

19. Давыдов З. Вл, *Экономическая политика Китая в Центрально-Азиатском регионе и её последствия для России*, Известия Восточного Института, 2015.

20. К. И. Поляков, *Противодействие религиознополитическо-муэкстремизму в Узбекистане, исламский экстремизм в центральной азии*, ИВ РАН, 2014.

21. К. В. Тревер, А. Ю. Якубовский, М. Э. Воронец, *История народов Узбекистана, Том 1*, ЁЁ Медиа, 2012.

22. Б. С. Сулейменов, *Казахстан в составе России в XVIII - начале XX века*, ЁЁ Медиа, 2012.

23. Джонатан Лйткеп, *Нурсултан Назарбаев и созидание Казахстана*, Художественная литература, 2010.

24. С. Плеханов, *Не шелковый путь*, Издательство Международные отношения, 2015.

25. Аннет Бор, *Туркменистан: Власть, политика и петро-авторитаризм*, Chatham House, 2016.

26. Lookwe (официальная публикация), *Посольство Туркменистана в Китайской Народной Республике*, 2016.

二、论　文

1. 马丽蓉:《中国"丝路外交":形成、特征及其影响》,《公共外交季刊》，2014 年冬季号第 7 期。

2. 门洪华、刘笑阳：《中国伙伴关系战略评估与展望》，《世界经济与政治》，2015 年第 2 期。

3. 张丽君、张珑、李丹：《口岸发展对边境口岸城镇发展影响实证研究——以二连浩特为例》，《中央民族大学学报（哲学社会科学版）》，2016 年第 1 期。

4. 王海燕：《土库曼斯坦天然气多元化出口战略（1991—2015）：一项实证主义分析》，《俄罗斯研究》，2015 年第 5 期。

5. 王四海、秦屹：《中亚国家在建设丝绸之路经济带中的重要作用——以土库曼斯坦为例》，《俄罗斯东欧中亚研究》，2016 年第 5 期。

6. Nadia Mushtaq Abbasi, Impact of terrorism on Pakistan, *Strategic Studies*, Vol. 32, Issue 4, 2013.

7. Kathleen J. Hancock, Escaping Russia, Looking to China：Turkmenistan Pins Hopes on China's Thirst for Natural Gas, *China and Eurasia Forum Quarterly*, Vol. 4, No. 3, 2006.

8. Colleen Chidley, Towards a Framework of Alignment in International Relations, *Politikon*, Vol. 41, No. 1, 2014.

9. Georg Strüver, China's Partnership Diplomacy：International Alignment Based on Interests or Ideology, *Chinese Journal of International Politics*, Vol. 10, No. 1, 2017.